토기장이

"우리는 진흙이요 주는 토기장이시니
우리는 다 주의 손으로 지으신 것이라"(이사야 64:8)

제자도의 본질

FOLLOW
Floyd McClung

Copyright ⓒ 2010 by Floyd McClung
Published by David C. Cook 4050 Lee Vance View
Colorado Springs, CO 80918 U.S.A.
All rights reserved

Korean translation copyright ⓒ 2010 by Togijangi Publishing House
Togijangi B/D, 26, Mangwonro, Mapogu 04007, Seoul, Korea

This Korean edition is published by arrangement with Cook Communications Ministries (4050 Lee Vance View Colorado Springs, CO 80918 USA)

본 저작물의 한국어판 저작권은 Cook Communications Ministries와의 독점계약으로 한국어 판권을 '도서출판 토기장이'가 소유합니다. 저작권법에 의하여 한국 내에서 보호를 받는 저작물이므로 무단 복제를 금합니다.

특별한 표기가 없는 모든 성경 구절은 개역개정성경을 인용한 것입니다.

제자도의 본질

플로이드 맥클랑 지음 · 김진선 옮김

도서출판 **토기장이**

· 헌사 ·

아프가니스탄과 암스테르담에 이어
지금은 아프리카에서 변함없이 한결같은 마음으로
예수님을 따르며 섬기고 있는 나의 아내 샐리에게
이 책을 바친다.

• 감사의 글 •

    이 책이 나오기까지 도움의 손길을 베풀어 주고 내용을 꼼꼼히 읽고 검토하며 교정해준 사랑하는 친구들과 동역자들에게 감사드린다. 특별히 단어나 용어를 정확한 개념으로 사용했는지 검토해준 가이 글래스, 동료이자 형제로서 소중한 통찰과 제안을 아끼지 않은 해밀턴 스테펜슨, 집필과 편집 기술로 전문적인 도움을 준 조안 무어, 탁월한 안목으로 도움을 주면서 늘 상냥함을 잃지 않은 케이틀린 요크에게 감사드린다. 그 누구보다 조안과 케이틀린에게 크게 감사한 마음을 전한다.

    또한 내가 멘토로 삼았던 작가들에게도 도움을 입었다. 그들 중에는 내가 직접 만나본 이들도 있지만 책을 통해서만 만난 이들도 있다. 일부는 생존해 있고 일부는 고인이 되었다. 그들은 내 사상에 많은 영향을 미쳤고, 이 책의 개념을 잡고 집필하는 과정에도 많은 영향을 주었다. 저술활동과 가르침에 그들이 바친 시간과 희생에 진심으로 감사드린다. 그분들은 앤드류 머레이, 밥 소르기, 디트리히 본회퍼, C.S. 루이스, 팀 체스터와 스티브 티미스, 프랭크 비올라, 레오나드 스윗, I.E. 맥스웰, 론 패리쉬, 지미 세이버트, 조 이완, 데이빗 왓슨, 존 첸, 칼 메더리스, 앨런 허쉬, 마이클 프로스트, 닐 콜, 로버트 콜먼, 스티브 애디슨이다. 모두에게 감사드린다.

• 추천의 글 •

제자도에 대해 깊은 감동을 준 책!

플로이드 맥클랑의 「제자도의 본질」은 제자도에 대해 내게 깊은 감동을 주었고, 마음으로부터 '아멘'하게 만든 책이다.

저자는 제자도의 핵심이 세 가지 사랑에 있다고 말하고 있다. 첫째는 예수님을 사랑하는 것으로 저자는 그것을 '예배'라고 보았다. 둘째는 예수님이 사랑하신 세상을 사랑하는 것으로 그는 그것을 '선교'라고 보았다. 셋째는 예수님을 사랑하는 성도들을 사랑하는 것으로 그는 그것을 '성도의 교제'라고 보았다. 저자는 이 세 가지가 제자도의 본질이라고 설명하는데, 여기에서 핵심은 예수님에 대한 사랑이다.

제자도의 핵심은 예수님과의 관계이다. 하나님 나라의 비밀은 예수 그리스도 안에 있으며 제자도의 본질은 바로 예수 그리스도를 사랑하는 것이다. 그러면 충분하다!

유기성 목사 | 선한목자교회 담임

예수로만 사는 제자

주님은 우리를 그분의 제자로 부르셨다. 그리고 '주님처럼' 살라고 말씀하신다. 우리가 진정 주님의 제자로, 주님처럼 살아갈 수 있는 것일까?

「제자도의 본질」은 '주님처럼 살기 위한 단순하지만 심오한 부르심'이라는 부제가 붙어 있다. 그런데 책의 후반으로 가면서 맥클랑은 예수의 삶의 방식을 모방하는 차원이 아니라 '예수'가 되는 선택을 하라고 도전한다. '작은 예수'가 되어야 한다는 의미일 것이다. 주님이 세상에 길들여지지 않은 야인처럼 사신 것처럼 제자들도 그 어떤 것도 아닌 '예수'로만 살아가라는 것이다.

맥클랑은 이젠 "예수님이라면 어떻게 하실까"라는 질문이 아니라 "지금, 예수님이 내 안에서 무슨 일을 행하고 계시는가"라고 물어야 할 때라고 말한다. 내가 제자로 살아갈 때 내 안에서 예수가 행하시는 것을 목도하고 있는가라는 도전일 것이다. 인생의 토대를 예수 그리스도 위에 구축하고 제자로 살아간다고 하면서도 우리는 역설적으로 '예수 결핍 장애'를 앓고 있다고 맥클랑은 예리하게 일깨운다. 우리의 주인이신 예수님이 우리의 삶을 이끌어가야 하는데 우리 안에 예수가 결핍되어 있다면 어떻게 되겠는가?

맥클랑은 제자도를 예배, 선교, 교제라는 세 가지 기본적인 핵심가치로 풀어가고 있다. 예배는 주님을 사랑하는 것이고, 선교는 주님을 모르는 사람들을 사랑하는 것이며 교제는 주님을 믿는 사람들을 서로 깊이 사랑하는 것이라고 정의한다. 결국 제자는 주님을 사랑하며 이웃을 사랑하는 사람들이다. 따라서 제자들은 '나' 중심의 삶에서 '예수' 중심의 삶으로 초점을 옮긴 사람들이기에 '타인을 위한 삶'을 실천해야 한다는 것이 저자의 결론이다. 본회퍼가 말한 대로 '타인을 위한 존재'가 된다는 것이다.

이 책은 내 삶속에서 이 세 가지 핵심가치가 어떻게 들어나고 있는지 깊이 묵상하게 만든다. 그리고 참 제자로 살아가며, 참 제자를 만들어가는 그 심오한 부르심에 단순하게 순종하자고 도전한다.

그동안 '제자도'에 관한 다양한 책을 읽어봤지만 플로이드 맥클랑의 「제자도의 본질」은 단연코 탁월한 책이다. 깊은 감동과 일깨움을 준다. 우리가 제자로의 부르심에 합당하게 살아가기 위해 필요한 모든 영역에서의 깊은 성찰을 제시하고 있다. 이렇게 구체적인 내용을 깊이 있게 다룬 책은 아마 이전에도, 이후에도 없지 않을까 싶다. 그래서 이 책을 기쁘게 추천한다.

이재훈 목사 | 온누리교회 담임

예수라는 이름의 필터링					플로이드 맥클랑은 「제자도의 본질」에서 제자도의 핵심을 다음 세 가지 사랑으로 정의한다.

첫째, 예수님을 사랑하는 것
둘째, 예수님이 사랑하신 세상을 사랑하는 것
(그냥 세상을 사랑하는 것이 아닌 예수님이 사랑하신 세상을 사랑하는 것)
셋째, 예수님을 사랑하는 성도들을 사랑하는 것
(그냥 성도를 사랑하는 것이 아닌 예수님을 사랑하는 성도들을 사랑하는 것)

그렇다. 우리 삶속에서 예수라는 이름의 필터링, 예수라는 이름의 여과장치를 갖는 것이 바로 제자도의 핵심이다. 모든 사물을 바라볼 때, 모든 사람을 바라볼 때, 예수라는 이름으로 걸러서 바라보는 태도야말로 진정 제자도의 기초이다.

저자는 이 세 가지 주제로 예배, 선교, 성도의 교제를 새롭게 정의하고 있다. 즉, 예배는 예수님을 사랑하는 것, 선교는 예수님이 사랑하신 세상을 사랑하는 것, 성도간의 교제는 예수님을 사랑하는 성도들을 사랑하는 것이다. 예배를 통해 마음이 회복되고 상처가 치유되고 새 힘을 얻는 것도 중요하다. 하지만 무엇보다 예배는 예수님을 사랑하고 그분을 생각하는 것이다. 선교는 예수님이 사랑하시는 세상을 사랑하는 마음으로 하는 것이다. 예수님이 그 땅의 민족들을 사랑하시기에 우리도 그들을 섬기러 가는 것이다. 성도간의 교제인 대인관계도 마찬가지이다. 주님 없이 우리끼리만 있으면 성도간의 교제는 절대 불가능하다.

「제자도의 본질」을 통해 독자들의 삶의 모든 영역에 예수라는 필터링이 생기기를 바란다. 그래서 우리가 참 제자로 살아갈 수 있기를 소망하며 이 책을 추천한다.

이찬수 목사 | 분당우리교회 담임

제자도를 깊이 있게 다룬 역작

플로이드 맥클랑의 「제자도의 본질」은 본회퍼의 「제자도의 대가」The Cost of Discipleship나 리처드 포스터의 「영적 훈련과 성장」을 떠올리는 훌륭한 역작이다.

맥클랑은 이 책에서 오늘의 교회가 예수 결핍 장애Jesus deficit disorder에 빠져 있다고 진단한다. 프로그램은 많으나 예수님이 빠졌다는 것이다. 신자는 많으나 제자가 없다는 것이다. 정곡을 찌르는 지적이다. 신앙생활의 과정은 '하나님의 자녀됨'과 '예수님의 제자됨'으로 나누어 생각할 수 있다. 한국교회가 최근에 사회로부터 지탄을 받는 것은, 신자들이 하나님의 자녀는 되었지만 예수님을 따르는 제자가 되지 못했기 때문이다. 자녀됨은 되는데, 제자됨이 잘 되지 않는다는 것이다. 자녀됨은 신앙의 의식화를 통해 가능하지만 제자됨은 신앙의 생활화를 통해서 된다. 제자 삼기는 이미 전도할 때부터 시작된다. 하나님 나라는 하나님의 자녀들이 가지만, 세상에서는 예수님의 제자들이 필요하다. 세상을 변화시키는 예수님의 전략은 제자 삼는 것을 통해서 이루어진다. 예수님은 우리를 제자로 부르셨다. 예수님을 본받고 따르는 것이 제자이다. 예수님이 바로 우리 삶의 기준이다.

본서에서 맥클랑은 제자도의 기본원리를 아주 간단하면서도 체계적으로 또 깊이 있게 설명하고 있다. 우리가 무엇을 믿고 있으며 그 믿음을 매일의 삶속에 어떻게 적용해야 하는 지를 가르친다. 제자들에게 요구되는 가장 기본적인 세 가지 가치를 소개하고 삶과 일치하도록 그 가치들을 가꾸어 나가는 법을 안내하고 있다. 바로 예배, 선교, 교제라는 세 가지 제자도를 실천하는 구체적인 방법이다. 맥클랑은 핵심을 명쾌하게 제시한다. 예배는 생활 방식으로써 예수님을 사랑하고 순종하는 것이다. 선교는 예수님을 모르는 사람들을 사랑하는 것이다. 교제는 예수님을 한 마음으로 따르는 형제들을 사랑하는 것이다. 그러므로 예수님을 사랑하고, 사람을 사랑하고, 서로 사랑하는 것이 바로 제자도의 핵심이다. 제자도의 가장 구체적인 지침들을 손에 잡히도록 가장 알기 쉽게 가르치고 있는 놀라운 책이다. 제자로 부르심을 받은 우리 모두가 반드시 읽어야 할 책이다.

한기채 목사 | 중앙성결교회 담임, 전 서울신학대학교 교수

지난 수십 년간 열정을 바쳐 그리스도를 따르는 세대를, 선두에 서서 이끌어온 플로이드 맥클랑은 그들이 그리스도를 더 깊이 알고 세계 곳곳에서 그리스도를 섬길 역량을 갖추도록 도와주었다. 이 책은 열방 가운데 예수님을 전하고자 하는 열정을 가진 사람이라면 누구나 실제적이고 효과적으로 참여할 기반을 마련해준다.

루이 기글리오 | 패션Passion 운동의 창시자,
무브먼트 앤 패션 시티 교회Movement and Passion City Church

지난 30년간 플로이드는 교회의 영적 리트머스 시험지 같은 역할을 해왔고 시간이 흐르면서 그의 예언자적 통찰은 늘 옳다는 게 입증되었다. 플로이드는 지금 다시 우리에게 도전장을 내밀고 있다. 진정한 신앙생활에 있어서 가장 근본적인 사실, 즉 야성적인 예수님의 길들여지지 않은 제자가 된다는 의미에 대해 하나님께서 우리로 하여금 주목하기를 강력히 요청하고 계시다는 것이다.

앨런 허쉬 | 「세상을 바꾸는 작은 예수들」, 「Untamed」 저자.

· 서문 ·
제자도, 삶으로 살아내야 할 진리

　대학생 때 어느 날 문득, 갓 믿게 된 신앙이 이해가 되지 않아 고민하게 되었다. 복음을 이해하게 해달라고 기도하며 하나님께 도움을 구했을 때, 바로 그 자리에서 예수님의 가르침이 또렷하게 생각났다. "네 마음을 다하고 생각을 다하고 힘을 다해 나를 사랑하고 네 이웃을 네 몸과 같이 사랑하면 이로써 율법이 완성된다." 예수님의 모든 가르침이 이 기본적인 진리들로 요약될 수 있을 것이다. 매일 온 마음을 다해 예수님을 따라가면서 제자이든, 예수님을 완강히 배척하는 불신자이든 가리지 않고 긍휼한 마음을 품고 사람들에게 다가간다면, 이 사랑의 법으로 세상이 변할 것이라는 깨달음이 들었다. 이 사랑의 법은 상처 입은 심령들과 가족들을 치유하고 열방을 회복시킬 정도로 놀라운 능력을 발휘할 것이며, 온 땅에 복음이 선포되는 역사가 일어나도록 할 것이다.

　그 이후로 하나님은 수많은 사람들을 내 인생의 멘토와 선생님으로 보내주셔서, 하나님과 마음을 같이하고 사람들의 심령을 치유하는 법을 배우도록 해주셨다. 플로이드 맥클랑은 바로 그 멘토들 가운데 한 분이다. 아프가니스탄의 초기 사역에서 암스테르담의 노숙인 사역을 거쳐 미국에서 여러 교회를 섬긴 그는, 현재 남아프리카공화국의 한 지역에서 하나님의 부르심에 순종하고 있다. 그는 평생 성경의 가르침을 몸소 실천해온 분이다. 이 책에는 세상을 변화시키는 이 기본적인 진리들을 뒷받침해줄 성경 진리뿐 아니라 이 가치들을 실천해온 한 사람의 삶이 소개되어 있다.

이 책 「제자도의 본질」은 우리가 삶으로 살아내야 할 진리를 다루고 있다. 그 삶을 제대로 살아나간다면 기쁨을 누릴 뿐만 아니라 모든 방향에서 풍성한 결실을 얻게 될 것이다. 이 책에서는 하나님의 말씀의 심오한 통찰뿐 아니라 그리스도께서 우리에게 주시기로 약속한 그 풍성한 진리들을 삶에서 직접 체험하는 데 필요한 실제적인 도구들이 소개되어 있다. 플로이드가 세상을 변화시키고자 하는 소망을 한 번도 포기한 적이 없음을 알고 있다. 그와 아내 샐리는 내 가족에게뿐 아니라 다른 수천 명의 사람들에게 큰 영향을 미쳤다. 이 영향은 단순히 그들의 원대한 비전과 꿈과 기름부으심 받은 가르침과 설교 때문이 아니라 내면에서부터 순종하는 삶과 사랑의 구체적인 실천, 매일의 생활을 통해 보여준 헌신적인 섬김이 있었기에 가능했다. 그러므로 이생뿐 아니라 내생에서도 놀라운 유업을 누리게 되었다.

플로이드와 샐리 두 분이 삶으로 보여준 훌륭한 모범에 대해 감사드린다. 복음 곧 예수님이 우리를 사랑하시고 우리 주위의 모든 사람들을 사랑하시며 온 세상이 우리를 통해 변화되기를 간절히 원하신다는 사실에 깊이 감사드린다.

지미 세이버트 | 텍사스 와코의 안디옥 공동체 교회 Antioch Community Church

· 서론 ·

제자로 살아가기,
단순하면서도 심오한 가치

예수님을 따르며 그를 추구하는 모든 그리스도인들은 단순하지만 심오한 세 가지 가치를 삶으로 드러내고자 최선을 다해야 한다. 그것은 예배, 선교, 교제이다. 아주 간단한 가치지만 이를 삶 속에 수용하는 사람은 인생의 모든 영역에서 영향을 받을 것이다. 세 가지 가치를 간단히 요약하면 다음과 같다.

1. 예배 : 생활 방식으로써 예수님을 사랑하고 순종하는 것-열정과 목적 의식 필요
2. 선교 : 예수님을 따르지 않는 사람들을 사랑하는 것-용기와 품위 필요
3. 교제 : 예수님을 한마음으로 따르는 형제들을 사랑하는 것-의도성과 투명성 필요

예수님 당시에 '제자'란 유대인 랍비나 사제들의 제자들을 가리켜 사용되던 단어였다. 또한 예수님을 가장 가깝게 따르는 사람들을 가리

켜 빈번히 사용되기도 했다. 제자disciple에 해당하는 헬라어는 마테테스mathetes로 '배우는 사람' 혹은 '훈련받는 사람'이라는 뜻이다. 제자들 중에는 호기심이나 이기적인 이유로 예수님을 따르는 자들도 있었다. 그러므로 예수님께서 그들이 생각한 것 이상의 것을 요구하시자 수많은 이들이 그를 등지고 떠나갔다. 하지만 끝까지 그와 함께한 이들에게는 어떤 혁명가도 모방할 수 없는 근본적인 방법으로 세상을 전복시킬 특권이 주어졌다.

예수님을 따르며 추구하는 우리에게 참되고 선한 것이 있다면, 오직 예수님을 알고 그를 닮아감으로써 얻게 된 것이다. 이렇게 예수님에 대한 참된 믿음을 발견하면 다른 사람들에게 우리 믿음을 어떻게 전달할 것인지가 결정된다. 또한 이것은 같은 믿음을 지닌 다른 그리스도인들과 어떤 공동체를 형성할지에도 결정적인 영향을 미친다.

마이클 프로스트와 앨런 허쉬의 공동 저작인 「세상을 바꾸는 작은 예수들」ReJesus, 포이에마 역간에 실린 글을 인용해본다.

> 예수님을 따른다는 것은 단순히 결단의 기도를 통해 그를 구주로 영접하는 것 이상을 의미한다. 아무리 진실한 기도를 드린다 해도 그것이 전부가 아니다. 예수님을 따르기 위해서는 그의 삶을 본으로 삼아 그를 모방해야한다.

나는 "그의 삶을 본으로 삼으라"는 말에 적잖은 충격을 받았다. 예수님이 정말로 하나님이시라면 그를 진정으로 따르는 길은 그가 삶으로 보여주신 그대로 생활 속에서 철저하게 따라가는 것임을 모두 동의하리라 생각한다. 확신을 가지고 주를 따르든 그렇지 않든 마찬가지다. 이 책은 바로 그런 사실을 배경으로 하고 있다. 이 책은 단순히 감정을 고취시키기 위해 쓴 것이 아니다. 예수님이 스스로 말씀하신 바로 그런 분이라면 모든 삶의 영역에서 그를 따라야 하고 우리의 모든 부분이 변화되어야 한다는 확신에서 출발한 책이다.

이 책은 우리 인생의 토대 곧 예수님을 탐색하는 데 관심이 있다. 예수님을 추구하고 따라가는 존재로서 우리의 정체성을 철저히 확증하는 길은 예수님의 삶과 가르침으로 우리 자신을 평가하는 것만이 유일한 방법이다. 어떤 지도자나 교리적 진술이 아니라 오직 예수님이 우리의 평가 기준이 되신다. 우리가 속한 교회나 기관도 평가 기준이 될 수 없다. 오직 예수님 자신만이 그 기준이다. 이 시대 문화가 우리에게 끊임없이 주입하고 '소유'나 '성취'로 대변되는 거짓된 '자아' 역시 우리의 기준은 아니다.

2천 년 전 교회가 태동했을 때 예수님께서는 태생적으로 제도화를 거부하도록 교회를 설계하셨다. 이는 예수님께서 우리에게 주신 길의 본질적인 특성이다. 마이클 프로스트와 앨런 허쉬의 말처럼 "그 길은 그가 강력한 힘으로 도입하신 계시를 지배하고 그렇게 해서 제도화하고자 하는 모든 시도를 태생적으로 거부하고 무너뜨린다. 다시 말해 예수님의 길을 벗어나서는 결코 그분의 종교를 만들어낼 수 없다는 것이다."

나는 교회의 모든 위계질서와 제도화는 예수님을 직접적으로 외면하게 만든다는 확고한 신념을 가지고 이 책을 저술했다. 그러므로 우리는 인생을 영위하는 방법과 교회 공동체의 바람직한 모습을 알기 위해, 우리의 모범과 근원이 되신 예수님께로 끊임없이 되돌아가야 한다. 그의 생애를 배우고 그의 존전에서 시간을 보내며 성령으로 충만하고자 구하고 교제를 통해 다른 이들과 그의 사명을 완수하는 이 모든 것은, 예수님이 원래 의도하셨던 삶을 경험할 수 있는 방법이다.

또한 나는, 예수님은 자신을 길들이고자 시도하는 모든 노력을 거부하실 것이라는 분명한 신념을 가지고, 이 글을 쓰고 있다. 우리는 예수님에 대해 독점권을 주장할 수 없다. 그를 하나의 방법론이나 모델로 격하시킬 수도 없다. 그 누구도 타인들을 위한다는 명목으로 예수님의 위치를 대체하는 사람은 없어야 한다. 그런 시도를 하는 사람들은 위험에 빠질 것이다. 예수님이 하나님을 독점하고자 했던 당대 종교 지도자들을 외면하셨다면, 오늘날의 기독교 지도자들에게도 주저하지 않고 그렇게 하실 것이다.

참된 예수님을 명확하게 이해하기란 쉬운 일은 아니다. 「세상을 바꾸는 작은 예수들」에 나온 표현처럼 "특별히 그의 길에서 벗어난 뒤틀린 문화 속에 살고 있을 때"는 더욱 그렇다. 나는 인종차별을 수용하는 교회 문화 속에서 성장했다. 우리 교회는 백인 일색의 미국 최남동부 지역에서 출범한 교단에 속해 있었다. 내가 인종차별이라는 악에 대해 양심의 각성이 생긴 것은, 인생의 의미와 씨름하던 대학 시절에 마틴 루터 킹의 연설과 시민 불복종 운동을 알고 나서였다. 그때서야 비로소 예수님의 가르침과 실천이라고 생각해왔지만 사실은 잘못된 교회 문화를 배워왔음을 깨달았다. 불의에 맞서 비폭력으로 저항하라는 킹의 메시지에 압도된 나는 예수님의 제자가 된다는 게 무슨 의미인지 더 넓은 시각으로 바라보고 꿈꾸기 시작했다.

기독교적이라 주장하지만 사실상 예수님의 길과 전혀 무관한 문화 속에 살고 있을 때 예수님을 만나기란 매우 어렵다. 현재 내가 거주하고 있는 곳은 남아프리카공화국의 케이프타운이다. 악명 높은 인종차별 정책이 횡행하던 시절, 나는 남아프리카공화국을 여러 차례 방문했다. 그 당시 남아프리카공화국의 백인들은 기독교 국가를 건설했노라고 주장했고 그들의 헌법 속에도 이 점은 명시되어 있었다. 수많은 남아프리카공화국의 사람들은 당시 집권당인 국민당의 선전을 순진하게 신뢰했다. 아파르트헤이트Apartheid라는 인종차별 정책을 예수님의 근본적인 가르침에 비추어 점검해보지 않았고 그들의 지도자들이 주입하는 사상을 맹목적으로 신뢰했다. 남아프리카공화국에서든 독일 나치에서든 미국이나 영국에서든 근본적인 예수님의 교훈을 배우기란 쉽지 않다.

지상에 계실 때의 예수님의 삶을 보면 '기독교 국가들'을 세우러 오신 게 아님을 알 수 있다. 그는 스스로 왕의 자리를 포기하시는 본을 보여주셨다. 그의 왕국은 어떤 정당이나 국가와 결탁된 것이 아니었다. 이를 통해 우리는 그의 길과 위배되는 모든 것에 대해 '전복을 통해 저항'하는 예수님과 그의 모범으로 끊임없이 되돌아가야 한다는 것을 배우게 된다. 그의 가르침을 연구하고 그의 삶을 깊이 되새기며 그를 따른다는 게 무슨 의미인지 스스로와 다른 사람들에게 부지런히 질문해야 한다. 이것은 미국의 공화당원과 민주당원에게도 적용되며 영국의 토리당과 노동당, 그리고 모든 정치 철학과 정당에도 적용된다.

  이 책을 통해 나는 독자들에게, 실제로 자신이 무엇을 믿고 있으며 그 믿음의 내용을 매일 삶 속에 어떻게 적용하고 있는지에 대한 어려운 질문들을 던지려고 한다. 예수님을 따른다는 게 무슨 의미인지 다시 돌아보면서 나 자신의 편견을 제거하고자 노력해왔다. 여러분도 동일한 노력을 하기를 당부한다. 아무도 예수님을 완전히 이해하고 안다고 주장할 수 없음을 전적으로 인정한다. 하지만 그를 아는 것은 분명히 가능하다. 교만한 자기 확신이 아니라 겸허한 확신과 믿음을 말하는 것이다.

  이 책은 예수님을 추구하는 사람들에게 요구되는 가장 기본적인 세 가치를 소개하고, 나아가 삶과 일치하도록 그 가치들을 적용하는 법을 소개한다. 또한 이름뿐인 그리스도인이나 문화적 기독교에 무비판적으로 매몰된 사람이 아니라 온전히 헌신된 그리스도의 제자를 길러내는 데 목적이 있다. 제자도의 대가를 강조할 뿐 아니라 예수님이 걸어가신 길을 우리 삶으로 구현하는 것이 얼마나 아름다운지도 소개하고자 노력했다.

  이 서론의 초반에 언급한 제자도의 세 가지 기본 가치들은 한 마디로 간단하게 정리할 수 있다. 즉, 예수님을 사랑하고 예수님이 사랑하신 것처럼 세상을 사랑하며, 예수님을 사랑하는 이들을 사랑하라는 것이다.

예배 : 예수님을 사랑하라!
선교 : 예수님이 사랑하신 세상을 사랑하라
교제 : 예수님을 사랑하는 성도들을 사랑하라

매우 간단하다. 그러나 단순하면서도 심오한 이 세 가치들을 토대로 인생을 구축한다는 것은 생각보다 훨씬 더 어렵다. 보기에는 단순할지 몰라도 결코 쉬운 일은 아니다. 쉽게 다가갈 수 있고 받아들일 수 있지만 일단 가까이 다가가면 이 가치들은 우리의 전 인생을 요구한다. 본질상 립서비스만 하고 스스로 원하는 대로 살아가도록 내버려두지 않는다. 제자도의 이 기본적 세 가치를 수용하게 되면 진심으로 사랑하는 게 무엇인지 알게 된다. 디트리히 본회퍼가 언급한 '타인을 위한 인간들'이 된다.

참으로 심오한 진리는 그 어떤 경우라도 대가를 치러야만 얻을 수 있다. 표면상 단순해 보인다 해도 마찬가지다. 예수님께서 치르셔야 했던 대가는 십자가였다. 십자가로 인해 하나님은 자기 아들을 대가로 치르셨고 예수님께서는 자기 생명을 대가로 치르셨다. 예수님께서 자기 생명을 대가로 치르셔야 했다면, 그를 따르는 제자들 역시 생명을 내놓아야 할 것이다. 반드시 물리적 생명은 아니겠지만 인생을 자기 뜻대로 영위하고자 하는 권리는 반드시 내놓아야 할 것이다.

타인을 위해 예수님처럼 살다

예수님을 따르는 사람들은 '타인을 위한 삶'을 사는 사람들이다. 예수님의 헌신된 제자가 된다는 것은 우리가 무엇을 믿고 어떻게 사느냐보다 훨씬 더 포괄적인 문제이다. 예수님을 따른다는 것은 개인적이지만 결코 사적이지는 않다. 어떤 그리스도인들은 신앙생활이 자신들의 마음이라는 사적 공간에서 진리라고 믿고 개인적으로 해석한 방식에 따라 그 믿음을 실천하는 것이라고 잘못 생각한다. 실제로 소위 예수님의 제자들이라고 하는 많은 사람들도 그렇게 생각한다. 그러나 신앙생활은 사적인 노력 이상의 것이다. 훨씬 더 중요한 일들이 관련되어 있기 때문이다.

예수님을 따른다는 것은 사적인 문제가 아니다. 스스로의 노력만으로 이루어가는 문제도 아니다. 예수님을 따라가며 그에게 자기 인생을 헌신하고자 한다면, 당신 자신의 관점이 아닌 그의 관점에서 살아야 한다.

예수님을 따르는 사람은 하나님의 백성이다. 그리고 하나님의 백성이 이 세상에 존재하는 목적은 자기 자신이 아니라 하나님과 다른 사람들 때문이다. 우리는 하나님의 가족이다. 다문화적이고 전 지구적인 공동체의 일원으로서 우리는 각기 다른 이들과 더불어, 그리고 다른 사람들을 위해 믿음을 삶으로 실천하며 살아간다.

일부 사람들은 매력적으로 여길지 모르겠지만, 예수님은 단순히 개인적인 믿음으로 우리를 보상하시려고 오신 게 아니었다. 예수님을 섬긴다는 것은 단순히 개인적인 차원의 생활이나 신앙에 국한되지 않는다. 예수님의 제자가 된다는 것은 그의 생애의 더 위대한 이야기와 지상에서 우리의 목적, 즉 예수님의 다른 제자들과 함께 이루어내는 공동의 목적에 우리 인생을 헌신한다는 의미이다.

예수님은 세상을 전복시키려고 오셨다. 지금은 악이 세상을 지배하고 부패한 지도자들이 득세할 수 있지만 언젠가는 참된 왕되신 그분으로 인해 그들의 신세가 완전히 뒤바뀔 날이 올 것이다. 예수님은 인신매매로 착취당하는 자들의 고통과 부르짖음을 알고 계신다. 싱글맘들의 절규를 듣고 계시며 삶이 송두리째 무너진 여성의 울부짖는 소리를 듣고 계신다. 가난하고 절망에 빠진 자들로 인해 고통스러워하시며 전쟁과 경제적 불의를 보고 분노하신다. 2천 년 전 성전에서 환전꾼들의 상을 엎어버리셨던 그분은 오늘날도 자신을 따르는 자들을 통해 동일한 일을 하시느라 분주하시다.

예수님께서 세상에 오신 것은 단순히 개인적 구원으로 우리를 건지고자 하신 게 아니었다. 전면적이고 근본적이며 전복시키는 왕국을 세우려고 오셨던 것이다. 구원이란 예수님을 영접하는 기도를 드리고 개인적으로 거룩한 인생을 사는 것 이상의 것이다. 예수님은 일종의 '영생이라는 보험'이 생긴 것 외에 이전과 전혀 달라진 게 없는 인생을 살도록 하기 위해 우리를 구원하신 게 아니다. 세상에서 그의 통치를 실현하고자 이 땅에 오셨다. 그의 왕국은 개인의 마음에 세워지지만 동시에 그는 전 지구적 혁명이 일어나도록 일하고 계신다. 그를 위해 열정적으로 헌신하며 이 땅에서 그의 뜻을 성취하고자 힘쓰는 제자들의 새로운 공동체를 만들어내고자 세상에 오셨다. 그것은 바로 그토록 자주 말씀하셨던 하나님 나라이다. 예수님은 우리 인생의 통치자와 왕으로서 우리 안에 살아계시며 우리를 통해 세상을 변혁시키고 계신다.

하나님께서 아담과 하와를 창조하시면서 에덴 동산에 구현하셨던 그 왕국은 최악의 이기심으로 손상을 입었다. 그 이기심은 선하심에 정면으로 맞선 반역이었다. 긴 세월이 흘러 인간의 몸을 입으신 예수님으로 세상에 오신 하나님은 그 동산에서 처음 만드셨던 왕국을 개조하고 회복시키며 이 지구 행성을 파괴한 이기심을 제거하는 정반대 작업을 시작하셨다. 지금 피조물은 착취와 인간의 이기심에 눌려 신음하며 해방의 날을 고대하고 있다. 우리 인간을 비롯해서 모든 피조물들은 죄의 영향으로 고통당한다. 마음과 생활방식의 근본적인 개조가 필요한 이유가 이 때문이다. 구세주가 우리에게 필요한 이유도 이 때문이다.

또한 우리의 세계관과 인생 철학을 근본적으로 바꾸어야 하는 이유도 여기 있다. 우리는 우리의 기준이 아니라 그의 말씀으로 살도록 부르심을 받았다. 그리고 바로 그 일을 하도록 도움을 받기 위해서는 처음부터 시작해야 한다. 그의 이야기에서 출발해야 하는 것이다. 이 일에 기꺼이 참여할 마음이 있다면, 그 이야기에서 자신에게 할당된 몫을 받아들이라.

그러므로 먼저 하나님의 이야기부터 시작하자.

• 프롤로그 •

하나님의 이야기

에피소드 1. 창조

이야기는 아주 오래전, 시간도, 색깔도, 살아 있는 어떤 생물도 존재하지 않던 때로 거슬러 올라간다. 별이 만들어지기 전, 공룡이 지상을 어슬렁거리며 배회하기 전에 시작된 이야기이다. 위대한 신께서는 창조적 능력을 사용해서 말씀으로 지구라는 별을 만들고 동물과 식물이 가득하고 아름다운 산이 펼쳐져 있고 강이 굽이쳐 흐르는 곳을 만들기로 계획하셨다. 그리고 산과 바위, 강과 짐승들을 만드셨다. 하지만 그는 그 피조물들과 다른 분이었다. 그가 창조 능력을 발휘하신 것은 어쩔 수 없어서 혹은 스스로에게 뭔가 결핍된 것이 있어서가 아니라 아름다움을 창조해서 누군가와 공유하기를 원하셨기 때문이었다.

위대한 신은 창조의 꽃으로 남자와 여자를 만드셨다. 그들의 힘과 지식은 제한적이지만 아름다움과 창조성에서는 경이로운 존재였다. 그들은 위대한 신을 닮도록 창조되었지만 그와 비견될 정도는 아니었다. 그는 그들에게 이름을 지어주고 안락한 보금자리를 주셨다. 또한 그들과 대화하기 위해서, 피조물에게 이름을 지어주고 상호 교류하는 그들의 기쁨을 함께 나누기 위해서 저녁마다 그들을 방문하셨다. 그가 남자와 여자를 만드신 것은 함께 우정과 교제를 누리며 창조세계를 사랑하고 돌보는 일에 동역자로 삼으시기 위해서였다.

에피소드 2. 반역

위대한 신의 안방에서 무서운 반역이 시작되었다. 그가 만드신 아름다운 피조물들이 그를 무너뜨리려고 시도하는, 상상할 수도 없는 일이 일어난 것이다. 그러나 그들의 반역은 수포로 돌아갔고 3분의 1에 달하는 천사들이 위대한 신의 면전에서 추방되었다. 그런데 그들 중 하나가 하나님이 지으신 남자와 여자를 은밀히 찾아가 속이고 유혹했다. 결국 그들도 그 반역에 가담하고 말았다.

위대한 신께서 어느 저녁 무렵 여느 때처럼 남자와 여자를 방문하셨다. 그런데 그들의 모습이 보이지 않았다. 아무리 찾아도 보이지 않았다. 그는 외로움이 몰려왔다. 그의 서글픈 음성이 공기 중에 애잔하게 퍼져나갔다. "너희는 어디 있느냐?" 그는 눈물을 흘리며 소리쳐 부르셨다. "보고 싶구나. … 너희는 왜 나를 떠났느냐?"

남자와 여자는 숨어 있었다. 마침내 위대한 신께서 그들을 찾아냈을 때 그들의 얼굴은 수치심으로 일그러져 있었다. 몸에는 낯선 옷을 걸치고 있었다. 지금까지 그와 더불어 너무나 편안하고 평온하게 지내왔던 그들이었다. 그런데 이제 그들은 수치심에 떨며 괴로워하고 있었다. 그들의 반역의 결과는 이토록 처참하고 고통스러웠다.

위대한 신은 배신에 대한 심판을 선고하시고 남자와 여자를 그 낙원에서 내보내셨다. 그들은 악한 자들의 반란에 가담해 위대한 신과의 우정과 신의를 저버렸던 것이다. 그분으로부터 배척당하고 격리된다는 것은 그들에게 살았지만 죽은 것이나 다름없는 의미였다. 그 죽음은 이상한 외계 바이러스처럼 그들의 후손들과 모든 피조 세계에 암울한 영향을 드리웠다.

에피소드 3. 희생 제물

이야기의 다음 내용은 희생 제물에 관한 것이다. 누군가가 제3자를 위해 정말로 중요한 무엇인가를 포기하는 이야기이다. 위대한 신은 남자와 여자가 돌아오기를 애타게 기다리셨다. 하지만 그들은 그 반역 상태를 포기하려고 하지 않았다. 그들의 후손들 역시 매한가지였다. 위대한 신이 만드신 피조 세계는 분노와 폭력으로 얼룩졌다. 그는 사람들에게 사자들을 잇따라 파견하셔서 반역에서 돌이키고 돌아오라고 호소하셨다. 하지만 그 사자들은 줄줄이 퇴자를 당했다.

마침내 위대한 신은 몸소 한 번 더 남자와 여자를 방문하기로 결정하셨다. 직접 그들을 찾아가면 그들이 그의 말을 듣고 생각을 바꾸어 어리석은 길에서 돌이켜 창조주께로 돌아오리라 여겼다.

오래전에 위대한 신은 한 가지 계획이 있었다. 남자와 여자를 되찾기 위한 참으로 놀라우면서도 최종적인 계획이었다. 그리고 이제 드디어 그 계획을 실행할 때가 왔다. 그는 자신의 창조 능력을 이용해 남자와 여자처럼 인간의 몸을 입고 온유하지만 너무나 초라한 모습으로 그들에게 다가갈 작정을 하셨다. 그들이 그의 말을 알아들을 수 있도록 그들의 언어로 말씀하기로 하셨다. 그가 그들처럼 되면 분명히 자기 말을 들을 것이라고 생각하셨기 때문이었다.

위대한 신은 그들이 너무나 그리웠노라고, 그들이 돌아오기를 간절히 기다렸노라고 알려줄 날이 오기를 애타게 고대했다. 하지만 그들의 반역을 무시한 채, 그들의 합당한 뉘우침 없이 무작정 그들을 받아준다는 것은 그의 본성을 부정하는 것이었다.

너무나 슬프게도 남자와 여자는 자신들의 몸을 입고 나타난 그를 외면했다. 오히려 그들 스스로 자초한 온갖 문제들을 그의 탓이라고 비난했다. 은밀한 죄책감은 분노로 돌변했다. 잘못을 뉘우치기는커녕 그를 비난하기로 작정했다. 그래서 결국 인간의 몸을 입고 온 그를 살해하고 말았다. 그를 조롱하고 고문하며 채찍질하고 침을 뱉었다. 그리고 결국 그의 목숨을 빼앗았다.

에피소드 4. 돌아감

그러나 죽음은 생명의 창조주를 가두어둘 수 없었다. 희생 제물로 바쳐진 그는 다시 살아나 사람들에게 나타나셨고 그들은 충격과 공포에 휩싸였다. 그러나 그는 자신을 증오하고 배척한 그들의 악행을 용서하겠다고 선포하셨다. 그들을 심판하는 대신 자기의 죽으심을 이용해 그들을 용서하겠다고 작정하셨다. 남자와 여자처럼 인간의 몸을 입고 죽으심으로써 그들이 받아 마땅한 형벌을 대신하겠다고 하셨다. 그들이 반역의 자리를 떠나 위대한 신을 인정하고 돌아온다면 그들을 용서해 주겠다고 하셨다. 죽어 마땅한 그들이었지만 그들이 받을 형벌을 그가 대신 받으셨다. 놀랍게도 그들의 반역 행위를 최종적인 용서로 덮어 주기로 하신 것이다.

에피소드 5. 위임

　남자와 여자의 후손들 중 일부가 위대한 신에게로 돌아왔다. 그리고 반역에 가담했던 지난날의 죄악들을 용서해 주시기를 구했다. 참으로 놀라운 일은 위대한 신이 그들의 죄를 용서해 주었을 뿐 아니라 스토리텔러가 되어 그의 이야기를 들려주는 위대한 일에 참여하라고 말씀해주신 것이었다. 이것은 위대한 신이 처음에 시작한 일을 마무리하는 일이었다. 남자와 여자는 위대한 신과 친밀한 교제를 누리고 같은 목적 의식을 공유하며 위대한 신의 이야기의 일부로 살아가게 될 것이다.
　그렇게 해서 그 이야기는 먼 곳까지 퍼져나갔다. 어떤 이들은 그 이야기를 노래로 지어 불렀고 어떤 이들은 비유로 풀어 기록하기도 했다. 어떤 이들은 너무나 가난해서 글자를 익히지 못한 자들과 동거동락하며 몸으로 그 이야기를 들려주었다. 그 이야기를 사람들에게 들려줌으로써 스토리텔러들은 자신들에게 맡겨진 일을 감당했다. 그토록 애타게 찾았지만 우리의 반역으로 가질 수 없었던 것을, 이제 그 이야기의 일부로 살아가면서 위대한 신과 우정을 나눔으로써 자연스럽게 누리게 되었다. 그들은 반역하던 시절에 잃어버렸던 것이 다시 회복된 것을 알게 되었다.

계속되는 이야기

이야기의 마지막 부가 남아 있지만 지금 쓰여지고 있는 중이다. 위대한 신은 결말이 어떻게 되느냐는 질문을 받을 때 빙그레 미소 지으시며 고개를 끄덕이신다. 반역의 무리가 아직 완전히 소탕되지 않았지만 위대한 신은 승리를 선언하셨다.

이 지점에서 이제 이야기는 여러분과 나에게로 넘어온다. 하나님의 이야기에는 우리가 써야 할 몫이 있다. 각자 다 그 몫이 있다. 그러므로 나와 여러분이 없이는 하나님의 이야기가 마무리되지 않을 것이다.

차례

헌사 • 감사의 글 • 추천의 글 • 서문 • 서론 • 프롤로그

PART 1
예배 : 열정과 진리로 예수님을 사랑하기

chapter 1 • 종교 행위에 대한 회개 _ 37

chapter 2 • 복종 _ 61

chapter 3 • 주재권 _ 79

chapter 4 • 회개 _ 103

chapter 5 • 교만 _ 113

chapter 6 • 신실함: FAT 크리스천 _ 143

chapter 7 • 기도 _ 167

PART 2 선교 : 용기와 정중한 태도로
　　　　　　예수님을 모르는 사람들을 사랑하기

chapter 8 • 예수님을 실천하기 _ 195

chapter 9 • 예수님을 전하기 _ 209

chapter 10 • 예수님과 함께 고난당하기 _ 243

PART 3 교제 : 투명성과 의도성을 갖고 예수님을 믿는 사람들을 사랑하기

chapter 11 • 헌신된 공동체 _ 261

chapter 12 • 전 지구적 각성의 동지들 _ 277

chapter 13 • 심도 깊은 투명성 _ 299

chapter 14 • 단순한 형태의 교회를 시작하라 _ 311

부록

부록 1 • 진리를 발견하는 성경 공부 _ 337

부록 2 • 평안의 사람 찾기 _ 342

부록 3 • D-그룹 시도하기 _ 346

PART 1
예배

: 열정과 진리로 예수님을 사랑하기

F o l l o w

chapter 1

종교 행위에 대한 회개

샐리_{아내}에게 결혼해달라는 구혼 편지를 썼을 때, 그녀가 다음 편지처럼 답장을 보냈다면 내 반응이 어떠했을지 상상해보라.

> 사랑하는 플로이드에게
>
> 나도 당신과 정말 결혼하고 싶어요. 내 오랜 꿈이 이루어지는 것이거든요! 당연히 내 대답은 '예스'예요.
>
> 하지만 몇 가지 소소한 부탁이 있어요. 내게는 다른 남자 친구들이 있어요. 정확히 말하자면 일곱 명 정도 될 거예요. 그들 대다수가 별 의미 없는 존재지만 머레이와 웨인과는 계속 친하게 지내면 안 될까요? 이렇게 한꺼번에 남자 친구들을 포기해야 했던 적이 한 번도 없었기 때문에 그들만이라도 관계를 유지하고 싶어요. 엄마는 당신이 행운아라고 말씀하세요.

할 말이 또 있어요. 조건부로 당신의 구혼을 받아들이겠다는 거예요. 그것은 텍사스에서 이대로 산다는 것과 우리 부모님을 모셔야 한다는 거예요. 그분들이 이제까지 베풀어주신 사랑이 너무 크기 때문에 두 분을 떠난다는 것은 상상하기도 싫어요. 당신도 그분들의 감정이 상하기를 원하지 않지요? 하지만 원하면 언제라도 당신이 나를 찾아와도 좋아요. 이해해 주리라 믿어요. 아, 이제 마지막 부탁이에요. 당신의 기분을 상하게 하고 싶지는 않지만 결혼하더라도 당신의 성을 따르고 싶지는 않아요. 맥클랑은 별로 예쁜 성이 아니잖아요.

빨리 결혼식 날짜가 정해지기를 기대해요!

변함없는 헌신과 사랑을 그대에게 드리며, *샐리*

내 구혼 편지에 대해 샐리에게 이런 내용의 답장을 받았다면 완전히 결혼 계획을 뒤엎어버렸을 것이다. 사실, 나는 샐리를 얻기 위해 늦은 밤까지 수없이 많은 전화를 하고 그녀를 만나러 텍사스까지 찾아가는 수고를 기꺼이 감당했다. 둘이 함께할 미래에 대해 장문의 편지를 써서 그 꿈을 나누기도 했다. 내가 그녀에게 그런 수고를 마다하지 않은 것은 그녀를 사랑하기 때문이었다. 내가 원하는 여자가 바로 그녀라는 확신이 있었다. 그리고 마침내 샐리에게 결혼해달라고 프로포즈를 하면서 그녀가 나를 사랑하고 또 나의 반쪽이라면 나를 위해 열 일을 제쳐둘 것이라고 생각했다. 그리고 그녀는 실제로 그렇게 했다. 맥클랑이라는 이름을 기꺼이 받아들였고 그 외의 모든 것들을 흔쾌히 수락했다. 그녀는 내게 완전히 빠져 있었고 나 역시 그랬다!

참된 사랑이란 바로 이런 것이다. 상대방을 사랑하는 데 모든 것을 거는 것이다. 만약 이런 식이 아닌 다른 식의 관계라면 속았다고 느낄 것이다.

마찬가지로, 하나님은 우리를 사랑하시기 때문에 우리를 쫓아오신다. 그리고 우리를 사랑한다고 끊임없이 일깨우고 우리가 돌아오도록 하기 위해 온갖 수고를 아끼지 않으신다. 예수님을 우리에게 보내신 것은 바로 이 사랑에 대한 가장 확실한 표현이었다. 예수님은 우리에게 구애하시는 하나님의 방법이다. 내가 샐리에게 구애하고 그녀를 따라다녔듯이 하나님은 우리 한 사람 한 사람을 끊임없이 따라오신다.

나의 이야기

오래전 나는 사람들마다 각자 스스로 경험한 하나님의 이야기, 하나님이 예수님에 대한 믿음을 통해 자신을 근본적으로 변화시키신 이야기를 지니고 있음을 깨달았다. 우리 이야기는 하나님의 이야기 속에서 비로소 온전한 의미를 지닌다.

내 이야기는 내가 어떻게 종교를 갖게 되었느냐에 대한 이야기가 아니라 어떻게 종교에서 자유로워졌느냐에 대한 이야기이다. 내가 종교라는 이름으로 지은 죄들은 그 어떤 죄보다 더 깊은 회개가 필요했다. 내게 종교란 권력을 지닌 사람들이 내 인생이나 다른 사람들의 인생을 좌지우지하는 것으로 인식되었다. 그 사람들 중의 일부는 진정으로 신실한 사람들이었을 수도 있지만 대부분 예수님의 방법으로 사람들을 사랑하는 것과는 무관한 사람들이었다. 서글픈 사실은 나 역시 그 사람들처럼 되었다는 것이다. 이제 자초지종을 처음부터 이야기해보고자 한다.

예수님을 만나기 전

나는 기독교적 환경 속에서 성장했다. 영화로 만들어도 될 만큼 내 인생은 일반적이지 않았다. 누군가의 허점을 찾아 눈을 부라리는 기독교 근본주의자들 속에서 자랐기 때문이다. 일주일에 무려 다섯 번 이상을 교회 모임에 참석했다. 하루 두 번의 주일 모임은 기본이고 기도회, 부흥회, 수요 기도회, 청소년 모임이 줄을 이었다. 순수한 신앙적 열정도 있었겠지만 소위 기독교 문화와 종교적 모임의 거품 속에서 살았다.

십대 시절에는 사람들의 위선적인 모습 때문에 기독교에 대해 매우 냉소적이 되었다. 교회 안의 많은 사람들은 말과 행동이 달랐다. 수많은 규율들이 있었지만 사랑에 대한 이야기는 거의 없었다. 나는 그런 분위기에 나를 끼워 맞추려고 무던히 노력했지만 내 스스로의 불안정과 행동으로 옮겨야 한다는 무모한 열정에 휩쓸려 매우 힘든 시기를 지냈다.

부모님은 좋은 분이었다. 사실 아버지는 목회자였고 신앙심이 깊었다. 시간마다 기도하셨고 사랑하기 힘든 사람들을 사랑하신 분이었다. 그는 '선한 목자'가 되기 위해 평생을 노력하셨다. 그러나 나는 우리 교회에서 다른 사람들과 다투곤 했다.

교회 생활 중 매우 힘들었던 경험을 한 가지 꼽는다면 타인에 대해 매우 비판적인 사람들의 태도였다. 그들은 남들의 복장을 비난하고 하나님을 위해 제대로 봉사를 안 한다고 사람들을 판단했다. '성결한 생활'에 대한 교회의 계율을 지키느냐 마느냐로 타인을 단죄했다. 거룩은 얼마나 사랑을 실천하느냐가 아니라 얼마나 엄격하느냐가 기준이었다. 그러나 십대 후반이 되자 그런 태도가 내 마음속까지 슬금슬금 자리잡기 시작했다. 내가 경멸하던 그 모습을 나도 갖게 된 것이다.

종교를 갖고 자란다는 게 마치 실패자가 된 듯한 생각이 들었다. 거짓된 죄책감에 시달렸다. 물론 그 당시에는 그 죄책감이 거짓임을 몰랐다. 끊임없는 수치심으로 괴로워했고 내가 교회의 축복을 받을 자격이 있음을 입증하고자 쉼없이 노력했다. 교인들에게 인정과 칭찬을 받고자 노력하면서 내 약점과 잘못을 숨기느라 늘 좌불안석이었다.

하나님의 사랑을 깨닫기까지

내게 일어난 매우 행복한 일 중 하나는 대학에 진학한 것이었다. 대학에 들어간 나는 내 인생의 중요한 일부로 삼을 정도로 스포츠에 푹 빠졌다. 물론 힘든 일도 있었지만 내 대학생활은 성공 가도를 달렸고 자신감은 하늘 높은 줄 모르고 커졌다. 농구부의 주장이 되어 전국을 다니며 열 개의 대학 팀들을 상대로 승리를 거두었고 20번이 넘게 우승했다. 미국 전역의 신문들이 우리 팀에 대한 기사를 실었다. NBA의 스카우트 담당자들이 일부러 찾아 와서 우리 경기 모습을 지켜보기도 했다. 짜릿하고 흥분되는 경험이었다. 하지만 나는 신앙에 대해 여전히 혼란스러운 상태에 있었다.

이 시기에 내 인생에 엄청난 영향을 끼친 교수님이 한 분 있다. 나는 한 사람의 인간으로서 그를 좋아했다. 정직하고 성실한 분이었고 학생들과 기꺼이 시간을 내어 만나주신 분이었다. 내가 관련된 학생 동아리들과 스포츠 경기에도 참석해 주셨다. 나는 그를 내 롤모델로 삼았다.

이 교수님은 매우 헌신적인 신앙인이었지만 소위 '종교인'은 아니었다. 이 사실에 나는 매료되었고 큰 흥미를 느꼈다. 강의가 끝나면 그는 강의 노트를 밀쳐두고 탁자 뒤에 서서 마음에서 우러나오는 진심어린 관심으로 우리와 대화를 나누곤 했다. 세상을 바꿀 수 있는 사람이 되라고 진지하게 호소했다. 종교의 속박에서 해방되어야 한다고 열정적으로 강조했다. 온전한 인간이 되고 온전히 살아 숨 쉬는 사람이 되라고 말했다.

어느 날, 그는 종교 행위와 하나님 사랑의 차이점을 말했다. 형식적인 종교 행위를 하는 것과 마음으로 우리 삶을 사는 것의 차이를 이야기해 주었다. 그러자 바로 그 시간까지 내가 사람들을 기쁘게 해주느라 버둥거리며 살아왔다는 것과 그것은 하나님이 원하시는 모습이 아니라는 사실을 불현듯 깨닫게 되었다. 그런 나를 사랑해달라고 하나님을 설득할 수도 없음을 알게 되었다. 종교의 속박에서 벗어나 하나님의 은혜와 사랑으로 진정한 삶을 살라는 교수님의 호소를 들으며 내 마음속에는 한 줄기 빛이 비추었다. 나는 내면 깊은 곳에서 그의 호소를 받아들였고 자유인이 되어 그 교실에서 걸어나왔다. 그때까지 헌신은 하나님을 기뻐하는 일이 아니라 하나님에 대한 의무라고 잘못 배워왔음을 깨달았다. 그리고 의무가 아닌 기쁨을 위해 살겠노라고 결심했다.

예수님으로 내 인생에 일어난 변화

내 속에서 그런 내면적 변화가 일어나자 계율에 얽매인 종교의 짐이 마치 무거운 등짐이 떨어지듯 떨어져 나갔다. 누가 그것을 떨어뜨려 주었는지, 어떻게 그것이 떨어져 나갔는지는 꼭 집어 말하기 힘들다. 하지만 그것이 사라져 버린 것은 분명했다. 나는 해방감을 느꼈다. 그 순간부터는 하나님이 나를 사랑하도록 만들기 위해 애써 힘쓸 필요가 없었다. 사실 그렇게 할 능력도 없었지만 하나님의 사랑을 얻기 위해 무엇인가를 할 필요가 없음을 알게 되었다. 그가 먼저 나를 사랑하셨으므로 마음껏 하나님을 사랑하면 되었다. 나는 자유로움을 느꼈고 희망으로 가득 차 있음을 느꼈다.

그날 이후로 나는 감옥의 쇠사슬에서 풀려나 자유인으로 살아왔다. 그리고 지금도 고아로 살다가 사랑이 넘치는 가정에 입양된 아이처럼 살고 있다. 온전한 인간으로서 생생하게 살아 있음을 느낀다. 마음껏 하나님을 누리며 살아간다. 고독하거나 버려졌다는 생각이 들지 않는다. 사람들이나 하나님의 인정을 받기 위해 무엇인가를 해야 한다는 압박감에 시달리지도 않는다.

이제는 하나님의 사랑과 용납하심에 대한 충만한 확신 속에 매일 눈을 뜬다. 내가 하나님의 소유임을 알고 있다. 하나님의 사랑을 받는다는 것은 너무나 황홀한 경험이다. 그리고 그의 사랑과 용서하심을 받아들이는 게 그 놀라운 사랑에 대한 나의 반응이다.

하나님에 대한 사랑은 하나님이 자신과 친밀한 관계와 우정을 누리도록 우리를 창조하셨음을 깨달을 때 시작된다. 그러면 더 풍성한 삶을 살겠다는 갈망이 생긴다. 이생에서 우리를 위해 준비된 모든 것을 깨닫고 맛보며 듣고 싶다는 간절한 마음이 생긴다. 하나님은 우리를 기다리는 모험, 함께 나눌 아름다움, 우리에게 주실 꿈과 인생의 목적, 안정감과 의미를 준비해 두시고 우리를 손짓해 부르신다.

예수님을 사랑한다는 의미

이 책의 1부에서 강조하는 주제는 '예수님을 사랑하는 것'이다. 예수님을 사랑한다는 것은 '매일매일 예수님께 순종하기로 헌신하면서, 우리에 대한 그의 사랑에 마음으로 반응하는 것'이라고 생각한다. 여러분도 이 사실을 깨닫기를 바란다. 그러나 우리는 우리의 완전한 헌신을 받으시는 그때까지 하나님이 우리를 사랑하도록 해야 한다.

예수께 사로잡히게 된다는 것은 그에게 완전히 매료되고 그분의 속성과 그분이 우리를 위해 마련해두신 모든 것에 흥미를 느끼고 빨려든다는 것이다. 예수님을 사랑한다는 것은 우리 마음을 그분께 열고 어떤 것도 숨기거나 감추지 않으며 우리 약점과 두려움, 꿈과 갈망에 이르는 모든 것을 고백한다는 뜻이다.

예수님을 사랑한다면 세상에 순응하고 타협하라는 끊임없는 유혹에 도전하고 그 유혹을 거슬러 살아가야 한다. 이런 압력은 수많은 곳에서 쏟아진다. 이 시대 문화의 영향력이나 부패하고 비인간적인 문화적 요구들로부터 더 단순하지만 때로 고통스러운 가족들과 친구들의 관계에 이르기까지, 이루 헤아릴 수 없이 많은 곳에서 압박이 가해진다. 함께 일하는 동료나 학교 친구로부터 압박을 받을 수도 있고, 수많은 영화, 텔레비전, 특정한 음악에서 압력을 받을 수도 있다. 예수님은 우리가 그와 그의 뜻을 위해 살 수 있도록 그의 길과 반대되는 압력과 중압감에 맞설 힘을 우리에게 주신다.

우리는 모두 무엇이나 누군가의 노예이다. 자발적인 사랑의 노예일 수도 있고 인간이 만든 감옥에 어쩔 수 없이 노예로 살 수도 있다. 우리는 하나님께 온전히 헌신하도록 창조되었다. 하나님께 온전히 헌신하지 않으면 그 헌신을 다른 누군가나 대상에게 바치게 된다.

사도 바울은 헌신의 이 특성에 대해 로마 성도들에게 이렇게 썼다. "여러분은 경험을 통해 알 것입니다. 자유로운 행위라지만 실은 자유를 파괴하는 행위들이 있다는 것을 말입니다. 가령, 여러분 자신을 죄에 바쳐 보십시오. 그러면 그것으로 여러분의 자유의 행위는 끝이 납니다. 그러나 여러분 자신을 하나님의 길에 바쳐 보십시오. 그러면 그 자유는 결코 그치는 법이 없습니다"롬 6:16, 메시지 신약. 이렇듯 인간은 두 주인을 겸하여 섬길 수 없다.

우리는 우리가 사랑하는 자를 섬긴다. 그리고 우리가 섬기는 자를 사랑한다. 그의 사랑을 받아들일 때 우리는 우리 마음의 사슬에서 해방되어 그를 사랑하게 된다. 이것은 종교 행위의 속박에서 벗어나기를 원하는 종교인들에게 복된 소식이다.

바울은 계속해서 하나님의 사랑에 대해 형언할 수 없는 놀라운 진리를 말해준다.

> 하나님을 의지하는 모든 사람들은 하나님의 자녀입니다. 그러므로 이제 여러분은 자유의 몸이 되었습니다. 두려움에 가득 차 매를 맞는 노예들처럼 살지 않아도 됩니다. 하나님의 양자로 입양되고 그의 가족으로 받아들여져 사랑을 받는 자녀들이 되었음을 믿고 그에 합당하게 행동해야 합니다. 이제 마음껏 자유롭게 그분을 "사랑하는 아버지"라고 부를 수 있습니다. 이 점은 확실히 알고 계십시오. 그 아버지가 성령을 보내셔서 여러분의 마음 깊은 곳에서 당신이 하나님의 사랑받는 자녀라는 것을 말씀해 주시도록 하셨으며 마침내 그 사실을 믿을 때까지 그 말씀을 계속해서 주실 것이라는 사실을 말입니다 롬 8:14-16. 저자가 풀어씀.

우리가 이전에 우리 욕망과 정욕과 두려움과 상처의 노예였다 하더라도 이제 온 마음을 다해 하나님을 사랑할 수 있게 되었다. 더 이상 노예로 살아갈 필요가 없다. 이것이 복음의 기쁜 소식이다!

하나님의 사랑은 우리 의식에 침투해서 우리의 핵심 가치를 변화시키고 우리의 행동을 변화시킨다. 우리가 이전과 다른 사람으로 살고자 애쓰는 까닭은 하나님의 사랑을 받기 위해서가 아니라 하나님의 사랑에 보답하기 위해서이다. 하나님은 과거의 우리 죄를 벌 주시려는 것이 아니라 그 죄에서 우리를 구원하려고 하시는 분임을 이제 알고 있다. 과거의 실수를 드러내 수치를 주시려는 게 아니라 우리의 수치를 제하시고 온전한 자기 소유로 삼으시는 선물을 주고자 하시는 분임을 알고 있다.

예수님을 사랑하지 못하게 방해하는 걸림돌

하나님의 참된 속성과 우리의 정체성에 대해 우리 의식 속에 축적되어온 거짓말은 하나님의 사랑을 받는 데 가장 거대한 방해물이다. 바울은 우리 마음속의 이런 거짓들을 '사탄의 진'strongholds이라는 단어로 표현한다. 우리의 전투력을 무력화시키는 정죄와의 전쟁이 벌어지는 진지라는 것이다. 이런 거짓들을 우리가 삶의 지침으로 삼고 있지만 그것은 '진정한 나'가 아닌 거짓된 나의 모습이 투영된 대본이라고 할 수 있다. 성장 과정과 문화 속에서, 그리고 인생의 고통스러운 경험을 통해 우리는 이 대본의 내용을 학습한다. 우리 머리로 어떤 것을 믿든 상관없이 이렇게 습득된 대본은 우리 마음속에 깊이 뿌리박힌다. 그러면 나를 향한 하나님의 사랑과 용납하심이라는 엄청난 진리가, 나의 소유와 성공, 그리고 나에 대한 타인의 평가라는 거짓된 자아의 고함 소리에 완전히 파묻히고 만다.

성경은 우리가 진리를 고수하는 싸움을 해야 한다고 말한다. 이런 거짓된 대본을 수수방관해서는 안 된다는 것이다. "우리는 인간이지만 인간적인 계획과 방법으로 전쟁을 하지 않는다. 세속적인 무기가 아닌 하나님의 강력한 무기들을 사용해야 사탄의 진들을 무너뜨릴 수 있다. 이런 무기들을 사용해야만 하나님을 알지 못하게 막는 모든 교만한 주장들을 무너뜨릴 수 있다. 또 이런 무기들을 사용해야 하나님을 반역하는 생각들을 타파하고 그리스도께 복종하도록 가르칠 수 있다"고후 10:3-5, NLT.

자신이나 하나님에 대한 거짓된 대본들을 믿을 때가 언제인지 우리는 구별할 수 있다. 그런 생각들은 무기력과 불신을 만들어내기 때문이다. 하나님은 자기 아들을 보내셔서 우리 죄를 위해 십자가에서 죽게 하시고 이 거짓된 대본에서 우리를 해방시켜 주셨다. 그리스도의 위대한 구속 행위로 거짓된 자아에서 해방되어 하나님이 본래적으로 의도하신 사람으로 변화될 수 있는 능력을 얻게 되었다. 그러므로 우리는 거짓된 대본을 거부하고 예수님 안에 있는 사랑을 받아들이며 진리를 위해 싸워야 한다. 그리고 우리에 대한 그 거짓들을 심어준 사람들을 용서해야 한다. 사람들을 용서하고 우리의 감정과 선택에 대해 책임을 지면 큰 능력을 경험한다. 진리를 위해 싸우면 강하고 견고해진다. 수동성과 두려움, 분노와 증오심을 이길 수 있다. 쉬운 길은 아니지만 하나님의 사랑을 지키고 붙들고자 하는 싸움은 충분히 도전할 가치가 있다.

예수님을 사랑하고 그분의 사랑을 받아들인다는 것은 우리가 붙드는 진리를 위해 싸운다는 의미이다. 이런 싸움을 통해 우리는 머리로만 알고 있던 교리적 진리들을 온전히 체득할 수 있고 그 진리들은 우리 마음 깊숙이 뿌리내리게 된다. 그러면 예수님 안에 있는 하나님의 사랑으로 인해 우리에게 변화가 일어난다. 예수님을 믿는다는 것은 단순히 그럴듯한 종교적 행위를 하는 것이 아니다. 그 믿음을 우리 존재의 가장 깊은 곳에 뿌리내리도록 할 때라야 우리 인생의 모든 부분에서 변화가 일어난다.

자유의 대가

우리는 열정적이고 통합적이며 자유로운 존재로서 전인적으로 하나님을 마음껏 사랑할 수 있다. 그리고 그렇게 함으로써 우리는 모든 속박에서 벗어나 하나님이 우리를 사랑하심을 확실하게 인식하게 된다. 하나님을 사랑하면 마음의 모든 속박에서 벗어나 두려움 없이 자유롭게 살아가게 된다.

그러나 여기에는 대가가 따른다. 하나님은 저열하고 무가치한 쾌락 속에서 인생의 의미와 목적을 찾고자 하는 노력을 버리고 하나님을 알고 하나님을 사랑하는 궁극적 기쁨을 추구하라고 우리를 부르신다.

예수님은 망대를 쌓으려다 비용이 모자라 완공을 하지 못한 사람의 비유를 들려주신 적이 있다. 사람들의 비웃음을 면하고 쓸데없는 노력을 하지 않기 위해서는 시작하기 전에 반드시 비용을 계산해 보아야 함을 강조하기 위해서였다. 그리고 "이와 같이 너희 중의 누구든지 자기의 모든 소유를 버리지 아니하면 능히 내 제자가 되지 못하리라"눅 14:33는 말로 끝맺으셨다.

모든 것을 다 버리고 예수님을 따르겠다고 생각 중이거나 이미 그런 결단을 내린 사람들은 예수께 인생의 우선순위를 둘 때 어떤 대가를 치르게 되는지 먼저 생각해보아야 한다. 그렇다고 해서 하나님이 창조하신 우리 본연의 목적을 외면하라는 것이 아니다. 오히려 하나님이 창조하신 본래적 목적에서 벗어나게 하는 거짓된 믿음과 행위들을 더욱 철저하게 버리라는 뜻이다.

예수님을 사랑하지 않을 때 나타나는 모습

예수님을 사랑한다는 게 무슨 의미인지 이해하기 위해 그 반대 의미부터 먼저 살펴볼 필요가 있다.

• '종교적' 열광

하나님을 사랑한다고 해서 하나님이 우리에게 '종교적'이 되라고 하시거나 '기독교 언어'의 능통자가 되도록 기대하신다는 의미는 아니다. 새롭게 발견한 신앙에 대한 열심과 예수님에 대한 열정이 남다른 나의 친구 데이빗이 한 교회에 출석하게 되었다. 그리고 교회에 출석한 바로 그날, 성도가 출입할 수 있는 장소, 시간, 두발 길이, 심지어 사귈 수 있는 친구의 부류에 이르기까지 온갖 것을 규정해둔 규범집을 받았다. 슬픈 일은 그 규범집이 온갖 내용을 모두 다루고 있었지만 단 한 가지, 가장 중요한 것은 제외시키고 있었다는 점이다. 바로 예수 그리스도에 대한 마음의 헌신이었다. 그리스도에 대한 마음의 헌신은 일련의 규범으로 요약될 수 없다. 영성을 그런 규범집으로 요약하는 태도는 기쁨 없는 순응과 순수한 성숙함이 배제된 열심을 강요할 수 있다. 때로, 깊이가 결여된 열정은 소위 실제의 가짜 모방품인 이른바 '모델 그리스도인'model christian들을 양산한다. 일부 기독교 지도자들은 이런 지적 자체를 두려워하거나 적대시하겠지만 그것은 아마 그렇게 하지 않으면 사람들을 통제할 수 없기 때문일 것이다.

　예수님은 하나님과의 관계를 일련의 규율과 종종 우스꽝스러운 계율로 변질시킨 당대 종교 지도자들을 신랄하게 비판하셨다. 그러나 불행하게도 오늘날 일부 기독교 지도자들 역시 동일한 행동을 하고 있다. '성결'하게 한다는 명목으로 해야 할 일과 하지 말아야 할 일의 끝없는 목록으로 사람들의 짐을 무겁게 하고 자신들이 인위적으로 만든 영성 개념을 억지로 주입시킨다. 그러나 이런 방식은 두려움, 의존심, 정죄감만 초래할 뿐이다. 통제와 규칙이 넘쳐날수록 이 땅의 지도자들을 만족시켜 주기 어렵고 그로 인한 좌절감은 더욱 심해진다. 젊고 자신만만한 지도자로서 이런 형태의 충성심을 강요했던 나의 지난 시절을 되돌아보면 내 행동이 하나님에 대한 사람들의 기쁨을 얼마나 파괴하였을지 알 것 같다. 그 노력이 지나쳐서 결국 하나님 나라에 방해가 되었을 것이다. 나이가 들수록 내 역할은 전면에 나서는 것이 아니라 뒤에서 지원해주는 것임을 더욱 분명하게 깨닫게 된다.

하나님의 순수하고 이타적인 사랑 안에서 안전감을 얻을 때 하나님이 기뻐하시는 헌신을 할 수 있다. 우리의 안전감이나 존재 가치는 우리가 얼마나 계율을 잘 지키고 어떤 생활 방식을 따르느냐에 있지 않음을 발견한다. 하나님의 사랑으로 인해 우리는 하나님의 사랑이 우리 행위에 영향을 받지 않는다는 것을 알게 된다. 오직 그분이 우리를 일방적으로 사랑하시는 것이다!

- 인정을 받기 위해 노력하는 것

사람들은 다른 사람들에게 인정을 받으면 안전감을 느낀다. 많은 그리스도인들 역시 사람들의 기대, 즉 한 집단이 구성원들에게 요구하는 무언의 행동 강령에 부응함으로써 안전감을 찾고자 시도한다. 다수의 기대에 부응하면 안전감이 생긴다. 다시 말해 사람들과의 관계가 매끄럽고 원만하면 사랑받고 있다고 생각하거나 하나님과의 관계에 문제가 없다고 생각한다. 하지만 하나님은 우리 성적이 얼마나 좋으냐에 따라 점수를 매기거나 일련의 종교적 의무들을 이행한 결과로 등급을 매기시는 분이 아니다. 그는 우리가 그분에게 나아가 용납받을 수 있도록 자기 아들 예수님을 우리 죄의 대속 제물로 바치셨다. 종교적 의무의 이행이나 인간이 만든 행동 강령에 부응하는 것으로 그의 인정을 받고자 아무리 노력한다 해도 그 놀라운 진리는 변하지 않을 것이다.

• 유혹을 받지 않으리라는 착각

하나님의 용납하심을 받았다 해도 우리는 옛 본성을 따라 여전히 자력으로 그의 사랑을 얻고자 노력하거나 찰나적인 죄악에 마음껏 탐닉하고 싶은 유혹을 받을 것이다. 우리가 받는 유혹이 욕망, 거짓말, 절도의 유혹이든, '선한 행위'에 의지하고 싶은 유혹이든, 예수님께서는 우리가 종교적 혹은 비종교적으로 끊임없이 유혹을 받을 것이라는 점을 분명히 하셨다. 예수님 자신도 유혹을 받으셨다. 하지만 죄를 짓지는 않으셨다. 이 말은 우리도 유혹을 받을 수 있지만 죄를 짓지 않을 수 있다는 뜻이다. 우리가 종종 오해하는 것과 달리, 죄에 대해 유혹을 받는 것 자체는 죄가 아니다. 내면의 감정과 생각이 죄의 유혹에 시달릴 때 우리는 때때로 그 차이를 구별하는 데 혼란을 느낀다.

예수님은 광야에서 사탄의 시험을 받으셨다. 하지만 죄를 짓지는 않으셨다. 우리처럼 그도 유혹을 받으셨다. 사탄은 권력과 재물, 명예욕으로 그를 시험하셨다. 하나님이 그에게 원하시는 모습을 가장 빠르게 이룰 길이 있다고 유혹했다. 하지만 그는 그 유혹에 굴복하지 않으셨다. 패배감과 자신에 대한 열패감을 안고 광야를 떠나지 않으셨다.

유혹과 죄의 차이점을 구별하는 데 어려움이 있다면 직접 하나님께 이렇게 여쭈어보라. "제가 죄를 지었습니까? 구체적으로 무슨 죄를 지었으며 어떻게 그것을 교정할 수 있는지 가르쳐주십시오." 하나님은 우리로 하여금 신실한 삶을 살도록 적극적으로 도와주실 것이다. 우리에게 죄와 죄의 유혹의 차이점을 가르쳐주실 것이다.

하나님께 이렇게 여쭈어도 아무 깨달음이나 반응이 없다면 아마 십중팔구 당신이 애매한 죄의 정죄감에 시달리고 있거나 종교인들이 당신에게 떠안긴 거짓된 죄책감으로 괴로워하기 때문일 것이다. 무기력하고 아무 기쁨이 없다면 신앙적으로 성숙해서 신뢰할 수 있는 그리스도인을 찾아가 함께 기도하라. 거짓된 죄책감을 떨쳐버리라. 그리고 그것을 받아들이지 않겠다고 작정하라.

성령의 손길로 죄를 깨닫게 되면 잘못한 게 무엇이고 무슨 죄를 지었는지 아주 분명하게 알 수 있다. 정죄감은 모호하며, 구체적인 죄보다는 일반적인 좌절감과 연관이 있다. 수치심은 당혹감과 무가치감이 혼재된 부정적 감정이다. 거짓된 죄책감은 하나님이 주신 게 아니라 우리를 자기 뜻대로 통제하기 위한 사람들의 요구에 뿌리를 두고 있다.

그러나 성령께서 우리 죄를 깨닫게 하시면 우리는 하나님의 은혜를 깨닫고 하나님의 무조건적 사랑을 받는 사람들에게 허락된 소망을 누린다. 하나님이 주신 올바른 죄책감이라면 우리가 범한 잘못을 분명히 알고 예수님 앞으로 나아가게 된다. 하나님이 우리 죄를 깨닫게 하시는 이유는 우리를 사랑하셔서 우리로 죄에서 자유하도록 돕고 싶어하시기 때문이다.

성경은 우리에게 사탄을 대적하라고 가르친다. 그러면 그가 도망갈 것이다. 유혹을 받을 때 적극적으로 대항하면 죄를 짓지 않게 된다. 그러나 유혹을 받아들이고 즐기며 그 유혹에 넘어갈 때 우리는 죄를 짓게 된다.

예수님을 사랑하는 것의 의미

• 삶의 목적이 생긴다!

세상은 우리가 가난한 자들에게 희망을 선사하고 압제당하는 자들을 자유롭게 해주기를 기다린다. 이제 행동하라! 하나님은 세상을 변화시킬 능력과 열정과 재능을 우리에게 주셨다. 열정이 생기고 관심이 가는 일을 적극적으로 즐기라. 하지만 그 자체를 인생의 목적으로 삼지는 말라. 하나님은 더 놀라운 일을 준비해 두고 계신다!

• 용서함 받는다!

예수님께서 십자가에서 당하신 죽음은 우리를 용서하기 위한 하나님의 방식이었다. 죄사함의 필요를 우리가 인정할 때 그는 우리를 용서해주신다. 그가 우리를 용서하시는 까닭은 오직 우리를 향한 그의 놀라운 사랑 때문이다.

• 두려움에서 해방된다!

예수님을 사랑한다는 것은 하나님이 우리 마음속에, 은밀한 두려움이 가득한 존재 깊은 곳까지 임재하시도록 허락한다는 뜻이다. 두려움은 유혹으로 이어질 수도 있고 죄로 이어질 수도 있다. 예를 들어, 폭력적 범죄의 희생물이 되지 않기를 바라는 것은 인간이라면 당연한 반응이다. 하지만 그렇다고 늘 두려움에 짓눌려 살아가야 한다는 뜻은 아니다. 용서에 대한 예수님의 가르침, 십자가를 마다하지 않고 그 두려움을 극복하신 그의 모습은 우리 역시 두려움의 속박에서 벗어나 자유를 누리며 살 수 있음을 확신하게 해준다.

• 소망이 있다!

하나님은 타락한 인간을 버리지 않으시고 예수님을 통해 우리에게 가까이 오셨다. 그리고 자기 아들을 통해 구속과 화해, 죄 용서함이라는 놀라운 수단을 마련해 주셨다. 예수 그리스도의 죽으심과 부활로 인해 우리는 더 이상 죄의 노예로 살거나 매일 생활 속의 걱정과 두려움의 횡포에 지배당할 필요가 없다. 이 담대한 소망은 우리 인생의 세 가지 시제에 영향을 미친다. 과거에 대한 소망-우리는 죄 용서함을 받았다. 현재에 대한 소망-무슨 일이 있더라도 예수님은 항상 우리와 함께 해주신다. 미래에 대한 소망-부활을 통한 새 생명의 약속이 있다.

• 가난한 이웃을 섬기게 된다!

주위를 둘러보면 소망 없이 살아가는 사람들이 너무나 많다. 가난이라는 굴레에서 헤어나오지 못한 채 살아가는 수많은 사람들이 있고 영적인 가난의 노예가 되어 살아가는 사람들도 많다. 우리에게는 그들에게 들려줄 대답이 있다. 그들의 이야기를 가슴으로 귀기울여 들어주라. 그들에게 당신이 경험한 하나님의 이야기를 들려주라. 실제적으로 그들을 섬기라.

• 어려운 환경을 이길 믿음이 생긴다!

우리가 겪는 일은 예수님도 모두 겪으셨다. 그는 이스라엘인이자 팔레스타인 사람이었다. 인종적 편견에 대해서도 알고 계셨다. 그 자신이 범죄의 희생자였다. 가혹한 이방의 압제 아래 살아야 했으며 미혼모의 아들로 태어나셨다. 자기 가족을 부양하기 위해 일하셨다. 또한 유혹을 받아 보셨다. 그는 인간이 어떤 싸움을 벌이며 살아가는지 알고 계신다. 그 자신이 그 모든 것을 겪으며 사셨고 또한 이기셨다. 우리가 두려움이나 개인적 배척의 감정 혹은 경제적 도전과 개인적 어려움으로 인한 결과들에서 완전히 자유롭게 살 수는 없을 것이다. 하지만 예수님께서 그 싸움을 이기도록 우리를 도와주실 것이다.

우리는 우리 인생을 통해 하나님의 이야기를 써내려가고 있다. 하나님의 이야기에 우리 이야기를 덧붙이고 있다. 우리의 선택과 하나님의 사랑에 대한 우리의 반응은 그분께 매우 중요하다. 우리는 매일 하나님의 사랑을 다른 사람들에게 보여주며 살아간다. 우리를 향한 그의 사랑과 용서를 받아들일 때 사람들은 그 모습을 보고 소망을 가지게 된다. 우리는 하나님의 이야기를 사람들에게 현실로 만들어주며 우리의 인생 무대에서 그것을 공연하며 살아간다. 하나님은 감독이자 그 드라마의 등장인물이다. 우리는 마지막 장면을 이미 알고 있다. 마지막 장을 이미 읽었다. 그래서 결국 누가 최후의 승자인지 알고 있다!

복습과 적용

1_ 로마서 8장 14-16절을 읽고 묵상하라.

2_ 다음 세 부분으로 나누어 당신의 개인사를 써보라.

- 예수님 안에서 하나님의 사랑과 용서를 경험하기 전의 생활은 어떠했는가?

- 예수님을 통한 하나님의 사랑을 어떻게 경험하게 되었는가?

- 예수님 안에 있는 하나님의 사랑으로 인생에 어떤 변화가 일어났는가?

- 아직도 '여행이 끝나지' 않았다면 하나님을 찾아가는 당신의 여정은 지금쯤 어디까지 와 있는지 300자 이하로 써보라. 그리고 몇몇 친구들이나 다른 그리스도인들과 그 이야기를 나누어보라.

  _____
  _____
  _____

3_ 어떤 면에서 가족, 친구, 동료, 영화/텔레비전/음악 때문에 받는 압박이나 유혹이 예수님을 떠나도록 부추기는가? 그 내용을 구체적으로 이야기해보라.

  _____
  _____
  _____

4_ 하나님의 사랑을 방해할 수 있는 거짓말 중에서 스스로에게 주입하고 싶은 유혹을 받고 있는 거짓말이 있다면 무엇인가?

  _____
  _____
  _____

chapter 2

복종

 우리 인생을 전폭적으로 하나님께 내어드리고 나면 우리는 제일 먼저 "하나님은 내가 무엇을 하기를 원하시는가?"라는 질문에 봉착하게 된다. 더 쉽게 말해 "내 인생에 대한 하나님의 뜻을 어떻게 알 수 있는가? 아프리카로 가라고 하시지는 않을까? 어떻게 하나님의 뜻을 분별할 수 있는가?"라는 질문에 맞닥뜨린다.

 이 질문에 대한 대답은 단순하지만 매우 도전적인 결단에서 찾을 수 있다. 즉, 하나님이 내 인생에 대해 무엇을 요구하시든, 그 뜻에 순종하겠다고 결심하는 것이다.

 많은 그리스도인들이 순종의 개인적인 차원에 매몰되어 중요한 것을 망각하고 살아간다. 즉 예수님과 사랑에 빠지면 자연스럽게 사랑의 하나님께 전폭적이고 무조건적으로 자신을 내어드리게 된다는 사실이다. 그런데 많은 그리스도인들은 자신이 원하지 않는 일을 하나님이 요구하실까봐 걱정하고 염려하며 하나님에 대한 순종은 굴종이 아닌 감사에서 우러나오는 자발적 행위임을 망각하고 있다. 예수님은 전체 그림 곧 우리가 기쁨과 자발성으로 순종하는지를 중점적으로 보시는 데 반해 우리는 '언제, 무엇을, 어디서'에 몰두하는 경향이 있다.

우리의 호불호에 초점이 집중되면 하나님에 대한 관심과 세상을 향한 하나님의 간절한 목표에서 점점 우리의 마음이 멀어진다. 하나님은 단순히 우리를 행복하게 하는 일보다 더 중요한 문제에 더 깊은 관심을 갖고 계신다. 우리로서는 내가 어떤 사람과 결혼할지, 어떤 직업을 선택하며 어디서 살게 될지가 가장 중요한 일로 보인다. 하지만 다시 분명히 말하자면 그런 것들보다 더 중요한 일이 있다. 우리 인생의 방향과 관련된 중요한 질문들에 대해 응답을 받는 일은 순종의 세부적인 내용의 일부지만 핵심은 아니다. 하나님께 전적으로 순종하고 자신을 내어드리면 인생에 대한 하나님의 뜻을 발견하기가 어렵지 않다. 하나님은 우리 인생에 대한 자신의 뜻을 보여주신다. 하지만 자신의 인생에 대한 하나님의 뜻을 알고자 원하는 이유가 자기 마음에 드는지 안 드는지 확인하기 위해서인가? 아니면 하나님을 기쁘시게 하고 순종하기 위해서인가?

순종의 핵심은 바로 이것이다. 하나님의 뜻을 알고자 하는 이유는 무엇인가? 하나님과 협상하기 위해서? 당신은 "제게 이러이러하게 해주시면 그러그러하게 해드리겠습니다"라는 자세로 하나님께 나아가는가? 아니면 어떤 것을 요구하신다 해도 그의 뜻에 절대적으로 순종할 자세로 나아가는가?

프롤로그의 '하나님의 이야기'에서 위대한 신이 남자와 여자를 만드신 후에 그에 맞선 전 우주적 반란이 일어났다고 소개한 바 있다. 그 반란을 한마디로 요약하면 불순종이다. 불순종은 자신이 가장 잘 알고 있다는 교만한 마음에서 시작된다. 아담과 하와는 하나님이 구체적으로 지시하신 명령에 불순종했다. 하나님의 명령은 복잡한 게 아니었다. 그 명령은 하나님의 선하심을 신뢰하라는 내용으로 압축될 수 있었다.

결국 아담과 하와는 하나님과의 심각한 불화를 경험했다. 그리고 그 이후로 인간은 누구나 차례차례 동일한 선택을 해왔다. 망가지지 않았을 때 우리는 하나님의 형상을 닮은 존재였지만 이제 그 모습을 잃어버렸다. 반역과 교만함의 불순종으로 인해 그 형상을 상실하게 되었다. 그것은 우리에게 최선이라고 하나님이 결정하신 일을 불신하는 길을 택했기 때문이다롬 5:12.

그 반역(대부분의 신학자들이 '타락'이라고 부르지만 여기서는 이렇게 부르기로 하겠다)을 통해 우리는 온전한 생명을 누리며 전인적 인간으로 살아갈 능력을 상실했다. 생명보다 영적 사망이 우리에게 더 위력을 떨치게 되었다. 전쟁, 학대, 인신매매, 강간, 빈곤, 부패, 탐욕 등 전 지구적으로 일어나는 수많은 비극들은 그 죽음이 지금도 활개치고 있다는 슬픈 증거이다. 이런 영적 죽음이라는 현실 속에서 우리는 인간 존재의 역설과 직면하고 인간 고통이나 소외의 근원과 직면한다. 물리적으로는 살아 있지만 영적으로는 하나님을 떠나 죽어 있다. 우리가 우리 창조주를 반역하고 불순종해 왔기 때문에 우리 안에 죽음이 역사하고 있다.

반역이라는 끔찍한 비극이 발생한 이후 하나님의 형상을 회복하고자 하는 인간의 시도가 쉬지 않고 지속되어왔다. 그러나 역설적이게도 하나님을 배제한 채 스스로를 개조하고자 하는 시도가 절실해질수록 인간과 하나님과의 소외는 오히려 더욱 심화되었다. 신적 형상을 회복하려고 더욱 열심히 노력할수록, 그리고 그 노력으로 인해 우리가 더욱 자만해질수록 실제로 창조주로부터 스스로 더욱 분리되는 결과를 초래했다. 우리가 이 사실을 자각하지 못하는 것은 불순종에 항상 기만이 동반하기 때문이다.

우리 안의 하나님의 형상은 반역으로 인해 흉하게 일그러졌고 심각한 손상을 입었다. 우리는 우리 스스로 만든 신들을 인생의 좌표로 삼을수록 비인간화되고 생명력을 상실하게 된다. 그리고 하나님으로부터 멀어질수록 그분의 형상대로 지어진 지극히 아름다운 모습이 천상에서 최초의 반란을 주도한 사탄을 닮아가게 된다.

그러나 위대한 신은 우리를 상실한 그대로의 상태로 버려두지 않으셨다. 디트리히 본회퍼가 「제자도의 대가」The Cost of Discipleship, 「나를 따르라」로 번역출간됨에서 썼듯이 "자기 손으로 만든 작품에 대한 처음의 기쁨을 회복하는"것이 하나님의 계획이다. 본회퍼는 같은 책에서 이렇게 지적한다.

이 목적을 이루기 위한 방법은 오직 하나이다. 바로 하나님이 오직 자비하심으로 타락한 인간의 형상과 모양을 입는 것이다. 인간이 더 이상 하나님의 형상을 지니고 있지 못하기 때문에 하나님이 인간의 형상을 입으셔야 한다. 단순히 인간이 하나님에 대해 올바른 이해를 회복하거나 개별적인 행위를 통해 그의 뜻에 순종하는 것만으로는 충분하지 못하다. 절대 불충분하다. 인간은 하나님의 형상인 살아 있는 전인적 존재로서 완전히 재구성되어야 한다.

하나님은 지금 타락한 세계를 사랑으로 회복시키는 작전을 수행 중에 계신다. 모든 인류를 위한 하나님의 목적이 이렇다면 중생한 하나님의 자녀로서 순종함을 통해 하나님과 협력해야 할 충분한 이유가 생긴 것이 아니겠는가? 이것은 분명히 하나님의 뜻에 복종해야 할 절대적인 이유가 될 수 있다. 그래야 우리가 창조된 본연의 목적과 핵심을 회복하게 될 것이다.

우리는 한 모델을 본따서 만들어졌다. 그러므로 우리는 우리 스스로 만든 신들을 본따 우리 자신을 형성해갈 것인지 아니면 하나님께서 그의 형상대로 우리를 빚어가도록 전폭적으로 맡겨드릴 것인지 양자택일해야 한다. 당신은 어느 쪽을 선택할 것인가?

건성으로 예수님을 따른다면, 하나님에 대한 순종은 언제 어디서 무엇을 할 것인가를 고심하는 수준에서 벗어나지 못할 것이다. 이런 수준에서 탈피하고 싶은가? 그렇다면 하나님이 당신을 변화시켜 주시도록 무조건적으로 내어맡길 수 있는가? 이 질문에 그렇다고 대답한다면, 하나님은 당신에게 순종을 요구하실 것이다. 그것도 무조건적 순종을 요구하실 것이다. 우리가 순종하는 것은 하나님을 사랑하기 때문이다.

인격적 변화

순종은 하나님의 사랑에 대한 반응이다. 하나님께 순종하는 이유는 십자가에 못박히시고 하나님이자 인간이신 예수님의 모습으로 우리를 찾아오신 하나님께 감사하기 때문이다. 하나님을 닮아가도록 우리 스스로 개조할 능력이 없기 때문에 그를 닮아갈 수 있도록 하나님께 전적으로 의지해야 한다. 우리 존재의 총체적 변화가 있어야 한다. 그렇게 되려면 절대적 사랑이 요구된다. 그리고 그 사랑에 부응한 절대적 순종이 요구된다. 우리는 완전히 거듭날 필요가 있다. 순종은 우리 안에서 바로 그 일을 하시는 하나님께 협조하는 것이다.

순종은 교회 출석이나 십일조를 내는 것, 그 외의 다른 종교적인 행위를 의미하지 않는다. 훨씬 더 중요한 일을 염두에 둔 것이다. 하나님께 기꺼이 순종할 의사가 있는가의 문제가 걸려 있다. 이것은 매우 중차대한 문제이다. 하나님이 내 안에서 일하게 하심으로, 내가 저지른 죄와 타인들이 내게 가한 죄악들로 인해 상실한 것들을 회복할 수 있도록 할 것인가를 선택하기 때문이다.

우리 스스로는 불가능하지만 예수님을 통해서, 그리고 예수님 안에 있으면 변화가 가능하다. 그가 십자가에서 죽으심으로 비범한 순종을 하셨기 때문이다. 나는 집을 개조하는 것처럼 일반적인 차원의 변화를 이야기하는 것이 아니다. 특별한 변화를 이야기하고 있다. 가령 집을 완전히 헐고 다시 짓는 수준의 변화를 말한다. 이 특별한 변화는 우리가 세상을 살아가고 행동하는 이유에 영향을 준다. 그리고 우리 존재의 핵심으로 파고든다. 예수님은 우리를 거짓된 위안과 은신처에서 해방시켜 순종함을 통해 하나님이 본래 의도하신 존재로 변화시켜 가기를 원하신다.

변화되기 위해서는 살아 있는 참된 실체가 필요하다. 예수님은 바로 그 실체인 동시에 우리의 변화를 이끄는 수단이기도 하다. 그는 우리 존재 핵심에서 우리를 새롭게 빚으시고 우리의 내면 깊숙한 곳까지 들어오셔서 우리가 만들어놓은 거짓된 자아의 껍질을 뜯어내기를 원하신다. 그가 오시는 목적은 우리 안에서 그가 직접 사시기 위해서이다. 이것이 바로 복된 소식이다!

선한 행위로 충분하지 않다

인생 철칙으로 삼을 훌륭한 철학이나 더 훌륭한 종교를 갖는 것만으로 사람이 변화되지는 않는다. 우리 자신을 비롯해 그런 시도를 했지만 결국 실패하고 좌절한 사람들이 얼마나 많은가. 평화를 중재하는 사람들이 아무리 최선을 다해 노력해도 전쟁은 오히려 더 빈번해지고 있다. 부패한 금융가들의 일탈과 연예인이나 스포츠 스타들의 파혼 등이 끊임없이 우리에게 상기시켜 주듯이 우리 사회는 이기심과 배신이 넘쳐난다. 국가가 국가를 무너뜨린다. 인종 학살이 끊이지 않는다. 르완다와 다푸르의 살인자들과 티벳 학살 만행을 보라. 정치인들은 물론이고 종교 지도자들 역시 지배와 통제의 게임을 포기하지 않는다. 공포의 망령이 우리를 지배한다.

인간이자 신이신 예수님께서 타락한 우리에게 오셔야 할 필요가 너무나 절박하다. 하나님이 예수님을 보내신 것은 단순히 우리 안에 새로운 사고방식을 심어주거나 일종의 기독교적 사회 개량주의를 전파하기 위해서가 아니다. 우리 안에 그의 아름다운 형상을 회복시키시기 위함이다.

이 순종은 단순히 선한 행위를 하는 차원이 아니다. 하나님이 우리 삶 속에 들어오셔서 우리의 동기에 변화가 일어나도록 내어드리는 것이다. 사람들의 인정을 받고 우리의 의무를 행하며 사람들에게 좋은 인상을 주기 위해서나 심지어 더 나은 사람이 되기 위해서 선한 일을 하는 것이 아니다. 순종은 우리의 사랑을 되찾고자 하시는 하나님의 사랑의 노력에 항복하는 것이며, 하나님이 우리 삶의 가장 깊은 곳에서 정당한 위치를 회복하도록 내어드리는 것이다. 그래야 그의 선하심을 인정하고 그것을 토대로 선한 일을 하게 된다. 선해지기 위한 자위적인 노력을 포기하게 된다. 그는 강제로 우리로 순종하게 할 수 있고 심지어 공포심을 통해 복종을 강요할 수 있다. 하지만 그러면 그 행위는 더 이상 사랑의 행위가 아닐 것이다.

은혜에 기초한 순종의 유익

우리가 그에게 순복하고 그의 뜻에 순종하는 생활 방식을 따른다면 크고 많은 유익이 주어진다.

첫째, 하나님께 순종하면 인생의 목적을 발견할 수 있다. 하나님은 우리 운명을 정해 놓으셨고 우리는 하나님의 계시된 뜻에 순종함으로써 우리 운명을 알 수 있다롬 12:1-2.

둘째, 순종하면 하나님께 큰 영광을 돌릴 수 있고 우리는 큰 만족을 얻을 수 있다. 하나님 안에서 만족할수록 하나님은 우리를 통해 더 크게 영광받으실 것이다사 43:4-7.

셋째, 순종하면 하나님과 더 친밀한 관계에 들어간다. 하나님께 순종하는 사람들은 하나님과 더 깊은 교제를 누린다. 그의 지혜를 공유하며 그의 은혜를 누린다사 66:2.

넷째, 순종은 우리 삶에 경건한 성품의 토대를 마련해준다. 하나님께 대한 순종을 토대로 인생을 구축하는 사람들은 인생의 거센 풍랑이 덮쳐 와도 견고한 기초 위에 서서 흔들리지 않는다마 7:24-27.

다섯째, 순종하면 하나님이 우리 안에 그리스도의 형상을 빚어가신다. 우리 안에 일하시는 하나님의 역사에 복종함으로써 더욱 예수님을 닮아갈 수 있고 예수님을 닮아갈수록 더 온전히 이웃을 위해 살게 된다골 1:21-29.

비범한 순종과 비범한 사랑

    십자가 상에서 보이신 예수님의 사랑은 너무나 비범한 사랑이기 때문에 우리에게 비범한 순종을 요구한다. 전적인 내어드림 외의 어떤 반응도 적절하지 않다. 그분이 우리 인생을 다스리시도록 초청해야 한다.

    예수님의 형상으로 변화되는 일은 우리 힘으로 실천해야 할 교리가 아니다. 우리 스스로는 예수님처럼 변화될 수 없다. 우리 내면에서부터 우리를 변화시켜 예수님을 닮아가게 하시는 분은 바로 예수님 자신이시다. 예수님이 우리를 변화시켜 주셔야 그분처럼 생각하고 느끼며 살아갈 수 있다.

    예수님처럼 된다는 것은 예수님이 하신 대로 다른 사람들의 죄를 용서하고 그들의 슬픔을 대신 지는 일에 헌신한다는 뜻이다. 우리는 그를 따라 깨어지고 반역한 세상 속으로 들어가 길을 잃은 사람들을 찾아내서 구원해야 한다. 절반만 예수님을 따르는 경우는 없다. 그를 따른다고 하면서 사람들을 변화시키시는 일에 예수님과 동참하지 않는다는 말은 성립이 불가능하다. 예수님께는 전부 아니면 전무밖에 없다.

    예수님은 그에 맞서 반역에 가담한 자들의 손아귀에서 끔찍한 십자가형을 당하셨다. 그러므로 예수께 온전히 헌신한 제자들 역시 타락한 세상에서 고난을 당할 것이다. 우리는 십자가에 못 박히신 그리스도의 형상을 닮아가고자 힘쓴다. 이 길을 걸어가다 보면 상실과 배척의 고통이 따를 것이다. 예수님은 제자들을 세상에 보내는 것이 이리 가운데 양을 보내는 것 같다고 말씀하셨다 눅 10:3. 이 책에서 강조하는 순종은 바로 이런 것이다.

예수님의 형상으로 변화되어야 한다고 할 때 의미한 것이 바로 이런 것이다. 예수님께서 우리 마음속에 살기 위해 오셨다는 성경의 선포가 의미한 것이 바로 이것이다. 예수님은 온전히 헌신된 자기 제자들의 인생을 통해 지상에서 지금도 여전히 호흡하며 살아가고 계시다. 우리는 '작은 예수들의 음모'에 가담해서 모든 국가와 인생의 모든 영역에서 그를 대신해 섬기고 있다. 바울이 말한 대로 "내가 살고 있지만 더 이상 내가 사는 것이 아니라 내 안에서 그리스도가 사시는 것이다"갈 2:20, 저자가 풀어씀. 우리가 그리스도처럼 된다고 할 때 신약 성경이 의도하는 뜻이 바로 이것이다. 우리 안에서 우리를 통해 그의 생명이 살아가는 것이다.

예수님의 제자들과 예수님 사이에 끼어들 권한이 있는 사람은 그 누구도 없다. 세상의 종교 지도자들에게 절대 순종하라는 교리는 본질적으로 거짓된 교리다. 우리는 오직 예수님을 위해 살아가기 때문이다. 이런 헌신을 받을 자격이 있는 인간은 아무도 없으며 아무리 위대한 지도자라 해도 절대 예수님의 제자들과 예수님 사이에 끼어들어서는 안 된다. 예수님의 제자들은 서로를 돌보며 서로 책임져 주어야 하지만 스스로 예수님을 대표한다고 하는 지도자나 지도자들에게 복종하고 책임을 져야 할 이유는 없다. 오직 예수님만이 우리 생명의 원천이시며 순종의 모델이시다.

창세기 1장 26절에서 하나님은 아담과 하와에게 물고기, 가축, 새,

땅에 '기는 모든 것'을 다스릴 권세를 주셨다. 그러나 인간을 다스릴 권세를 주시지는 않았다. 영적 지도자들이 사람들을 다스리고 지배하고자 한다면 하나님의 권한을 침범하는 것이다.

하나님의 지상 사명은 섬김의 사랑을 통해 타락한 상태에서 우리를 구속하는 것이다요 3:16. 지배가 아니라 사랑을 통해 우리의 충성을 얻고자 하신다. 인간 지도자들이 그릇된 영적 책임 의식으로 사람들을 다스리고자 한다면 구약의 한 왕처럼 지배욕의 올무에 걸려 든다. 이스라엘 백성들은 이 올무에 빠져 결국 사울을 그들의 왕으로 삼았다. 하나님은 "내가 너희들의 왕인데 왜 왕을 원하느냐?"고 탄식하셨다.

하나님의 임무는 섬기는 데 있지만 타락한 인간들은 지배하는 것을 목적으로 삼는다. 하나님은 우리를 창조하신 본래적 상태로 회복시키길 원하신다. 그와 우정을 나누고 서로 교제를 누리며 인생의 진정한 목적을 추구하는 상태로 회복시키길 원하신다. 그러나 그의 임무에 동참하기 위해 우리는 예수님이 지불하신 것과 동일한 대가를 치러야 한다. 지배자의 왕좌에서 내려와 종의 십자가를 져야 하는 것이다.

예수님은 우리 안에서 우리를 통해 자기 인생을 사시고자 오셨다. 우리는 그의 방식을 따라 살아야 하며 그의 삶을 살아야 한다. 요한은 예수님처럼 살아가며요 13:15 그가 행하신 대로 행해야 한다요일 2:6고 말한다. 우리는 그가 사랑하신 것처럼 사랑해야 하며엡 5:2 그가 용서하신 것처럼 용서해야 하며골 3:13 그와 같은 낮은 태도로 사람들을 섬겨야 한다빌 2:7.

신약에서 베드로 사도는 고난을 당할 때 예수님을 본받아야 한다고 말한다. "여러분은 그러한 삶을 살도록, 그리스도께서 친히 사셨던 삶을 살도록 초청받았습니다. 그분은 자기에게 닥친 온갖 고난을 겪으심으로, 여러분도 그분처럼 살 수 있음을 알려 주셨고, 그 방법도 하나씩 알려주셨습니다."벧전 2:21, 메시지 신약.

예수님의 제자 요한은 예수님처럼 우리도 우리 형제와 자매들을 위해 목숨을 아끼지 않고 희생하며 섬길 수 있어야 한다고 말한다. "그리스도께서 우리를 위해 자기 목숨을 희생하신 것을 보고, 우리는 사랑을 이해하고 경험하게 되었습니다. 그러므로 우리도 자기 자신만 위하는 것이 아니라, 믿는 동료들을 위해 희생하며 살아야 합니다."요일 3:16, 메시지 신약.

은혜에 기초한 순종의 진리들

신약 성경은 은혜에 기초한 순종에 대해 몇 가지 진리를 계시하고 있다. 순종은 쉽지 않지만 사실상 단순한 것이므로 순종의 진리들 역시 그렇게 복잡하지 않다. 예수님을 진지하게 따르고자 하는 사람들은 이 진리를 분명히 알아야 한다.

• **순종은 예수님을 통해 드러난 하나님의 사랑에 대한 반응**

하나님은 예수님을 통해 용서와 자비를 베푸심으로 우리를 변화시키신다. 그가 우리와 같이 되셨기 때문에 우리도 그와 같이 될 수 있다.

그의 은혜를 힘입음으로 그의 사랑에 반응할 수 있다. 참으로 놀라운 일이다! 우리에게 요구되는 것은 그의 사랑에 "예스"라고 말하는 것이 전부이다. 그렇다고 그를 사랑하고 섬길 수 있는 선택의 자유를 박탈하지 않으실 것이다.

- 순종은 하나님의 임재에 대한 반응

능력을 덧입게 하시는 하나님의 임재는 성령의 역사로 말미암는다. 하나님의 임재에 대한 경험이 하나님과 우리 관계의 가장 중요한 측면은 아니지만 우리 영혼은 임재의 경험을 통해 깊은 만족을 누린다. 하나님은 그 방법을 통해 우리로 사랑과 감사에서 우러난 순종으로 나아갈 수 있게 해주신다. 우리의 순종은 차가운 종교심이 아니라 따스한 관계에서 비롯된다.

- 순종은 겸손과 영적 깨어짐의 열매

겸손한 사람은 하나님에 대한 필요를 인정하는 사람이다. 이렇게 낮아진 마음 상태는 영적 '깨어짐'이라 할 수 있다. 두들겨 맞아 깨어졌다는 의미가 아니라 마음이 순하고 열려 있어서 배우고 자랄 수 있다는 의미이다.

- 순종은 하나님의 자비에 대한 감사 행위

우리의 가장 절박한 필요는 하나님의 사랑을 받는 것이다. 그의 사랑을 받으면 마음으로 하나님께 순종할 수 있다.

• 순종은 생활방식

한번 실패한다고 해서 하나님과 우리의 관계가 끝나는 것은 아니다. 신뢰하는 법을 배우는 일은 우리 자신과 하나님에 대해 믿도록 강요받은 거짓 방식들을 극복하고 치유해가는 평생의 과정이다. 순종은 일회적 종교 의무로 끝나는 것이 아닌 삶의 방식이다.

• 하나님의 뜻에 순종하고자 하는 결단

하나님께 순종하고 나면 하나님께 순종해야 할 이유들을 이해하는 경우가 많다. 다시 말해 순종하기 전이 아니라 순종한 후에 계시가 주어지는 것이다. 하나님은 그의 말씀뿐 아니라 그분의 성품을 의지하고 신뢰하라고 가르치신다. 그러므로 우리는 하나님의 뜻이 어렵다고 타협하면 안 된다. 오히려 그 뜻에 순종할 힘을 주시도록 구해야 한다.

• 순종하기를 열망함

순종은 하나님의 뜻에 복종하는 것이지만 하나님은 우리 마음을 진정으로 드리는가를 가장 중요하게 보신다. 우리 마음을 하나님께 완전히 바칠 때 우리의 행동이 뒤따른다는 것을, 하나님은 알고 계신다.

• 더 많은 사람들을 제자 삼는 제자

제자 삼는 일을 하지 않으면 우리는 하나님이 창조하신 본래적인 목적들을 다 알지 못할 것이다. 하나님은 우리가 스스로 영적 딸과 아들들을 낳는 기쁨, 예수님 안에서 믿음으로 사람들을 인도하는 즐거움을 누리기를 원하신다. 이런 경험들이 없으면 우리는 온전할 수 없다.

• 예수님이 원하시는 뜻을 구별함

순종하면 우리를 향한 아버지의 뜻을 더 온전히 계시받게 된다. 하나님은 우리가 신뢰하는 마음으로 순종하기를 원하시고 그렇게 순종할 때 더 많은 진리를 가르쳐주신다. 예수님은 제자들에게 그의 사랑과 연결되고 그 사랑으로 충만할 수 있는 길이 곧 그에게 순종하는 것이라고 가르쳐주셨다. 메시지 신약은 이렇게 번역하고 있다. "너희가 내 계명을 지키면, 나의 사랑 안에 편히 머물게 될 것이다. 나도 내 아버지의 계명을 지켜서 아버지의 사랑 안에 편히 머물렀다"요 15:10.

⏱ 복습과 적용

1_ 부록 1에서 '진리 발견하기' 성경 공부를 하는 방법에 대한 지침을 살펴본 다음 마음의 순종에 초점을 맞추어 신명기 6장 4-9절 말씀을 묵상해보라. 하나님이 이 구절을 통해 배우기를 원하시는 한 가지가 있다면 무엇이라고 생각하는가?

2_ 하나님의 뜻을 알고 싶은 이유는 무엇인가?

3_ 하나님의 뜻을 더 깊이 알고 싶다면 계시된 그의 뜻에 대한 순종이 선행되어야 함을 이 장에서 다뤘다. 당신은 이 말에 동의하는가? 아니면 동의하지 않는가? 그 이유를 설명해보라.

4_ 하나님의 사랑은 순종과 어떤 관련이 있는가?

chapter 3

주재권

　예수님을 사랑한다는 것은 우리 삶에서 그를 모든 것의 주인으로 섬긴다는 뜻이다. 그는 모든 만물을 만드시고 그 만물을 돌보신다. 예수님이 하나님이시라면, 위선적으로 그를 따르거나 우리 자력으로 따르려는 행위는 그분을 모욕하는 일이다. 우리 인생에서 조금이라도 하나님께 맡기지 못하는 부분이 있다면, 사탄과 한 편이 되어 하나님에 대한 악한 반역에 가담하는 것이나 마찬가지다. 지나치다고 생각할 수도 있겠지만 그가 하나님이시라는 관점에서 생각해보라. 그는 하나의 신념이나 종교가 아니라 무한하시고 거룩하시며 전능하신 창조주이시다. 우리가 절대적으로 복종해야 마땅한 분이다. 여기서 조금이라도 모자란다면 그의 위대하심을 모욕하는 것이다.

　진정한 사랑의 특성은 헌신이다. 우리 인생을 예수께 온전히 헌신할 수 있어야 완전할 수 있다. 우리 인생을 완전히 헌신한 후에야 죄를 짓지 않고 살 수 있다. 그렇지 않으면 하나님의 통치에 다 맡기지 않으려고 버둥거릴 것이다. 그러나 예수님을 인생의 모든 영역의 통치자로 받든다는 것은 내 능력과 지식이 미치는 한 우리 인생과 믿음의 총체적 지배권을 그분께 내어드린다는 것을 의미한다.

하나님께 내 인생을 지배하시도록 요청한다고 해서 인생의 모든 영역에서 형통하리라는 의미는 아니다. 예수님은 예측이 가능하거나 길들여질 수 있는 분이 아니다. 「나니아 연대기 : 사자, 마녀, 그리고 옷장」에서 C.S. 루이스가 표방한 유명한 주제 의식을 참조한다면, 그는 길들여진 집고양이가 아니라 야생 사자와 같은 분이다. 그는 당대 종교 기득권자들에게 위협적인 인물이셨다. 그리고 오늘날의 기득권자에게도 그것은 마찬가지일 것이다. 앞서 언급한 앨런 허쉬와 마이클 프로스트의 글을 다시 인용해보자.

- 예수님은 한 야인에게 세례를 받으셨다. 광야에서 들짐승들과 함께하시면서 사역을 시작하셨다. 거친 폭풍에도 전혀 동요하지 않으셨다. 그의 내면에는 길들여지지지 않은 야성의 힘이 거칠게 타오르고 있었다. "예수라면 어떻게 하실 것인가?"란 질문에 전통적이고 누군가의 분노를 사지 않을 만큼 안전하며 군더더기 없이 훌륭하고 세련된 답변을 하는 사람이라면 아마 복음서의 그 정답을 발견하지 못한 사람이라고 의심할 수밖에 없다.

예수님의 '야성'에 매료된다는 것은 전적으로 내 인생이 그의 통제를 받게 된다는 뜻이다. 내 인생의 모든 영역이 그분에게 양도되어 근본적으로 재구성될 것이다. 모든 것에 대한 시각이 달라지고 인생과 교회와 하나님과 정치, 선교와 내가 몸담고 사는 세상을 바라보는 시선에 변화가 일어날 것이다.

그분께 모든 것을 양도할 준비가 되었는가? 또한 인생의 중요한 모든 것에 대한 가치와 신념을 재고할 자세가 되었는가? 예수님을 인생의 주님으로 모신다는 것은 이성을 대하는 자세, 가난한 이웃들을 향한 태도, 직장, 다른 인종, 정치 등 모든 것에 대한 태도를 적극적으로 뜯어고치기 위해 시간을 투자한다는 뜻이다.

믿음의 재정립

• 하나님에 대한 믿음

하나님을 믿는 것으로 충분하지 않다. 그가 인생의 모든 영역을 사랑으로 통치하시는 분임을 신뢰하는가? 선하시고 공의로우시며 자비로우신 분이라고 믿는가? 하나님은 인생을 거룩과 비거룩, 영적 혹은 비영적인 측면으로 구분하지 않으신다. 인생의 모든 부분이 그분의 사랑의 통치를 받든가, 아니면 우리 스스로 우리 인생을 책임지든가 둘 중 하나밖에 없다. 그가 우리 인생을 통치하시면 무슨 일을 해도 그분을 섬기는 예배의 행위가 된다. 인생의 모든 영역에서 우리의 선택과 태도가 하나님께 대한 예배가 될 수 있다. 그렇지 않을 때는 하나님과 일상 생활을 분리해 '거룩한 날'에 몇 가지 찬송을 부르는 것이 예배라는 편협한 시각에 갇힐 것이다.

• 선교에 대한 믿음

선교로 부르심을 받은 사람은 일부이고 나머지 사람들은 평범한 삶을 사는 평신도라고 생각하는가? 예수님께서 스포츠, 교육, 예술, 사업, 정치를 비롯해 모든 인생의 주가 되신다면, "주의 나라가 임하옵시고 주의 뜻이 하늘에서 이루어진 것같이 땅에서도 이루어지이다"라는 예수님의 기도문은 그가 인생의 모든 부분까지 통치를 확대하기를 원하신다는 뜻이 아닌가? 그렇다면 일부 사람들만 참여하는 행위라는 오해를 불러일으킬 선교라는 단어보다 사명이라는 단어를 사용하는 게 더 적절하다고 생각된다. 하나님은 소수의 사람들만 '선교사'로 부르시고 다른 사람들은 선교사의 사명에서 제외시키지 않으신다. 그는 모든 인생의 하나님이시다. 그분에게는 한 가지 사명이 있으니, 그것은 바로 모든 만물이 그의 통치를 받는 왕국의 건설이다. 그의 사명에 동참할 준비가 되었는가? 그렇다면 그는 당신 인생의 주인이시다. 하지만 자신의 모든 야심과 계획과 기호를 모두 내려놓고 그의 사명을 위해 섬길 준비가 되어 있지 않다면, 당신이 아직 당신의 인생의 주인이다.

• 교회에 대한 믿음

교회는 주일에 출석하는 성전과 같은 건물이 아니라 인생의 모든 영역에서 예수님을 주님으로 삼고 그의 사명을 실행하며 살아가는 혁명적인 사람들의 모임이다. 예수님이 매일의 일상과 삶의 모든 부분에서 주님이 되신다면 그의 사명을 위해 살아가는 사람들을 교회라 할 수 있다. 따라서 매일 도처에서 교회 활동이 이루어지고 있다. 교회란 교회 지도자가 주도하는 주일 모임에 한정되지 않는다. 교회란 급진적인 사람들이 세상의 모든 직업 현장과 나라들 속으로 침투하는 첩보원들의 모임이다.

아마 당신은 그 교회에 소속될 마음이 별로 없기 때문에 뒷짐을 지고 앉아 '교회'를 비판하는 데 열중해 왔을지도 모른다. 예수님을 주로 섬긴다는 것은 교회 지도자를 의지하거나 주일에만 그리스도인으로 살지 않는다는 말이다. 철저하게 순종하는 예수님의 제자가 되어 더 많은 사람들을 제자로 만들고, 순종하는 제자가 되는 법을 배우기 위해 말씀을 함께 공부하는 것이다. 중국 지하교회의 성도들이 바로 이런 일을 하고 있지 않는가? 이슬람 세계에서 어둠의 세력을 영적으로 전복시키는 예수 운동이 바로 이런 일을 하고 있지 않는가? 빈곤으로 고통당하는 자들과 함께하며 감옥과 에이즈 병동에서 섬기는 그리스도의 제자들이 현재 하는 일이 이런 일이 아닌가? 그들은 예수님의 말씀에 직접 귀기울이고 예수님께서 가르치시는 말씀을 실천한다. 바로 이것이 교회이다!

• 직업에 대한 믿음

예수님은 모든 생명을 창조하시고 모든 생명을 돌보신다. 그러므로 인생에서 '거룩하지 않은' 직업은 없다. 어느 날 한 제자가 나를 찾아왔다. 환한 웃음을 얼굴에 머금고 이렇게 외쳤다. "받았어요. 마침내 받았어요. 소명을 받았다구요. 하나님은 지금 제가 하고 있는 일이 거룩하다고 말씀하셨어요. 저는 하나님의 전임 사역자나 마찬가지라구요."

브루스는 건설 현장 책임자로서 오랫동안 '소명'을 기다려왔다. 교회의 가장 높은 성공의 계단은 목회자로 '소명'받는 것이라고 생각했었다. 그러다가 마침내 한 가지 깨달음이 들었다. 자신이 이미 소명을 받았다는 것이었다. 예수님을 자기 인생의 주님으로 고백했을 때 '소명'을 받았음을 깨달은 것이다. "현장에서 함께 일하는 동료들이 저의 교회죠. 그들을 목회하도록 부르심을 받았어요. 제가 그들의 목회자인 셈이죠." 그리고 계속해서 어떻게 부하 직원들이 회심할 수 있도록 돕고 있는지 말해주었다. 믿음을 갖도록 유도한 후 그들을 훈련하는 것이 아니라 그들을 훈련해서 믿음에 이르도록 하고 있었다. 그와 그의 아내는 그들을 위해 기도하고 가정을 개방하며 그들의 결혼생활에 관심을 기울이고 그들의 인생에 영향을 미쳤다.

예수님이 우리 인생의 주인이시라면 '전임' 사역자가 된다는 것은 직업적 소명이 아니라 태도의 문제인 것이다. 우리가 예수님께 수락 의사를 표시하면 장소를 선택해주신다. 우리가 우리의 은사와 관심사를 수용하면, 그는 그가 원하시는 곳으로 우리를 인도하신다. 우리가 처한 모든 곳이 전임 사역지이며 매일매일이 거룩한 날이다. 브루스가 흥분한 까닭이 이해가 되는가? 부하 직원들을 믿음에 이르도록 훈련할 때 비로소 교회가 생긴다는 사실을 깨달았던 그가 얼마나 놀라운 성취감을 발견했을지 상상이 가는가?

예수님을 주님으로 모실 때 정치, 창조와 환경에 대한 시각, 세계 경제, 가난한 이들에 대한 인식이 변화된다. 예수께서는 보수주의자도 자유주의자도 없고 오직 순종하는 제자들과 불순종하는 제자들 혹은 헌신하는 제자들과 태만한 제자들만 있을 뿐이다. 예수님을 주로 삼을 때 모든 사물과 모든 사람을 다른 시각으로 바라보게 된다. 많은 사람들이 하나님 나라와 무관한 관점이나 행위에 정서적으로 밀착되어 있다. 그리스도를 따르는 자들이라도 예수님께서 원하지 않는 행위들과 신념들이 혼재되어 있을 가능성을 겸허히 인정해야 한다. 주를 따른다는 게 무슨 의미인지 매일 배워가며 성장하고 있는가? 아니면 다 알고 있다는 듯 교만한 태도를 보이는 그리스도인은 아닌가? 그의 주재권 아래서 지혜와 지식이 자라가기를 원한다면 늘 배우려는 태도를 지녀야 한다.

모든 것의 주님!

우리를 파멸로 이끌지 않는 유일한 열정은 예수님을 위해 불태우는 열정이다. 그 외의 모든 열정은 우리 인생을 장악하고 소진시켜 버릴 것이다. 그를 우리 인생의 주님으로 모시면 거짓된 신념과 거짓된 쾌락의 유혹에서 보호받을 수 있다. 예수님의 사랑이 우리 가슴과 생각 속에 침투하도록 내어드리면, 우리의 진정한 정체성과 안전이 그의 사랑에서 비롯된다는 것을 깨닫는다. 그분을 배제하고 인생의 의미를 발견하고자 시도한다면 절대 정체성과 안전을 보장받을 수 없다.

예수님을 내 인생의 주인으로 초청한다고 해서 우리가 완벽해질 것이라는 의미는 아니다. 오히려 우리 인생의 모든 것을 그분께 내어맡기고 인생의 의미와 안전의 원천으로서 그분을 의지하게 된다는 측면이 더 강하다. 그러면 어떻게 하면 되는가?

예수님이 우리 인생의 모든 것을 맡아주시도록 요청하면 그분께 맡겨드려야 할 영역들이 어디인지 보여주실 것이다. 심지어 선하고 아름답지만 실제적으로 그의 사랑의 통치를 완전히 받지 못한 부분도 포함될 것이다. 모든 것을 그의 통치에 내어드려야 하되 그분께 이미 내어드렸다고 생각한 부분들도 지속적으로 다시 내어드려야 한다. 우리는 로봇이 아니기에 살아 있고, 자라고 있다. 그분을 우리 인생의 모든 영역의 하나님으로 인정한다는 것은, 우리가 인생 여정에서 겪는 모든 사건들을 통해 지속적으로 배워간다는 뜻이다. 배우고 성장하며 깨닫고 끊임없이 그를 모든 것의 중심에 모시며 살아간다는 뜻이다.

예수님을 우리 인생의 주님으로 모시면, 그는 실제로 우리 마음의 자애로운 지배자가 되시고, 우리의 경배의 대상이 되신다. 그는 우주에서 유일하게 우리 마음의 그 자리를 차지할 자격이 있는 분이다. 위대한 사랑과 선하심으로 우리 인생을 그렇게 절대적으로 통치할 권한을 갖추시게 되었다.

기존의 원칙 허물기

예수님은 우리가 우리 인생에 세워온 각종 원칙들을 허무실 것이다. 우리가 다른 시선으로 그를 보도록 도와주실 것이고 그 과정을 거쳐 변화된 인생을 살도록 도와주실 것이다. 그렇다고 현실을 짜맞추어 놓고 우리의 뜻과 생각을 거기에 강제로 떠밀어 넣지는 않으신다. 단지 우리가 그분을 다시 생각하고 따른다는 말의 의미 그대로, 그를 따르기 위해 완전히 달라질 의사가 있을 때 우리가 인생에서 세워온 원칙들을 허물도록 도전하실 것이다.

나는 그의 주재권 아래 사는 것이 무엇인지 보여주시도록 성령께 지속적으로 기도해왔다. 여러분도 그렇게 해보기를 바란다. 보잘것없는 사실 하나를 깨달았다고, 길고 긴 여정에 한 발자국 내디뎠다고 왜 그냥 멈추는가? 오직 모든 것을 예수님께 드릴 때만 우리 인생의 경계들을 어떻게 재설정할지 새롭게 바라볼 수 있다. 예수님이 하나님이자 인간으로서 낯설고 위험하며 멈출 줄 모르고 예측되지 않는, 아름다우신 본래적 속성 그대로 우리에게 오시도록 자신을 내어드리라. 요청하라. 고정관념의 껍질을 깨고 나오라. 과거에 알고 있던 그에 대한 인식의 틀에 그를 가두지 말라. 예수님께는 우리가 이해하거나 알고 있는 것 이상의 놀라운 것이 있다.

예수님을 인생의 주님으로 모시지 못하게 막는 것들

당신의 마음속에 십자가가 있고 또 왕좌가 있다고 생각해보라. 인생의 왕좌에 당신이 앉아 있다면 사실상 당신 안의 예수님은 아직 부활하신 것이 아니다. 당신이 왕좌에 앉아 있다면 예수님은 여전히 십자가에 매달려 계신 것이다. 당신은 당신을 다스려 달라고 아직 그분을 초청하지 않았다. 그러나 그 왕좌에서 내려와 예수님이 그곳에 좌정하시고 당신을 다스려 주시도록 요청한다면 예수님을 모든 것의 하나님으로 모시게 된다.

예수님을 따르는 너무나 많은 사람들이 하나님의 축복으로 형통한 인생을 누리기를 소망한다. 행복, 번영, 용서, 소망, 영생을 원한다. 하지만 자기 뜻에 대해 죽고 예수님이 모든 것의 하나님이 되도록 내어드리는 대가는 치르기를 원하지 않는다.

예수님께 통제권을 양도한다는 것의 의미

실제적으로 이것은 우리 뜻을 그의 뜻과 목적에 복속시킨다는 것을 의미한다. 우리 계획과 신념, 꿈, 두려움들이 더 이상 우리 자신의 통제가 아닌 그의 통제 아래 있게 된다는 뜻이다. 그 과정에서 우리는 자신에 대해 죽는 법을 지속적으로 배우게 된다. 우리가 원하는 것을 위해 살고자 고집하지 않고 그의 뜻과 그의 소망을 우리 자신의 것보다 기꺼이 우선하게 되는 것이다. 예수님께 복종하는 이 과정 자체가 우리에게는 복음이다. 그가 우리를 위하시는 분이기 때문이다. 그는 우리를 만드셨고 우리를 위해 놀라운 계획을 갖고 계신다. 그리고 그 계획들은 그의 놀라운 이야기와 정확하게 일치한다.

하나님은 아담과 하와를 (그리고 창조 이후의 모든 인간들을) 두 가지 목적으로 창조하셨다. 하나님과 친밀하고 우정 어린 교제를 나누고, 하나님을 위해 목적이 분명한 삶을 살도록 하기 위해서였다. 우리는 인생의 이 두 가지 목적에서 궁극적인 성취감과 행복을 발견한다. 물론 하나님이 우리에게 주신 것을 가지고 그와 독립적으로 살며 인생을 즐길 수도 있다. 그러나 그렇게 하면 하나님이 우리를 위해 준비하신 최고의 것을 놓치게 된다. 기쁨과 모험과 아름다움에 대해 그의 시각이 아닌 우리 시각에 집착하며 그의 생각보다 우리 생각을 더 신뢰하게 된다.

하나님과 흥정하고 타협하려고 하면 하나님의 사랑은 싸구려처럼 전락하고 인생이 지니는 거대한 의미를 상실하게 된다. 예수님을 내 인생의 주로 모시는 일에는 타협이 있을 수 없다. 친구, 가족, 직장, 장래 계획, 오락, 생활방식, 일상 환경, 휴식처 등 모든 것이 그의 소유가 되어야 하고 오직 그분만이 다스리셔야 한다. 예수님은 크든 작든, 추하든 아름답든, 다른 신이나 우상과 보좌를 나누지 않으신다.

"하지만 난 상당히 잘 살고 있어요. 남들에게 해 끼치지 않고 착하게 살아가는 선량한 사람이란 말입니다. 하나님을 믿고 또 돈과 시간을 들여 사람들을 도와줍니다. 주님께 드리지 않은 게 한두 개 정도는 있지만 사소한 것이고, 무엇보다 하나님은 사랑의 하나님이잖아요? 그것까지 내놓으라고 하지는 않으시겠죠"라고 말할 사람도 있을 것이다. 충격을 주고 싶지는 않지만 당연히 그것마저 내놓아야 한다. 예수님은 우리 인생의 51퍼센트나 심지어 98퍼센트까지만 다스리는 것을 원하지 않으신다. 모든 영역, 즉 100퍼센트를 다스리기를 원하신다. 사랑의 창조주가 그 이하를 원하셔야 할 이유가 어디 있는가? 우리의 변덕과 요구대로 맞추어주시는 분이라면 하나님이 되실 수 있겠는가? 이런 하나님이라면 얼마나 빈약하고 왜소한 분인가?

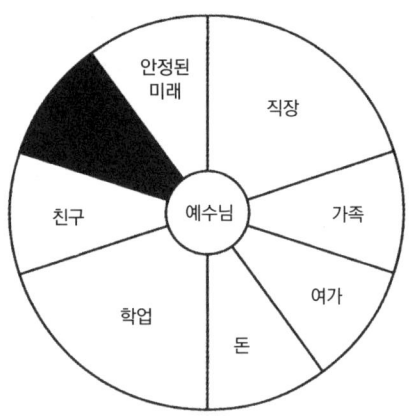

다음 그림처럼 자신의 인생을 그려보라.

"모든 것을 하나님께 다 바쳤어. 유일하게 빠진 부분이 하나 있기는 하지만 말이야"라고 말할 사람도 있을 것이다. 당신에게 아직 하나님께 내어드리지 않은 영역이 하나라도 있는가? 그렇다면 그것은, 내 마음의 어떤 부분은 하나님이 다스려도 되지만 어떤 부분은 간섭하시지 말라고 말하는 것이나 마찬가지다. 실상, 여전히 인생의 주도권을 자신이 쥐고 하나님을 마치 자신의 종처럼 취급하는 셈이다.

인생의 대부분의 영역을 그분이 다스리도록 내어드렸다 해도 실제로 마음의 왕좌에는 자신이 앉아 있다. 이것은 인생의 일부만 그의 것이라고 말하는 것과 마찬가지이다. 우주의 창조주께서 이렇게 내 멋대로 사는 모습을 용납하실 것이라고 생각하는가? 하나님과 흥정을 시도하고 있다면 온전히 헌신된 예수님의 제자가 된다는 게 무슨 의미인지 아직 제대로 이해하지 못한 사람이다. 사랑의 하나님으로 인정하면서도 정작 하나님을 인생의 절대적 인도자로 인정하지는 않는 것이다.

양자택일하라

하나님께 우리 인생의 절대적 지배권을 양도하지 않는 것은 우주의 창조주를 모독하는 행동일 뿐 아니라 어리석기 그지없는 행위이다. 인간이 범할 수 있는 최악의 어리석음은 전지하시고 절대적으로 거룩하시며 순결하시고 공정하시며 죄를 용서하시는 자비로운 우주의 창조주께 개인의 인생을 다스릴 합당한 권한을 내어드리지 않는 것이다.

빌이 축구 시합을 하고 있다고 생각해보자. 그의 친구 마크가 시합 후 야외로 가서 맥주를 마시자고 제안한다. 마크와 함께 시간을 보내고 싶은 빌은 그 제안을 받아들인다. 조금 후에 또 다른 친구인 제리가 빌에게 "새로 입주한 아파트를 보여주고 싶다"고 말한다. 빌은 그의 새 아파트도 구경하고 싶어서 그러자고 말한다. 시합이 끝난 후 빌이 축구장 밖의 주차장으로 간다. 마크와 제리가 기다리고 있다. 두 사람의 차가 나란히 주차되어 있다. 하지만 방향은 서로 정반대이다. 빌은 그 두 사람 모두와 함께 가고 싶어서 각 차에 한 발씩 얹어놓고 두 친구에게 "자, 출발해"라고 말한다. 두 친구가 동시에 출발한다. 빌은 아주 위험한 상황에 자신이 처한 것을 알게 된다.

심리학자들은 이런 상황을 '좌절'이라는 말로 표현한다. 이런 형태의 좌절은 정반대되는 목표의 충돌이라고 규정할 수 있다. 자기 위주로 살고자 시도하면서 동시에 하나님을 위해 살고자 하는 사람들은 영적으로 동시에 다른 두 방향으로 가고자 시도하는 것과 같다. 그런 사람들은 좌절한 사람들이다. 이런 태도로 예수님을 따른다면 우리는 절대로 마음의 평화를 누릴 수 없다.

하나님을 우리 인생의 통치자로 모신다고 해서 우리가 갑자기 종교적 극단주의자들이 된다는 의미는 아니다. 우리가 완벽해진다는 의미도 아니다. 모든 것을 하나님께 내어맡긴다는 뜻이다. 하나님께 내어맡긴다는 것이 무슨 의미인지는 우리 인생에 대한 그의 뜻을 더 분명하게 깨닫게 해주실수록 더 온전하게 이해할 수 있다. 우리는 배우며 영적으로 성장하는 과정에 있다. 이 과정에서 새로운 단계에 도달할 때마다, 우리는 새로운 도전에 직면하며 우리가 원하는 길로 갈 것인지 그의 뜻에 복종할 것인지 양자택일해야 한다. 예수님과의 이런 관계는 지루하고 정체된 관계가 아니라 역동적이고 성장하는 관계이다. 그의 사랑의 통치가 계속 확대되고 증가하며 더욱더 깊은 의미를 지니게 된다. 그러면 그를 온전히 사랑하고 그의 사랑을 받는 게 무슨 의미인지 더욱더 명확하게 알아가게 된다.

우리 결정의 동기

예수님을 인생의 주님으로 모시고 온전히 사랑하기 위해서는 우리 동기를 잘 분별해서 결정 과정에 이기적인 동기들을 제외시키는 작업이 필요하다. 사람들의 선택은 기본적으로 다음의 세 가지 차원이 있다.

- 일상적 선택 : 이런 선택들은 사업, 가정, 학교에서 이루어지는 일상적이고 평상적인 결정들로, 무슨 옷을 입고 무슨 음식을 먹으며 무슨 음악을 듣고 무슨 신문을 볼 것인지에 이르는 일상의 모든 선택에 관련된 것이다.
- 중요한 선택 : 이런 선택들은 인생에서 훨씬 더 중요한 의미가 있는 선택들이다. 어떤 사람과 결혼할지, 어떤 직업을 가질지, 어디서 살지 등에 대한 결정이 여기에 해당한다.
- 궁극적 선택 : 이 차원의 선택은 한 번 이상에 걸쳐 이루어질 수 있지만 오직 한 가지를 대상으로 이루어진다. 즉, 예수님을 내 인생의 주님으로 모실 것인지 아닌지를 결정하는 것이다.

하나님을 위해 일상적이고 중요한 선택들을 한다 해도 궁극적인 차원에서 보면 여전히 자기 본위적인 삶에서 벗어나지 못한 선택인 경우도 있다. 그것을 그림으로 그려보면 다음과 같다.

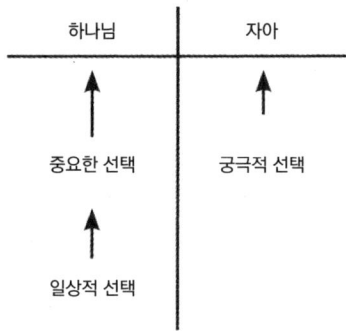

교회에 출석하고 선교 후원을 하며 가난한 자들을 돕겠다고 결정하거나 소위 '선량한 그리스도인들'처럼 훌륭하게 처신하는 길을 선택할 수 있다. 하지만 우리의 궁극적 동기가 사람들에게 좋은 인상을 심어주거나 스스로 성취감을 얻고 싶어서라면 이기적인 선택에 불과하다. 그런 상태에서 하나님을 기쁘게 해드리고 있다고 생각한다면 스스로를 우롱하는 것이다. 아무리 올바른 일을 한다 해도 동기가 잘못되었다면, 우리가 이룬 모든 일은 아주 그럴듯하게 포장된 위선에 지나지 않는다.

'예수님의 성화' 장사

다소 부끄러운 이야기이지만 고등학교 시절 가가호호 방문해서 예수님의 사진을 판매한 적이 있다. 크기는 각기 2피트와 3피트 정도로 아주 크면서 화려한 그림이었다. 마진을 남기기 위해 기독교 서점이나 잡화점에서 팔리는 가격으로 팔았다. 가정판매원인 삼촌에게 싼 값으로 구매해서 집집마다 다니며 그 그림을 팔아 이윤을 챙겼다.

내가 팔고 다닌 예수님의 성화는 종류가 다양했다. 개신교인들이 좋아하는 그림들뿐 아니라 가톨릭 신자들이 좋아할 그림들도 있었다. 액자에 든 그림도 아닌데 사람들이 힘들게 번 돈을 예수님 사진을 사는 데 쓰는 이유가 무엇인지 따위는 신경쓰지도 않았다. 하지만 지금 와서 돌이켜보니 이제 그 이유를 이해할 것 같다. 예수님의 성화를 벽에 걸어두고 그를 늘 가까이 모신다는 것은 큰 위안이 되었을 것이다. 저렴한 비용으로 언제나 필요로 할 때마다 그분을 옆에 둘 수 있다고 생각했을 것이다.

나는 사람들의 구미에 맞는 예수님 상을 공급하기 위해 다양한 그림을 갖추었다. 온화하고 인자한 예수님이 필요한가? 딱 맞는 그림이 있었다. 어린 양을 안고 계신 예수님이 필요한가? 그 그림도 가지고 있었다.

마찬가지로 우리 역시 예수님에 대해 생각하는 상이 각자 있다. 대부분의 사람들이 예수님에 대해 가진 상은 인자하고 온유하며 사랑이 많으시고 우리 죄를 용서해 주시며 힘들고 괴로울 때 언제든지 우리를 도와주시는 분이다. 물론 예수님의 그런 상은 어떤 면에서 진실이다. 그러나 한 가지 심각한 문제가 있다. 너무 온화하고 자비로우셔서 무력할 때가 너무나 많다는 것이다.

우리 모두 예수님에 대해 다시 생각해 보아야 한다. 필요하다면 자신이 그리는 예수님 상을 실제 인물에 대입해보라. 과거에 예수님이 우리를 위해 하셨던 일을 부정하라는 것이 아니라 그분을 제한시키지 말라는 것이다. 그분에 대해 잘못된 상을 갖고 있을 가능성을 생각해보라. 우리 집 벽에 걸린 예수님 그림이나 우리 마음의 벽에 걸린 예수님의 사진이 예수님의 진면목을 제대로 다 드러내지는 못한다. 예수님 성화의 위험성은 그것이 인간이 만들어낸 산물이라는 것이다. 때로 우리 자신의 상을 하나님께 투사한 경우도 있다.

예수님에 대한 자신의 동기를 재고하라

착한 일을 하는 경우가 종종 하나님의 환심을 사고 우리를 비난하지 못하게 미리 방어하기 위한 방편일 때가 있다. 이기적인 이유로 선한 일을 하면 결국 하나님과 무관한 종교 행위에 불과하다. 성경은 '기독교'를 비롯해 종교에 대해 이렇게 말한다. "이런 것들은 자의적 숭배와 겸손과 몸을 괴롭게 하는 데는 지혜 있는 모양이나 오직 육체 따르는 것을 금하는 데는 조금도 유익이 없느니라"골 2:23. 메시지 성경은 현대인들이 더 쉽게 이해할 수 있도록 이 구절을 다음과 같이 번역하고 있다. "한껏 폼을 잡고 이야기하며, 그런 것들이 인상적으로 들리기는 합니다. 심지어 경건하거나 겸손해 보이며 금욕하는 것 같은 착각을 주기도 합니다. 그러나 그것들은 자신을 과시하고 드러내 보이는 또 다른 방편에 불과합니다."

다시 말해 우리 스스로 그리스도인이라 자처하며 예수님을 위해 선행을 한다고 하지만 궁극적으로는 인생의 전부를 하나님께 한 번도 내어맡기지 못한 채 인생을 마감할 수도 있다. 예수님은 "암호를 정확히 안다고 해서, 예컨대 '주님, 주님' 한다고 해서 너희가 나 있는 곳 어디든지 올 수 있는 것은 아니다. 정말 필요한 것은, 진지한 순종이다. 내 아버지의 뜻대로 행하는 것이다"마 7:21, 메시지 신약라고 말씀하셨다.

하나님의 뜻을 행하기 위해서는 단순히 우리가 무엇을 하느냐가 아니라 왜 하느냐가 중요하다. 예수님은 과시하기를 좋아하는 당대 종교인들의 위선을 극도로 증오하셨다. 하나님에 대한 사랑을 종교적 행위로 변질시켰기 때문이다. 그들은 다른 사람들의 인생을 통제하고 조종하는 데 그것을 이용했다. 그러므로 우리는 대가를 바라는 마음에서가 아니라 기쁘시게 해드리겠다는 순수한 동기에서 예수님을 우리 주님으로 모셔야 한다.

예수님을 우리 인생의 주님으로 모시는 까닭이 천국에 가기 위해서나 신앙으로 하나님의 관심을 사기 위해 혹은 하나님이 우리를 사랑하시도록 하는 데 있어서는 안 된다. 다른 사람들에게 좋은 인상을 주기 위한 목적도 안 된다. 예수님은 오직 한 가지 이유로 그를 우리 인생의 주님으로 모시기를 원하신다. 즉, 그와 깊은 사랑에 빠져서 주님으로 모시기를 원하신다. 하나님을 사랑하는 게 의무가 되어서는 안 된다. 하나님을 기뻐하기 때문에 그를 사랑해야 한다. 예수님에 대한 사랑 없이 하나님을 위해 착한 일을 한다는 것은 우리의 신앙을 또 하나의 종교로 변질시키는 것이다. 세상은 그런 종교가 전혀 필요하지 않다.

하나님께 전적으로 내어드리고 있는가?

이 장을 읽으면서 하나님께 온전히 내어드리지 못하고 집착하는 부분을 알게 되었거나 그릇된 동기로 하나님을 섬기고 있는 자신의 모습을 본 이들도 있을 것이다. 예수님을 액자에 넣어 마음의 벽에 걸어놓고 멋지게 장식도 하지만 나의 인생을 다스리는 야성적 지배자로 모시는 것은 싫어하지 않았는가? 그렇다면 가슴을 치며 회개하고 하나님께로 돌아와야 한다. 탕자의 이야기눅 15:11-32를 생각해보라. 방탕한 아들 못지 않게 형 역시 아버지께 잘못을 구하고 진심으로 돌아와야 했다.

하나님께 아직 내어드리지 않고 붙잡고 있는 부분은 없는가? 그의 통치하심에 아직 맡겨드리지 못한 삶의 영역은 없는가? 아마 평생 선을 행하고자 힘써 노력했지만 자칭 그리스도인들처럼 그 동기가 철저히 이기적이었다는 충격적인 사실을 깨닫게 되었을지도 모른다.

그런 사실을 발견했다면 적합한 반응은 하나밖에 없다. 주 예수님 앞에 무릎을 꿇고 그분에 대한 절박한 필요를 고백하고 이기적인 동기로 주님을 섬겼던 자신을 용서해 주시기를 구하며 그를 인생의 전 영역의 주님으로 모시는 것이다. 믿음으로 죄 용서함을 받으라요일 1:6-9.

이것이 무슨 의미인지 깊이 생각해보는 시간을 가지라. 만물의 주님으로서 예수님에 대해 읽고 깊이 묵상해보라. 그를 주님으로 모시고자 선택할 때, 예수님께서 우리를 깊이 사랑하신다는 사실을 반드시 기억하라. 그러나 또한 그가 우리 인생의 둘째 자리나 셋째 자리에 앉으시는 것은 거부하신다는 사실 역시 기억하라. 우리 인생에 대한 그의 계획은 선하고 그의 세계는 우리의 총체적 내어드림을 통한 참여를 요구한다. 그가 우리 인생을 지배하고자 원하시는 이유는 우리를 사랑하시기 때문이며, 우리와 절대적인 관계를 공유하심으로써 창조하실 때 의도하신 본래적 모습으로 우리를 해방시켜 주기를 원하시기 때문이다. 주님을 우리 인생의 가장 중요한 분으로 모신다는 것은 우주를 지으신 창조주의 능력이 우리 안에 내주해서 우리를 통해 발휘되도록 한다는 것이다. 전능하시고 한계가 없으신 부활하신 창조주께서 우리 안에 오셔서 호흡하시며 다른 사람들을 섬길 수 있도록 우리에게 능력을 주신다. 하나님께 내어드림의 이 행위는 하나님을 사랑하기 원하며 인생의 모든 희로애락에서 그가 주님이 되어주시기를 바란다는 고백과 같다. 당신의 모든 것, 당신에 관한 모든 것이 나를 통하여 다른 사람들을 위한 것이 되도록 하옵소서.

예수님을 우리 구주와 주님이 되어주시도록 요청하는 일은 결코 사소한 일이 아니다. 우리가 창조주의 피조물임을 인정하는 것이기 때문이다. 프롤로그의 '하나님의 이야기'에서 읽었듯이, 위대한 신은 우리의 친구가 되기를 원하신다. 우리 역시 그를 거역하고 반역을 도모했지만 그분에게 다시 돌아가고 싶다는 마음이 그 어느 때보다 더 간절하다. 이런 마음이 생기면 우리는 그에게 우리 자신을 맡겨드릴 뿐 아니라 그 역시 우리와 배타적인 관계가 되고 또한 우리를 통해 사람들을 위한 그의 뜻을 행하실 수 있도록 온전히 자리를 내어드려야 한다. 예수님은 "너의 궁극적 승리를 보장해 주겠다. 내게 복종하는 한 죄를 이길 수 있도록 보장해 줄 것이다. 나는 너를 통해 다른 이들을 섬기는 삶을 이어 갈 것이다"라고 말씀하신다.

예수님을 인생의 주님으로 모시는 일은 크고 작은 우리 인생의 '우상들'을 예수님께 양도한다는 의미이기 때문에 고통스러운 과정일 수 있다. 이 우상들은 우리의 정체성과 자의식에 깊숙이 침투해 결국 참된 자아를 완전히 대체해 버리는 경우도 있다. 하나님이 원래 의도하셨던 인간이 아니라 우리 스스로 상상한 인간이 되는 것이다. 우리 마음에 신적 위치를 차지하고 맹목적 헌신을 받아온 우상들을 헐고 무너뜨리는 일은 마치 우리 살점을 뜯어내는 것처럼 고통스러울 것이다.

성경은 우리 인생의 우선순위를 재조정하는 이 고통스럽고 근본적인 행위를 회개라고 부른다. 회개하는 행위는 너무나 힘들고 고통스럽지만 동시에 우리가 해방되는 과정이기도 하다. 모든 사람들이 다 흔쾌히 이 길을 가지는 않을 것이다. 하지만 이 회개의 걸음을 내디딜 때 우리는 근본적으로 변화될 수 있다.

⏱ 복습과 적용

1_ 누가복음 9장 57-62절로 '진리 발견하기' 성경 공부를 하라. (더 자세한 설명을 원한다면 2장 끝부분을 참고하라.)

2_ "예수님께서는 우리 인생의 51퍼센트나 심지어 98퍼센트만 지배하기를 원하지 않으신다"는 글귀를 읽을 때 어떤 생각이 드는가? 이 글귀를 자신의 인생에 어떻게 적용할 수 있는가?

3_ 예수님의 대용품으로 마음에 품고 있는 예수님 상이 있다면 어떤 것인가?

4_ 하나님께 우리 인생의 모든 권리를 양도하기로 결단할 때 동기가 그토록 중요한 까닭은 무엇인가?

5_ 예수님을 모든 인생 영역의 통치자로 모신다는 것은 참되신 예수님에 비추어 하나님, 교회, 선교 등에 대해 우리 시각을 재고한다는 뜻이다. 자신이 믿고 행하던 일을 재고할 때 어떤 변화가 일어나기 시작했는가?

chapter 4
회개

회개는 옛 생활 방식과 새로운 생활 방식의 분기점이라 할 수 있다. 나의 뜻대로 예수님을 따르지 않고 그분의 뜻대로 그를 따르는 것이다. 회개는 우리가 원하는 인생 방향에 관한 마음의 변화이며 지금까지 살아왔던 삶의 태도와 하나님과 세상에 대해 품어왔던 사고의 전환이다. 회개는 단순히 예기치 않게 한 차례 휩쓸고 지나가는 후회의 감정이 아니다. 역효과가 난 일을 후회하는 것과는 차원이 다르다.

그렇다면 문제는 우리가 진정으로 회개했음을 어떻게 알 수 있는가이다. 우리가 진심으로 예수님을 따르기를 원한다는 것을 어떻게 알 수 있는가?

고린도후서 7장 10절에서는 경건한 근심과 죄로 인한 세속적인 근심의 차이를 지적하고 있다. 경건한 근심은 회개라 표현할 수 있고, 세속적인 근심은 후회라는 단어로 표현할 수 있다. 회개란 그 죄를 다시 지을 기회가 생기더라도 죄를 짓지 않겠다는 의미가 함축되어 있다. 그러나 후회는 해로운 결과가 생기거나 들킬 염려가 없다면 다시 그 잘못을 반복할 것이라는 암시가 내포되어 있다.

정식으로 결혼하지 않은 남녀가 성관계를 맺었다고 생각해보자. 그 여성이 임신을 하게 된다면 그들은 제대로 피임을 하지 못한 것을 후회할 수도 있고 혼외 정사가 잘못임을 알고 회개할 수도 있다. 회개는 그들의 죄가 근본적으로 잘못임을 깨닫는 것이라면, 후회는 결과에 대해 단순히 안타까워하는 정도이다.

상심한 하나님

'하나님의 이야기'를 보면 배신을 당한 당사자는 하나님이다. 우리가 아니라 그가 억울한 일을 당하신 것이다. 참된 회개는 하나님의 시각으로 죄를 보기 시작할 때 일어난다. 우리 죄로 하나님의 마음을 상하게 해드렸다는 시각을 가질 때 회개가 시작된다는 뜻이다. 창세기 6장 5-6절을 보면 "여호와께서 사람의 죄악이 세상에 가득함과 그의 마음으로 생각하는 모든 계획이 항상 악할 뿐임을 보시고 땅 위에 사람 지으셨음을 한탄하사 마음에 근심하시고"라는 기록이 있다. 하나님은 세상에서 벌어지는 일을 보시고 너무나 낙담하셔서 마음에 크게 슬퍼하셨다. 우리를 창조하신 것을 후회하실 정도로 크게 상심하셨다. 우리의 행동은 하나님께 깊은 영향을 미친다.

예수님 역시 상심하셨다. 성경의 한 구절을 보면 그가 죄악에 빠진 예루살렘을 보고 우셨다고 기록되어 있다. "예루살렘아 예루살렘아 선지자들을 죽이고 네게 파송된 자들을 돌로 치는 자여 암탉이 제 새끼를 날개 아래에 모음같이 내가 너희의 자녀를 모으려 한 일이 몇 번이나 그러나 너희가 원하지 아니하였도다"눅 13:34. 유대인들의 종교적 교만을 보고 그의 마음은 괴롭고 고통스러웠다. 그들의 죄가 그의 규정을 위반해서가 아니라 죄가 그의 본성과 어긋나기 때문이었다.

제자로서 예수님을 사랑하고자 원한다면, 그의 시각으로 죄와 자기중심성을 바라보아야 한다. 지옥의 공포심을 자극하는 설교로 인간의 마음이 변하지 않는다. 그러나 죄가 우리를 창조하신 분의 마음을 근심하게 하고 상심하게 한다는 사실을 깨달으면 우리도 죄에 대해 동일한 반응을 하게 된다. 하나님이 우리 죄에 대해 느끼시는 감정을 우리도 느끼게 된다.

죄에 대해 이런 반응을 하려면 하나님이 우리 죄에 어떤 심정이신지 깨닫게 해주시도록 구해야 한다. 그러면 우리 죄로 인해 그분이 깊은 상처를 입고 마음 아파하셨음에도 변치 않고 보여주신 그의 위대한 사랑을 이해하기 시작한다. 그리고 자연스럽게 죄를 버리고 돌아서게 된다. 이런 결단의 행위는 우리의 신실함을 확인하고 하나님과의 관계를 회복하고자 하는 우리의 간절함이 어느 정도인지 확인하는 계기가 된다.

19세기의 위대한 복음전도자인 찰스 피니는 '죄인의 기도'를 드리

자는 사람들의 간청을 쉽게 받아들이지 않았다. 그들의 선택이 정말 진지한 것인지 생각해볼 시간을 더 가지라고 권했다. 그의 말을 지나치다고 생각한 사람들도 있었을 것이다. 하지만 그런 피니의 확고한 태도 때문에 오히려 평생 동안 그리스도를 위해 헌신하게 된 회심자들은 더욱 많아졌다. 사람들이 온전히 회개하는 데 가장 중점을 두고 최선을 다했기 때문에 가능한 결과였다. 오늘날 들리는 수많은 사람들의 타락은 교회에서 회개가 동반되지 않은 회심을 조장해온 결과가 아닌지 의심스러울 때가 있다.

피니는 사람들에게 대가를 분명히 계산해볼 것을 권했다. 회개의 대가를 지불할 정도로 진지한지 확인하는 과정을 거쳤다. 회개란 문자 그대로 자신의 생각을 바꾼다는 뜻이다. 회개한다는 것은 자신에 대한 지극한 사랑을 버리고 하나님을 제일 우선적으로 사랑하는 것이다.

마음속에서 이루어지는 성령의 역사

성령은 우리가 범죄할 때 경건한 슬픔을 가지도록 돕기 위해 우리 마음속에서 쉬지 않고 일하신다. 회개는 예수님을 따르기로 작정할 때 동반되는 일회적 행위가 아니다. 회개는 생활 방식으로, 살면서 직면하게 되는 수많은 일들을 정직하게 다루기로 결심하는 것이다. 고의적으로 죄를 짓기로 작정하지는 않겠지만 때로 죄를 짓더라도 하나님과 그 죄로 인해 피해를 입은 사람들에게 그 죄를 고백함으로써 죄를 다루겠다고 작정한다는 뜻이다.

'죄'라는 단어를 사용할 때 나는 무례한 말이나 상스러운 말을 하는 것에서부터 인종차별과 경제적 불의에 이르는 모든 죄를 염두에 둔다. 죄는 개인적일 수도 있고 한 문화나 국가 차원의 조직적인 것일 수도 있다. 사업상의 거래에서 약속을 위반하는 경우나 인신매매에 이르는 광범위한 행동과 생각이 포함된다. 개인적인 죄와 국가적인 범죄가 사람들의 삶에 동일한 영향을 미치는 것은 아니지만 둘 다 동일한 반응인 회개를 요구한다.

바울은 로마서 2장 4절에서 이렇게 묻는다. "혹 네가 하나님의 인자하심이 너를 인도하여 회개하게 하심을 알지 못하여 그의 인자하심과 용납하심과 길이 참으심이 풍성함을 멸시하느냐." 하나님의 인자하심과 용납하심, 길이 참으심을 끊임없이 상기시킴으로써 생활 속에서 죄를 깨달을 때마다 그 죄를 회개하겠다는 자세를 지녀야 한다.

죄 고백의 동심원

'죄 고백의 동심원'이란 우리 죄가 다른 사람들에게 미치는 파장의 정도를 표현한 것이다. 마음으로 은밀하게 짓는 죄도 있지만 다른 사람에 대한 개인적 차원의 죄도 있고 나아가 특성상 '공적인' 죄들도 있다. 죄 고백의 파장을 동심원으로 표현해보자. 은밀한 죄들을 원의 가장 중심에 표시하고 개인적인 죄들을 그 다음 원에, 집단 차원의 영향을 미치는 공적인 죄들은 바깥 원에 표시하도록 하자. 성경은 예수님의 제자들이라면 모든 죄를 하나님께 고백하고 개인과 집단에게 지은 죄는 하나님뿐 아니라 그 죄로 인해 고통당한 당사자들에게도 고백해야 한다고 가르친다.

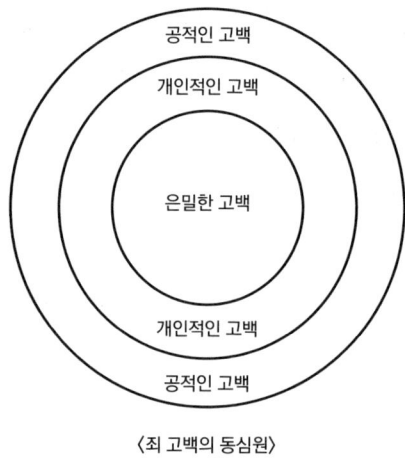

〈죄 고백의 동심원〉

마음에서 은밀하게 지은 죄라면(예를 들어, 누군가에 대해 불순하고 비판적인 생각을 품었고 상대방이 그 사실을 인지하지 못하는 경우), 그 죄는 개인과 하나님만의 문제가 된다. 이런 경우에 상대방을 찾아가 죄를 고백한다면 그 사람에게 불필요한 상처를 안겨주고 관계에 불필요한 피해를 초래할 수 있다. 그러나 누군가와 관련된 개인적인 죄를 지었을 경우, 그 죄는 하나님과 그 사람에 대한 죄이므로 하나님과 그 사람에게 모두 죄를 고백해야 한다. 또한 어떤 집단의 사람들에게 죄를 지었고 그 죄로 인해 그들의 인생이 영향을 받았다면 하나님과 그 사람들에게 죄를 고백하고 회개해야 한다.

오래전에 몇몇 지인들과 내 관계가 심각한 위기에 처한 적이 있었다. 나의 조급함과 몰인정으로 여러 가까운 친구들에게 깊은 상처를 안겨주었다. 아내와의 관계에서도 사려깊지 못한 행동으로 갈등하고 있었다. 게다가 하나님과의 관계도 쉽지 않았다. 어느 날 혼자만의 시간을 갖기 위해 산책을 나갔다. 내 인생을 주님께 철저히 드리기로 작정했다. 특별한 결단이 있지 않으면 안 되는 시점이라는 것을 깨달았다. 피상적인 결심으로는 내가 스스로 자초한 그 위기를 절대 타개할 수 없었다.

나는 내가 처한 곤경을 주님께 아뢰고 내 죄를 인정한 후 이렇게 기도드렸다.

"주님, 지금 당신이 절실히 필요합니다. 이 상황을 더 이상 방치하고 싶지 않습니다. 내 인생의 이 시기를 사용하셔서 내 마음이 완전히 상하고 통회하도록 해주소서. 겸허하고 그리스도를 닮은 인생을 살기 위해 무슨 일이라도 달게 받게 해주소서. 저의 죄를 가차없이 다루어주시기를 기도합니다. 얼마나 긴 시간이 걸리든 어떤 대가를 치르든, 주님의 사랑의 심판을 감당하겠습니다. 제 인생에서 처리하고 싶은 것이 무엇이더라도 다 드러내시고 밝혀주십시오. 주님, 그 대가가 무엇이든 주님의 뜻대로 하시기를 원하나이다. 저의 죄를 숨기지 않겠습니다. 저의 본성을 처리하시기 위해 무슨 일을 하시더라도 달게 감당하겠습니다. 지름길로 가려고 하지 않겠습니다. 몇 년이 걸린다 해도 주의 말씀대로 순종하겠습니다."

그러자 하나님은 내 안에서 더 깊은 회개의 역사가 시작되도록 하셨다. 나는 불순물을 태우는 그의 뜨거운 불을 내 안으로 받아들였다. 아무리 뜨거워도 상관하지 않았다. 그의 진리의 눈부신 빛을 내 안에 비추어 달라고 구했다. 내 안에 어떤 추악한 것이 숨어 있건 누가 그 사실을 알게 되건 개의치 않았다. 자아가 완전히 깨어지게 해달라고 구했다. 통회하고 나를 깨뜨리는 기간이 아무리 길더라도 상관하지 않았다. 가혹할 정도로 내 죄를 다루는 데 전심을 다했다. 그 이후로 사람들과 어떤 갈등에 부딪히고 어려움을 만나더라도 하나님이 내 마음과 인생을 변화시키시기 위해 그것을 이용하시리라는 믿음과 태도로 임하겠다고 결심했다. L.E. 맥스웰은 「십자가에 못박혀 태어남」Born Crucified에서 이렇게 말한다.

> 상처 입은 교만과 분노, 탐욕에 대해 왜 자신이 한 번도 승리한 적이 없는지 많은 사람들이 궁금증을 갖는다. 하지만 그 비밀은 그리 멀리서 찾을 필요가 없다. 은밀하고 습관적으로 '자아'라는 신사에 참배하기 때문이다. 외형적으로는 십자가를 자랑하지만 내면적으로는 다른 신을 숭배하며 간절하고 깊숙한 자신의 욕망을 섬기고 예배한다. 그리스도께서 당신의 내면이 십자가에 못박히도록 역사하셔서 자기 탐닉과 단절시키고 하나님과 연합하게 함으로 사랑의 깊은 결합이 일어나지 않으면 설령 수천 개나 되는 천국을 소유한다 해도 마음의 평화를 얻지 못할 것이다.

바로 지금, 내가 오래전에 했던 바로 그 결단을 여러분도 해 보기를 바란다. 나는 지금도 그 결단을 저버리지 않기 위해 혼신의 노력을 기울인다. 내가 하나님의 길을 선택해 왔다는 것이 얼마나 기쁜지 형용할 수 없다. 하나님은 늘 내게 성실하셨다. 그가 내 기도에 신실하게 응답해 오셨다는 것이 참으로 기쁘다.

복습과 적용

1_ 고린도후서 7장 10-11절로 '진리 발견하기' 성경 공부를 하라.

2_ 세속적 슬픔과 경건한 슬픔의 차이가 어떤 것인지 경험해 본 적이 있는가? 어떤 일을 통해 그 차이를 깨닫게 되었는지 이야기해 보라.

3_ '죄 고백의 동심원'에 나타난 각 원의 차이를 살펴보고 현재 자신의 생활 속에 어떻게 적용할 것인지 기도하는 시간을 가지라.

4_ 우리가 죄를 범할 때 가장 고통받는 이가 누구인가? 어떻게 하면 죄가 하나님의 마음을 슬프게 한다는 자각을 높일 수 있겠는가?

chapter 5

교만

하나님이 미워하시는 일곱 가지의 치명적인 죄가 있다. 그중 단연 선두는 교만이다.

> "여호와께서 미워하시는 것 곧 그의 마음에 싫어하시는 것이 예닐곱 가지이니 곧 교만한 눈과 거짓된 혀와 무죄한 자의 피를 흘리는 손과 악한 계교를 꾀하는 마음과 빨리 악으로 달려가는 발과 거짓을 말하는 망령된 증인과 및 형제 사이를 이간하는 자이니라" 잠 6:16-19.

교만의 뿌리

교만은 우리도 모르게 내면 깊은 곳에서 자란다. 마치 정원에서 원하지 않는 잡초가 땅 밑으로 뿌리를 내리는 것과 같다. 우리 마음 깊숙한 곳, 다른 사람들이나 때로는 우리 자신조차 모르는 은밀하고 어두운 곳에서 차곡차곡 뿌리를 뻗어간다.

교만이란 자기에게 심취하는 부적절한 감정이다. 실제로는 그렇지 않음에도 무엇이라도 된 것처럼 스스로를 과대포장하며 자신의 약점과 타고난 한계를 인정하지 않으려고 한다. 교만은 우리 문제나 죄를 공개하고 드러내야 할 사람들에게 감추고 지적을 당하면 변명과 자기 합리화 뒤에 숨게 한다. 그리고 결국 우리를 기만하고 우리 삶 속에 그것이 미치는 영향력을 보지 못하도록 눈을 가린다을 3절. 한마디로 말해, 교만은 보이지 않는 죄악으로, 마음의 종양이다.

교만에 대해 설명하다 보면 개념상의 혼란이 생길 수도 있다. 우리의 업적이나 능력에 대해 교만하거나 배우자나 자녀들에 대해 교만하다는 식으로 말할 수 있지만, 이런 것들은 실상 성경에서 말하는 교만과는 거리가 멀다.

성경에서 정의한 교만은 우리의 길을 우리가 선택하는 것을 말한다. 하나님께 "이건 내 마음대로 할 겁니다. 내 인생에 간섭하지 마세요. 제가 필요하면 부를게요"라고 말하는 것이다. '하나님의 이야기'를 살펴보면 교만은 반역의 뿌리이다. 의식적으로든 무의식적으로든, 교만이 우리 안에서 활성화되면 결국 하나님께 반역하게 된다.

하나님을 알고 하나님과 사랑의 관계를 체험하는 데 가장 심각한 방해물은 교만이다. 이웃을 사랑하는 데 가장 큰 장애물도 교만이다. 가난한 이웃들을 섬기고 예수님을 모르는 사람들에게 그의 사랑을 나누지 못하게 막는 가장 큰 장벽 역시 교만이다. 모든 죄를 거슬러 올라가면 그 뿌리에는 교만이 있다. 온갖 전쟁과 인간 사이의 싸움, 모든 가정 불화와 붕괴는 교만에서 연유한다.

이것은 단순히 내 의견이 아니라 성경이 가르치는 교훈이다. 야고보서 4장 1절의 말씀을 귀기울여 들어보라. "여러분은 이 모든 형편없는 싸움과 다툼이 어디에서 비롯된다고 생각합니까? 그냥 일어나는 일이라고 생각합니까? 곰곰이 생각해 보십시오. 그런 일이 일어나는 것은, 여러분이 자기 마음대로 하려하고, 싸워서라도 그렇게 하려는 마음이 여러분 깊은 곳에 있기 때문입니다. 여러분은 자신이 갖지 못한 것을 탐하고, 살인까지 해서라도 그것을 얻으려고 합니다. 여러분의 것이 아닌 것을 가지려다가 폭력까지 휘두르고 맙니다"메시지 신약.

교만에 대한 하나님의 입장을 성경은 매우 단호한 어조로 전달하고 있다. 잠언에서는 "무릇 마음이 교만한 자를 여호와께서 미워하시나니 … 교만은 패망의 선봉이요"잠 16:5,18라고 말한다.

교만은 매우 교묘하다. 아침에 일어나 "오늘 3시에 교만에 마음껏 심취할 것이다"라고 일부러 계획하지 않는다. 갑자기 맹렬한 기세로 교만이 우리를 덮치지는 않는다. 그것은 교묘하면서 위험하다. C.S. 루이스는 「순전한 기독교」에서 교만의 문제를 완벽하게 지적하였다.

> 교만처럼 스스로 자각하기 어려운 죄는 없다. 자기 내면의 교만이 심할수록 다른 사람들에게 보이는 교만을 더욱 싫어하게 된다 … 세상이 시작된

이래로 모든 국가와 가정의 불행과 비참함의 주요 원인이 바로 이 교만이 었다. 그것은 인간과 인간이 서로 적대하는 이유일 뿐 아니라 인간이 하나님에 대해 적의를 갖는 원인이기도 하다. 하나님 안에서 우리는 모든 면에 자신과 비교가 안 될 정도로 놀랍고 뛰어난 것과 직면하게 된다. 그런 하나님과 대면하고 따라서 그 하나님에 비해 자신이 아무것도 아닌 보잘것없는 존재임을 깨닫지 않는 이상 절대 하나님을 알 수 없다. 교만을 버리지 않는 한 결코 하나님을 알 수 없다.

내 경험을 볼 때 자기 안에 있는 교만을 식별하는 게 쉬운 일이 아니다. 교만은 아주 기만적이다. 내 안의 교만을 볼 수 있기 위해서 하나님과 다른 사람들의 도움이 절실히 필요하다. 우리가 구하면 하나님은 우리 마음속의 교만을 밝히 드러내주실 것이라고 분명히 확신한다.

우호적(?)인 토양 속에서 뿌리내리는 교만
마음의 조건이 우호적으로 조성된 곳이면 어디서나 교만은 뿌리를 내릴 것이다. 바울은 교만의 위험성에 대해 일깨워주기 위해 한 교회에 이렇게 편지를 썼다. "헛된 영광을 구하여 서로 노엽게 하거나 서로 투기하지 말지니라"갈 5:26.

예수님 역시 제자들 속의 교만을 다루셔야 했다. 야고보와 요한은 다른 제자들보다 더 많은 업적을 이루어냈다고 생각했다. 그러므로 천국에 가면 한 사람은 예수님의 오른쪽에 앉고 다른 한 사람은 예수님의 왼쪽에 앉을 수 있을 것이라고 생각했다. 예수님이 그의 '영향력'을 이용하셔서 성부 하나님께 자신들을 천거해 주기를 원했다^{막 10:35-41}. 그러나 그들은 확답을 받는 대신 오히려 책망과 함께 따끔한 교훈을 받았다. "하나님을 모르는 통치자들이 얼마나 위세를 부리는지, 사람들이 작은 권력이라도 얻으면 거기에 얼마나 빨리 취하는지 너희는 보았다. 너희는 그래서는 안 된다"^{막 10:42-43, 메시지 신약}라고 꾸짖으셨다.

교회사에서 교만은 늘 큰 혼란의 원인이었고 원한과 분열, 분쟁의 원인이었다. 그러므로 우리 자신은 별로 교만의 영향을 받지 않는다고 자만해서는 안 된다. 모든 인간의 마음속에 교만이 깊이 뿌리를 내리고 있다. 우리 안에 있는 교만을 식별하기 위해서는 외적으로 나타나는 징후, 즉 뿌리가 있음을 알려주는 열매를 찾아보아야 한다.

교만의 시조

성경은 교만의 시조가 누구인지 아주 분명히 밝히고 있다. 바로 사탄이다. 이사야 14장을 우화적 이야기로 받아들인다면 사탄은 자신에 대해 다음과 같이 말했다고 볼 수 있다.

> 너, 속으로 중얼거렸지. "나, 하늘로 올라가리라. 하나님의 별들 위로 내 보좌를 높이겠다. 신성한 자폰 산에서 열리는 천사들의 회합을 내가 주재하겠다. 나, 구름 꼭대기로 올라가리라. 우주의 왕 자리를 내가 차지하겠다!"^{사 14:13-14, 메시지 구약-예언서}.

사탄은 자신의 능력을 강조하고 있다. 하지만 아마 그의 진심이 가장 잘 드러난 부분은 마지막 문장의 주장일 것이다. 스스로 하나님처럼 되어 우주의 지배자로 군림할 능력이 자신에게 있다고 믿고 있다. '나'라는 단어가 이 문장에 얼마나 자주 사용되는지 잘 살펴보라. 사탄은 하나님을 의지하는 것을 경멸하고 대신 그 자신의 지혜를 의지하고 행동하는 길을 선택했다.

그 이후로 이와 동일한 생각들이 그치지 않고 반복적으로 표현되었다. 모든 인간은 마음속에 교만이 싹트고 자라도록 허락하고 부추겨왔다. 우리는 지금도 하나님 없이 무엇이든 할 수 있다고 믿는다. 하나님의 자리에 앉아 우리가 원하는 방향이면 어디든지 우리 인생을 끌고 갈 수 있다고 생각한다. 개인적으로 위급할 때 부를 수 있는 행운의 부적처럼 하나님을 취급한다.

결론적으로 말하고자 하는 요지는 이것이다. 즉, 우리가 예수님을 사랑하고 그를 우리 인생의 모든 것을 다스리시는 주로 모신다면, 또한 우리 인생에 대한 그의 뜻을 가장 중요하고 우선적이라고 생각한다면, 겸손이라는 근본적인 발걸음을 내디뎌야 한다는 것이다. 그 걸음을 내디딜 준비가 되어 있는가?

하나님의 본성과 교만은 저울의 정반대 쪽에서 상극을 이룬다. 하나님은 겸손함의 시조시며 완성자시지만 사탄은 교만의 시조이자 완결자이다. 하나님과 사탄은 공존할 수 없다. 우리는 하나님과 사탄 중 누구를 섬길 것인지 결단해야 한다. 우리 태도와 선택에서 누구를 본받을

지 결정해야 한다.

교만, 그리고 하나님과 우리의 관계

우리는 하나님의 피조물이다. 그는 각 사람을 정교하게 디자인하셔서 세상에 태어나게 하셨다. 우리에 대해 모든 것을 알고 계신다.

모든 면에서 하나님은 피조물보다 절대적으로 우월하신 분이다. 그는 무한하신 분이지만 우리는 유한하다. 그는 의로우시지만 우리는 불의하다. 그는 지혜로우시지만 우리는 어리석다. 그는 늘 한결같은 분이시지만 우리는 시시때때로 변심한다. 하나님을 경외하지 않고 그를 부정하며 그의 능력을 무시하는 자들은 자기 분수를 모르는 어리석기 짝이 없는 잘못을 저지르고 있다. 교만은 일종의 도덕적 비정상의 한 형태이다. 우리와는 비교할 수 없는 우월한 분으로 하나님을 인식하지 못한다면 그분을 절대 제대로 이해할 수 없다. 하나님을 우리의 제한된 신 개념에 한정시키면 본질적으로 우리 인생의 통치자로서 그의 합법적 권리를 부정하는 셈이다.

하나님을 사랑하고 싶다면 그의 사랑에 겸손하게 반응해야 한다. 지극히 뛰어난 그의 지혜, 능력, 지식을 인정해야 한다. 교만하면 그분을 인정할 수 없다. 그러면 우리는 결국 하나님과 단절될 것이다. 이 말이 가혹하게 들릴 수도 있다. '분명히, 약간의 교만은 문제될 것이 없다. 무엇보다 아무도 완전한 사람은 없지 않은가'라고 우리는 생각한다.

그러나 성경은 이 치명적인 죄에 대해 조금의 양보도 허락하지 않는다. 하나님은 자비로우신 분이지만 성경은 교만에 대한 하나님의 반응을 일관되게 전달한다. 하나님은 교만을 혐오스럽게 여기시며잠 16:5,18 조금도 용납하지 않으신다. 교만은 하나님과 우리의 관계를 해치는 것으로 끝나지 않는다. 성경에 따르면 하나님은 교만한 자를 대적하시고 물리치신다고 한다약 4:6.

이 교만의 죄악에 빠지면 우리는 두 가지 중 하나를 선택해야 한다. 하나님께 도움을 구하고 우리 인생의 교만을 해결해주시도록 기도하거나 우리 창조주와 분리되고 결별하든가 해야 한다. 교만의 뿌리와 그로 인해 초래되는 파국을 더 자세히 살펴보면 하나님이 왜 그렇게 교만을 싫어하시는지 이해가 될 것이다.

교만이 다른 사람들과의 관계에 미치는 영향

교만은 사람과 사람 사이를 소외시킨다. 우리가 다른 사람을 판단하거나 누군가를 나보다 더 열등하거나 우월하다고 여긴다면, 그런 태도는 우리의 모든 관계에 영향을 미칠 것이다. 사람들이 열등하다고 생각하면 그들을 멸시하고 무시하는 게 당연하다는 생각이 들 것이다. 반대로, 그들이 나보다 우월하다고 생각하면 열등감에 시달리고 자신이 무가치하다는 느낌이 들 것이다. 이런 상황에서 우리는 교만의 역습을 받고 다른 사람들의 시선에 전전긍긍하는 노예가 된다.

우리는 모두 죄를 짓는다. 슬픈 것은 때로 다른 사람들의 죄로 우리가 상처를 받거나 깊은 내상을 입을 수 있다는 점이다. 심지어 그 상처를 그 사람에게 되갚아주고 싶은 마음이 생길 수도 있다. 그러면 우리는 또 다른 선택에 직면한다. 분노하고 화를 낸 자신을 회개하고 상대방이 내게 한 일을 용서한 후 관계를 회복하든지, 아니면 되갚아주겠다는 마음을 품고 그대로 계속 가는 것이다. 결국 그 길은 멸망으로 직결되는 길이다. 내게 상처를 입힌 사람을 용서하면 적개심과 원한의 속박에서 벗어나 정서적이고 영적으로 성장하며 성숙할 수 있다. 나를 학대한 사람을 용서한다고 해서 그 사람에게 굴종적인 태도를 갖거나 예속되어야 한다는 뜻은 아니다. 오히려 용서의 행위를 통해 증오심에 속박되지 않고 자유롭게 인생의 성장을 누릴 수 있다는 뜻이다. 교만하면 우리에게 주어진 상황을 하나님의 시선으로 바라볼 능력이 훼손된다. 반면 겸손하면 다른 사람들의 죄를 분별하고 동시에 그들을 용서할 수 있는 힘이 생긴다.

교만은 다른 사람들과의 교제를 누릴 수 없도록 만들고 사람들로부터 고립되어 고독하게 만든다. 남편과 아내, 자식과 부모가 서로 반목하고 친구끼리 서로 대립하며 인종간의 분열이 일어나도록 한다. 결국 서로 상처만 안고 돌아서게 한다. 이 상태가 제대로 해결되지 않고 방치되면 결국 증오와 완전한 단절로 굳어질 것이다.

교만한 그리스도인들 역시 교회 공동체를 분열시키는 원인을 제공한다. 그리스도인들이 서로 분열하고 전체 공동체가 반목하는 이유는 교리 때문이 아니라 교만 때문이다. 교만을 버리지 않으면 진리를 수호한다는 미명 아래 지도자들을 원망하거나 같은 그리스도인들을 판단하며 은밀하게 분열을 조장하게 된다. 그리스도인들에게 삶의 모범을 찾고자 원하는 사람들뿐 아니라 그들 자신들과 주변 그리스도인들까지 소외시키고 이간질시킨다.

교만이 우리 자신에게 미치는 영향

교만은 하나님과의 관계나 사람들과의 관계를 망칠 뿐 아니라 본인에게도 파괴적인 영향을 미친다. 잠언 26장 12절은 어리석은 사람보다 더 심각한 이는 교만한 사람이라고 말한다. 실제로 교만한 사람은 세상에서 가장 어리석은 사람이다. 교만으로 인해 스스로 비천하게 되고 결국 개인적 파국으로 치닫게 되기 때문이다잠 29:23.

겸허하게 늘 배우고 사람들의 의견에 귀 기울이며 성장하고자 하는 태도는, 다른 사람들이 우리에게 위해를 가하더라도 파괴적인 영향을 받지 않고 스스로를 보호할 수 있는 가장 강력한 무기이다. 납득하기 어려울지 모르겠지만 타인으로부터 받는 상처와 배척과 정서적 악영향에서 가장 자유로울 수 있는 방법은 겸손이다. 겸손하면 통제가 불가능한 문제들로부터 스스로를 보호할 수 있다.

나는 살면서 내 자신의 교만함을 인식하는 데 다른 사람들의 도움을 수없이 받아야 했다. 하나님께 자신의 교만함을 깨닫게 해주시도록 기도하고 있다면, 누군가가 당신의 약점을 지적해 줄 때 놀라지 말라. 잘못을 지적당할 때 자신의 문제를 인정하는 게 항상 쉬운 일은 아니다. 그러나 겸손이 주는 축복된 삶을 누리고 싶다면 반드시 자기 잘못을 인정해야 한다.

중요한 결정을 앞두고 때로 아내와 의견이 충돌할 경우가 있다. 의견 충돌이 일어나면 우리는 때로 자기 입장을 내세우며 언쟁을 벌인다. 나는 내 입장을 그대로 밀고 나가는 경향이 있어서 곧 다른 문제들까지 끌어들여 내 입장을 강요하는 데 이용한다. 한번은 아내와 한바탕 그런 씨름을 한 후 내가 점점 더 자기 주장만 앞세우고 말을 함부로 한다는 뼈아픈 지적을 받았다. 아내의 지적을 곰곰이 생각해보니, 내가 가족에게 가장 최선이 되는 방향으로 생각하지 않고 무작정 내 의지를 관철시키느라 급급하다는 사실을 깨닫게 되었다. 처음에는 그 사실을 인정하기가 매우 어려웠다. 하지만 결국 그녀의 지적을 수긍했다. 의견이 충돌하면 최선의 결정을 내리는 데 관심을 쏟는 것이 아니라 내 주장이 옳다는 것을 입증하는 데 관심을 쏟았던 것이다.

하나님께서 우리 속에 있는 교만을 드러내시고자 하는 이유는 항상 우리의 유익을 생각하시기 때문이다. 우리에게 굴욕감을 주기 위해서가 아니라 우리를 돕고 싶어 하시기 때문이다. 세대가 갈수록 자기 백성들이 교만함으로 더욱 황폐해지고 무너져가는 것을 하나님은 너무나 슬픈 심정으로 지켜보셔야 했다. 하나님과 다른 사람들 앞에서 겸허히 자신을 낮추는 중요한 결단을 통해, 우리가 교만의 죄악에서 자유하기를 하나님은 간절히 바라고 계신다.

교만의 죄악을 분별하는 법

교만의 징후는 암의 예후에 비유할 수 있다. 처음에는 전혀 자각이 없다. 하지만 그 와중에도 종양은 계속 자란다. 시간이 흐르면서 몸이 제대로 기능을 하지 못한다는 것을 조금씩 자각하게 된다. 다리에 통증이 오거나 구토 증세가 생기든가, 덩어리가 몸에서 자라는 게 느껴진다. 그러면 이제 두 가지 중 하나를 선택해야 한다. 병원에 가서 진단을 받고 치료를 받든지, 아니면 아무 문제도 없는 것처럼 무시하는 것이다. 초기 단계에는 남들에게 증세를 숨기기가 쉽지만 시간이 흐르면 그것은 점점 더 어려워진다. 걸어다닐 때도 눈에 띄게 걸음을 절룩거리게 되고 더 이상 정상적인 식사가 힘들어지며 고통 때문에 걷는 것조차 어려워진다. 거의 신경쓰지 않아도 될 정도로 하찮은 문제가 모든 활동이 불가능해질 정도로 치명적인 병으로 악화되어 버린 것이다.

교만도 마찬가지다. 처음에는 증상이 거의 감지되지 않는다. 불안해지면 약간 조바심이 생기고 특정 사람들을 피하게 된다. 누군가를 용서하는 데 조금 더 시간이 걸린다. 지적을 당할 때 "네 말이 맞아. 내가 틀렸어"라고 인정하는데 어려움이 있다. 이 역시 두 가지 중 하나를 선택해야 한다. 이런 증상들을 하찮게 생각하고 무시하든가, 아니면 하나님께 나아가 그 문제의 근본 원인을 알려달라고 기도하고 그 문제를 처리할 수 있도록 도움을 간구하는 것이다. 교만이 초래할 결과를 소홀히 여기면, 그 뿌리가 점점 더 자라 결국 교만이라는 종양이 우리를 완전히 삼켜버리는 것을 모든 사람들이 목도할 날이 올 것이다.

예수님은 위선적이고 교만에 가득찬 사람들에 대해 이렇게 말씀하셨다. "그들의 열매로 그들을 알지니 가시나무에서 포도를, 또는 엉겅퀴에서 무화과를 따겠느냐"마 7:16. 예수님은 생활의 열매로 교만의 뿌리를 가려낼 수 있음을 말씀하신다.

예수님은 제자들이 서로 사랑하고 섬기면 그 모습을 지켜본 사람들이 그들을 예수님의 진정한 제자로 인정할 것이라고 가르치셨다. 예수님께 온전히 헌신된 사람들은 서로 사랑하라는 그의 명령을 진심으로 수용하고 실천한다. 이 시대에 예수님의 제자들을 주시하고 있는 사람들은 우리가 얼마나 진심으로 서로를 사랑하며 서로에게 시간을 투자하는지 알게 될 것이다. 주일에 한두 시간 예배에 참석하는 것만으로 이런 일이 가능하지 않다는 것을 우리는 잘 알고 있다. 하지만 서로 함께하며 서로 사랑하기 위해서는 우리가 속한 공동체의 모든 구성원들이 사실상 다 외면하고 싶은 현실과 맞닥뜨려야 한다.

투명성

투명성이란 우리의 실제 모습을 얼마든지 공개할 수 있고 자신을 정직하게 드러낼 수 있는 태도를 말한다. 우리는 투명하게 자신을 드러내거나 아니면 우리의 비밀을 감추려고 할 것이다. 하나님께 중간 지대는 절대 없다. 빛으로 드러내든지, 아니면 어둠 속으로 숨든지 둘 중 하나이다.

투명성의 가장 큰 걸림돌은 교만이다. 교만하면 우리 삶을 다른 사람들에게 정직하게 공개하기 어렵다. 좋아하지 않는 사람들을 멀리할 수도 있다. 얼굴에 상냥한 웃음을 짓고 그들을 좋아하는 척하지만 그 웃음은 정직하지 못한 웃음이다. '회피'라는 쉬운 길을 선택한 것이다. 하지만 우리 마음의 본능적 반응에 굴복하지 않고 사랑하기 쉽지 않은 사람들도 사랑하겠다고 결심할 수 있다. 우리는 모두 서로에게 정직하고 솔직하며 필요하다면 서로의 권면과 훈계를 받아들이겠다고 결단해야 한다.

교만의 열매를 더 자세히 살펴보자. 다시 말해 교만이라는 뿌리를 드러내는 열매를 살펴보도록 하자. (지금 소개할 항목들이 '자랑스러워' 공개하는 것은 아니다. 나의 개인적인 좌절과 실패의 산물이고 하나님이 내 인생에 개입한 결과이기 때문이다. 하지만 겸손은 우리를 교만에서 실제적으로 해방시킨다는 것을 알기에 공개적으로 밝히는 바이다.) 다음 각 항목은 성경 구절로 시작하고 있다. 다른 항목으로 성급하게 건너뛰지 말라. 한번에 한 항목 혹은 가능하다면 하루에 한 항목씩 묵상하고 기도하는 방법도 좋다. 하나님께 마음속에 깊고 근본적이고 삶을 변화시키는 역사를 이루어주시기를 구하며 철저히 자신을 살펴볼 것을 권한다. 또한 공동체 안의 다른 성도들과 서로 이 작업을 해보는 것도 추천할 만하다. 이때 자신의 잘못과 약점을 인정하고 서로를 위해 기도하는 시간을 가지라.

교만의 뿌리와 열매

- 하나님의 것을 훔치는 행위

"나는 여호와이니 이는 내 이름이라 나는 내 영광을 다른 자에게, 내 찬송을 우상에게 주지 아니하리라" 사 42:8.

아름다운 목소리, 조직적 능력, 원예 기술 등 우리는 저마다 하나님께 받은 고유한 은사와 재능이 있다. 어떤 이들은 예언자적 통찰력과 날카로운 사고력을 은사로 받았다. 하나님께 받은 천부적 재능을 제대로 발전시키기 위해서는 우리 은사를 정직하게 평가하는 작업이 필요하다. 그러나 하나님이 주신 은사를 우리 자신이 잘나서 갖게 된 것처럼 교만하게 반응할 위험이 도사리고 있다. 이런 은사들이 오직 내 능력으로 가지게 된 것 같은 인상을 줌으로써 하나님께 돌려드려야 할 영광을 내가 가로챌 수 있다. 하나님은 "내 영광을 다른 자에게 주지 아니하리라" 사 48:11고 경고하셨다. 하나님이 주신 능력으로 선을 행하게 되었을 때 그 공을 내게 돌린다면 하나님의 것을 도적질하는 셈이다.

- 가난한 이웃의 곤경에 대한 무관심

"내 사랑하는 형제들아 들을지어다 하나님이 세상에서 가난한 자를 택하사 믿음에 부요하게 하시고 또 자기를 사랑하는 자들에게 약속하신 나라를 상속으로 받게 하지 아니하셨느냐 너희는 도리어 가난한 자를 업신여겼도다 부자는 너희를 억압하며 법정으로 끌고가지 아니하느냐" 약 2:5-6.

교만은 우리가 현재 가진 것이 너무나 당연한 것처럼 생각하게 만들고 가난한 자들은 게을러서 그렇게 산다고 판단하고 비난하게 한다. 교만한 사람은 날 때부터 누려온 부유한 신분과 안정된 지위가 당연한 게 아니라는 사실을 전혀 생각해보려 하지 않는다. 자신이 단칸방에, 찢어지게 가난한 집에 태어났다면 어떻게 생각할지 고민해본 적이 있는가?

- 자기 중심적 태도

"각각 은사를 받은 대로 하나님의 여러 가지 은혜를 맡은 선한 청지기같이 서로 봉사하라"벧전 4:10.

내면의 이기심을 은폐하기 위해 '영성'을 가면으로 이용하는 사람들이 있다. 은사와 재능을 사용하면서 자신의 유익만을 추구하고 사람들에게 좋은 인상을 주는 데 몰두한다면 자기 중심적이고 이기적인 사람이다. 자기 중심적인 교만은 섬김을 받고 자신만 옳으면 늘 사람들의 이목을 받고자 하는 욕망을 부추긴다. "내 방식대로 할 거야, 이건 내게 주어진 사역이고 내 비전이며 내가 세운 계획이야"라고 말한다. 그 이면에는 '이렇게 요구할 자격이 있다'는 생각이 도사리고 있다.

고린도 교인들에 대한 바울의 반응과 비교할 때 이런 태도가 얼마나 천박한 것인지 살펴보라. "우리에게 영적 은사를 주신 분은 하나님이십니다. 아낌없이 이 은사들을 사용한다면 하나님은 우리를 통해 다

른 사람들이 혜택을 받도록 역사해주실 것입니다"^{고후 12:15, 저자가 풀어씀.}

이런 우리 모습을 비추어 보면서 한 가지 좋은 소식을 전해주고자 한다. 하나님은 우리의 교만에 상처를 가하시는 수준이 아니라 아예 제거해주기를 원하신다는 사실이다. 우리의 이기심과 자기 중심성의 핵심에 치명타를 가해 완전히 숨을 끊어야만 우리는 하나님이 본래 의도하신 본연의 모습으로 회복될 수 있다.

- 고압적인 태도
  "나는 궁핍한 게 무엇인지도 알고 풍족한 게 무엇인지도 압니다. 배부르게 먹든지, 굶주리든지, 풍요롭게 살든지, 가난하고 빈곤하게 살든지, 어떤 상황에서나 만족할 수 있는 비결을 배웠습니다"^{빌 4:12, 저자가 풀어씀.}

고압적인 사람들은 자신과 상관없는 일에도 끊임없이 참견하며 교만함을 드러낸다. 다른 사람들에게 자기 방식을 강요함으로써 본질적으로 "내가 너보다 우월하다. 내 방식대로 요구할 권리가 있다"고 말하는 셈이다. 그런 사람들은 늘 자신들의 권리를 요구하는 데 열심이다. 모든 인간에게 '마땅한' 것은 하나님과의 영원한 분리와 저주라는 사실 밖에 없음을 망각한 것처럼, 자신들이 당연히 받아야 한다고 생각한 것을 당연히 누릴 자격이 있다고 여긴다.

이런 행태의 교만이 자기 마음속에 도사리고 있음을 자각하고 처절히 통회하며 회개하고 용서를 구해본 사람은, 하나님의 용서하심을 받을 때 깊은 곳에서 감사의 마음이 솟아나는 경험을 한다. 지옥 밖에 있는 모든 것이 은혜임을 깨닫는다.

- 우월감

"서로 마음을 같이하며 높은 데 마음을 두지 말고 도리어 낮은 데 처하며 스스로 지혜 있는 체하지 말라"롬 12:16.

교만하면 자신이 타인들보다 더 중요하다고 생각한다. 의식적이든 무의식적이든, 남들보다 자신이 더 우월하다고 믿는 사람들의 내면 속에는 자만하는 태도와 자신들이 다른 사람들보다 더 잘났고 하나님과 더 가깝다는 믿음이 있다. 사람들이 분열하고 반목하는 대부분의 원인은 교리적 차이나 의견 차이 혹은 정치적 이견이나 인종적 대립이나 가난이 아니라 바로 교만이다. 우리에게 우리와 다른 사람들이 필요하다고 진심으로 믿는 마음이 있다면 불화, 교회의 분열, 불신, 인종간 갈등과 같은 문제들은 모두 해결될 것이다.

자신과 같은 영적 경험이 없는 사람이나 인종, 교파, 연령대가 다른 사람 혹은 자신과 정반대의 성에 속하는 사람들을 경멸하고 업신여기지 않는가? 단지 믿음이나 영적 은사가 자신과 다르다는 이유로 교제하기를 꺼리고 불편하게 생각하지는 않는가? 내 선입견 때문에 특정 사람들과의 만남을 꺼리고, 대놓고 싫어하지는 않더라도 만남을 피하고 있다면 그것 자체가 우리의 교만함을 알려주는 것이다.

한 친구에게 내가 이해할 수 없는 신학을 신봉하는 어떤 특정 집단의 그리스도인들과 교제하기가 싫다고 털어놓은 적이 있다. 내가 보기에 그들은 긍정적인 영향보다 부정적인 영향을 미치는 사람들이었다. 그들도 나와 같은 주를 섬기는 그리스도인이라는 사실은 인정했지만 절대 만나거나 얼굴을 마주하고 싶지는 않았다. 내 친구는 이런 나의 태도를 나무랐다. 친구가 그들의 신앙을 옹호하는 입장은 아니었다. 하지만 나의 그런 태도와 행동은 예수님이 원하시는 태도가 아니며 사실상 교만에서 나온 태도라고 지적했다. 기도하면서 친구의 따끔한 지적과 권면을 생각해본 나는, 동의하기 어려운 그들의 엉성한 신학이 아니라 내 자신의 교만이 더 심각한 문제라는 것을 깨닫게 되었다. 그리스도께서 피로 값주고 사셨고 피흘려 죽으시고 자기 자녀들로 택하신 형제들을 판단하고 그들과의 사귐을 거부하고 있었던 것이다엡 2:14.

- 빈정거림

  "혀는 능히 길들일 사람이 없나니 쉬지 아니하는 악이요 죽이는 독이 가득한 것이라 … 그러나 너희 마음속에 독한 시기와 다툼이 있으면 자랑하지 말라 진리를 거슬러 거짓말하지 말라"약 3:8,14.

신랄하게 비꼬는 말은 사회적으로 용납될지 몰라도 예수님을 따르는 그리스도인들에게는 허락되지 않는다. 조롱은 타인의 잘못을 드러냄으로써 사람들의 관심을 사고자 하는 교묘한 악의가 숨어 있다. 누군가를 비꼬는 유머를 곁들이면 조롱은 더욱 호응을 얻는다.

예수님은 제자들의 잘못을 다루실 때 결코 빈정거리거나 조롱하는 투를 사용하지 않으셨다. 문제가 생기면 그 당사자에게 직접 경고하고 책망하셨지 뒤에서 빈정거리지 않으셨다. 그분이 보여주신 모범대로 우리 사이에 문제가 있으면 빈정거리거나 조소하지 말고 직접적으로 해결하도록 하자. 다른 인종이나 타민족을 농담이나 조롱의 대상으로 삼고 있는 유머들에 대해 회개하도록 하자. 우리는 재미있어 하는 일이 하나님께는 슬픔이 될 수 있다.

- 비판적 태도

"잔인한 말이나 욕설을 하지 마십시오. 입으로 하는 모든 말이 은혜와 친절한 마음에서 나오도록 해서 그 말을 듣는 사람들이 힘과 격려를 얻게 하십시오 … 상처를 주는 말이나 험담, 남을 비하하는 말을 평생 일체 하지 않도록 하십시오." 엡 4:29,32, 저자가 풀어씀.

교만한 사람들은 비판적이고 남을 쉽게 판단한다. 다른 사람들의 장점을 잘 보지 못하고 비판적인 말로 긍정적인 부분까지 쉽사리 부정해 버린다. 남들을 판단함으로써 실상은 "내가 더 잘할 수 있다. 그냥 포기하고 나한테 넘기지 그러냐?"라고 말하는 셈이다.

같은 형제자매된 그리스도인들을 비난하고 판단하는 것은 성령을 비난하고 슬프게 해드리는 것이나 마찬가지다. 비방, 험담, 부정적 언사는 사람들 사이를 분열시키고 관계를 무너뜨린다. 남들이 자신에 대해 이야기해주기를 바라는 대로 다른 사람들에 대해 이야기하라.

남들의 잘못을 성급하게 퍼뜨리지는 않는가? 다른 사람의 불행한 소식을 듣고 내심 좋아하지는 않는가? 파괴적인 말이 어떤 영향을 미칠 수 있는지 생각해보라. 타인을 비방할 목적으로 없는 사실을 꾸며내서는 안 된다. 누군가의 약점을 사실대로 말하는 것만으로도 그 사람의 평판에 심각한 흠을 낼 수 있다.

- **성급함**

    "사랑은 아주 잘 참습니다. 항상 친절하며 시기하거나 자랑하지 않습니다. 사랑은 허풍을 떨지 않고 교만하지 않습니다. 무례하지 않으며 화를 잘 내지 않습니다. 과한 요구를 하지 않으며 잘못한 일이 있더라도 계속 기억하고 들추어내지 않습니다. 그리고 당한 대로 다른 사람들에게 갚아주지도 않습니다" 고전 13:4-5, 저자가 풀어씀.

성급하고 조급해 하면 내 생각, 계획, 일정이 다른 사람들의 것보다 더 중요하다고 주장하는 것이나 마찬가지다. 계획대로 되지 않을 때 사랑이 결여되고 절제력이 부족한 자신에게서 원인을 찾지 않고 상대방을 비판하거나 과도하게 욕하는 것으로 자신을 정당화한다. 다른 사람들을 기다려 주어야 함에도 불구하고 조급하고 참지 못한다면, 설령 상대방에게 잘못이 있다 해도 그 태도는 정당화될 수 없다. 나는 내가 옳다고 생각할 때 가장 조급해 하고 참을성이 없다는 사실을 알게 되었다. 내 생각을 실행에 옮겨야 한다는 마음이 앞서다보면 때로 상대방의 제안을 경청하고 귀기울여 듣는 미덕을 간과한다.

- 시기심과 탐욕

"늘 조심하십시오. 탐욕을 경계하십시오. 한 개인의 생명은 얼마나 많은 재물을 소유하느냐에 달려 있지 않습니다"눅 12:15, 저자가 풀어씀.

시기와 탐욕은 지금보다 더 많은 것을 가질 권리가 있다는 착각에서 비롯된다. 예수님은 물질을 신뢰하면 안 된다고 분명하게 말씀하셨다. 예수님이 당대 사람들에게 탐욕과 욕심에 무너지지 말라고 경고하셨다면, 물질주의가 판치는 세상에 사는 우리는 얼마다 더 스스로를 경계하고 조심해야 하겠는가? 탐욕은 아무리 가져도 만족할 줄 모르는 마음의 갈망이다. 더 많은 돈을 벌려 하고 더 많은 재물을 가지려고 한다. 현재 가진 것에 자족하고자 힘쓰기보다 갖지 못한 것들을 더 가지려고 끊임없이 애쓴다.

탐욕은 세상을 바라보는 태도이며 우리가 실제로 가지고 있는 것에 대해 전혀 감사할 줄 모르는 태도이다. 뭄바이에는 길에서 구걸하며 살아가는 거지들이 많이 있다. 그들은 부유한 일부 그리스도인들에 비해 가진 것은 턱없이 부족하지만 오히려 더 관용적이고 너그럽다. 관용의 결핍은 우리 영혼을 오염시키고 영적 진리에 대한 갈망과 굶주림을 박탈해간다. 한 개인의 영적인 감수성을 무감각하게 만든다.

- 용서하지 않는 마음

  "원수에게도 축복해 주십시오. 결코 악담을 퍼붓거나 하지 마십시오. 친구들이 행복해 할 때 함께 기뻐해 주십시오. 그들이 슬퍼할 때 함께 울어 주십시오." 롬 12:14-15, 메시지 신약.

누군가에게 핍박을 받거나 배척을 당했을 때, 용서하고자 의식적으로 노력하지 않으면 마음이 완고해질 위험이 있다. 그런 상태에서는 내가 당한 억울함과 부당함만 보이기 때문에 원한과 적대감을 합리화하기 십상이다. 처음에는 우리에게 상처를 준 당사자에게만 집중한다. 하지만 이런 마음을 계속 방치하면 선택적으로 그 감정이 적용되지 않는다는 것을 발견한다. 곧 온 마음과 생각이 원한의 감정에 휩싸이고 무슨 일을 해도 그 생각에 매달린다. 유일한 해결책은 용서하는 것이다.

용서는 매우 강렬한 힘이 있다. 하나님이 우리를 용서하시고 우리도 다른 사람들을 용서하면 하나님과 서로에 대한 진정한 사랑을 누리게 된다. 우리에게 위해를 가한 사람들을 용서함으로써 우리는 놀라운 마음의 자유를 경험한다.

- 완고한 태도

  "그들이 순종하지 아니하며 귀를 기울이지도 아니하고 자신들의 악한 마음의 꾀와 완악한 대로 행하여 그 등을 내게로 돌리고 그 얼굴을 향하지 아니하였으며"렘 7:24.

그 누구도 교정이 전혀 필요하지 않은 사람은 없다. 당신은 잘못을 지적당할 때 귀를 기울이고 받아들이는 편인가? 아니면 그 사람이 어렵게 지적한 잘못을 무시해 버리는가? 책망을 잘 받아들이는가? 아니면 감히 나를 훈계하려 한다고 화를 내는가? 변명하고 핑계를 대거나 설명하려 하는가? 자신을 방어하며 오히려 상대방을 비난하지는 않는가?

성숙한 사람일수록 다른 사람들의 조언과 충고를 열린 마음으로 받아들인다. 친구나 우리와 마음이 맞는 사람들의 지적은 물론이고 나와 의견이 다른 사람들이나 심지어 경쟁 상대들의 조언도 열린 태도로 대한다. 교만에서 벗어나면 우리는 지혜롭고 경건한 많은 사람들의 통찰력으로 혜택을 얻으며 때로 비그리스도인에게서도 유익한 통찰을 받을 수 있다.

그러나 남의 말을 잘 받아들이고 배운다고 해서 단순히 훈계를 잘 받아들이는 태도만 해당되는 것은 아니다. 조언을 구하고 다른 사람들의 충고를 기꺼이 수용하며 평생 배우고자 하는 태도로 살아간다는 뜻이다. 질문하기를 주저하지 않고 상대방의 말을 잘 경청하며 끊임없이 배우려고 노력한다. 나와 다른 정치적, 종교적 견해를 가진 사람들에게도 열린 마음을 가지고 대한다. 성경은 야고보서 3장 15-17절에서 이런 종류의 사람을 소개하고 있다. 이 성경의 다른 번역본은 지혜로운 사람에 대해 "타당한 조언을 받아들인다"라고 표현하고 있고RSV, 또 다른 번역본은 "기꺼이 수용한다"라고 말한다NKJV.

- 사람을 기쁘게 하는 태도
  "사울이 사무엘에게 이르되 내가 범죄하였나이다 내가 여호와의 명령과 당신의 말씀을 어긴 것은 내가 백성을 두려워하여 그들의 말을 청종하였음이니이다"삼상 15:24.

우리는 남의 의견에 쉽게 노예가 될 수 있고 하나님보다 사람을 기쁘게 하는 데 열중하기 쉽다. 예수님은 본격적으로 자신을 따르기 전 부친을 장사지내고자 하는 사람에게 이렇게 말씀하셨다. "죽은 자들로 자기의 죽은 자들을 장사하게 하고"눅 9:60. 이 사람의 마음속에 있는 우상을 간파하시고 가족보다 주님을 더 우선시하라고 도전하신 것이다. 산상수훈에서 예수님은 또 이렇게 말씀하셨다. "인자로 말미암아 사람들이 너희를 미워하며 멀리하고 욕하고 너희 이름을 악하다 하여 버릴 때에는 너희에게 복이 있도다 그날에 기뻐하고 뛰놀라 하늘에서 너희 상이 큼이라 그들의 조상들이 선지자들에게 이와 같이 하였느니라"눅 6:22-23.

사람들이 등을 돌리고 배척한다 하더라도 하나님을 따라가야 할 때가 있다. 주위 사람들이 악할수록 그들의 분노를 자초할 결정을 내려야 할 가능성도 많아진다. 물론 박해를 당하는 상황에 처할 때, 그 박해가 자신의 어리석음이나 교만 때문이 아니라 예수님을 따르고 순종하기 때문인지 분명한 확인이 필요하다.

사람들을 기쁘게 하고 그들의 기대에 부응하고자 하면 쉽게 거짓된 영성에 빠질 수 있다. 마음에서 우러나오는 진실함이 아니라 다른 사람들에게 좋은 인상을 주고자 하는 은밀한 동기에서 기도하고 성경을 읽으며 예배를 드리게 된다. 하나님을 의지하고 신뢰하는 것보다 사람들에게 어떻게 보이는지에 더 관심을 갖게 된다. 내적으로 불안정할수록 남들의 의견과 생각에 더 과민해지고 취약해진다. 겸손은 이런 형태의 교만에서 우리를 벗어나게 해주고 하나님을 기쁘시게 하는 삶을 살도록 해준다.

• 아부

"아첨하는 입은 패망을 일으키느니라" 잠 26:28.

칭찬과 아부는 전혀 다르다. 진지하게 누군가를 칭찬할 때, 그 사람의 목적은 상대방을 격려하고 사기를 북돋워주는 데 있다. 그러나 아부하는 사람의 동기는 다르다. 아부는 종종 상대방의 충성심과 약점을 확인하기 위한 미끼처럼 이용될 수 있다. 상대방이 그 미끼를 물면 아부한 사람은 이용할 약점을 손에 쥔 셈이다. 아부는 누군가를 자신에게 유리하도록 이용하기 위해, 즉 상대방이 듣기 좋은 말을 해주고 호감을 사기 위해 하는 말이다. 아부성 말이 어떤 식으로 표현되는지 살펴보면

이 점을 분명히 알 수 있을 것이다. "당신은 내 남편과 비교할 수 없을 정도로 이해심이 넓군요." "당신을 믿습니다." "당신은 내가 만나본 다른 그리스도인들과는 다르네요." 표면적으로 보면 이런 말들은 칭찬인 것처럼 보이지만 실상 누군가를 폄하하면서 상대방을 치켜세우는 내용이 담겨 있고 열등하다고 생각되는 사람과 비교하고 싶은 유혹을 받게 하며 미묘하게 교만을 부추기는 의도가 내포되어 있다. 이런 말들의 그 동기는 불순하다.

그렇다면 어떻게 아부를 처리할 수 있는가? 아부하는 습관이 있다면 당장 그만두어야 한다. 그것은 일종의 이기심과 거짓의 한 형태이다. 하나님께 나의 이런 죄악의 이면에 있는 교만의 뿌리를 보여주시도록 기도하라.

- 자기 연민

"항상 기뻐하라 쉬지 말고 기도하라 범사에 감사하라 이것이 그리스도 예수님 안에서 너희를 향하신 하나님의 뜻이니라" 살전 5:16-18.

자기 연민은 우리의 문제들을 주님께 내어맡기지 못한 직접적인 결과이다. 자신의 상처와 좌절감과 낙심에 매달려 하나님과 다른 사람들을 탓하고 원망한다. 우리 중에는 남들의 관심을 사기 위해 혹은 자기 마음대로 하고 싶어서 연민을 이용하는 사람들도 있다.

어느 날 나는 자기 연민에 빠져 허우적거리고 있었다. 내 형편이 나아질 기미가 전혀 보이지 않는다는 생각이 들면서 나 자신이 불쌍하고 측은했다. '아무도 날 이해해주는 사람이 없구나. 나는 늘 다른 사람들의 필요를 돌보고 관심을 가져주어야 하는 데 내 필요를 알고 관심을 가져줄 사람은 한 사람도 없다니. 더 이상 이렇게 일방적인 책임을 감당하고 싶지 않다.' 그런 마음을 안고 나는 카페리를 타고 당시 우리가 살고 있던 암스테르담의 항구를 벗어나 멀리 있는 방조제에 홀로 앉았다. 그리고 하나님께 내 마음을 쏟아놓았다. "이 일을 계속 해나갈 자신이 없습니다. 압박감을 견딜 수 없습니다." 정말 자기 연민의 파티를 진하게 열었던 시간이었다.

자비로우신 주님은 내 하소연에 응답해 주셨다. 하지만 내가 기대했던 것과는 다른 응답이었다. 주님은 나의 내면을 더 확장시켜 주기를 원하신다고 말씀해 주셨다. 내가 더 큰일을 감당할 수 있는 사람이 되기를 원하셨다. 내가 스스로 억압하며 막고 있는 족쇄를 풀어주시도록 맡겨드리면 사역을 감당할 역량을 넓혀주시고 함께 사역하고 있는 사람들도 더 깊이 사랑할 수 있도록 해 주겠다고 하셨다. 그날 내 안에서는 무엇인가 깨지는 소리가 들렸다. 바로 나의 교만이었다. 내 힘으로 모든 일을 감당하려고 하면서 주님께 도우심을 구하려고 하지 않았던 교만의 족쇄가 풀렸다. 내가 얼마나 대단한 사람인지 남들이 알아주기를 원했고 나에 대해 안타까운 눈으로 봐주기를 원했다. 내가 지고 있던 짐과 책임감들이 나 혼자만 지고 가야 할 일이 아니라는 것을 깨닫지 못했고 결국 자기 연민에 빠져버리고 말았던 것이다.

상처를 입고 이용당하며 선의가 악용되고 오해를 받으며 탄압받거나 핍박을 당할 때 우리는 쉽게 자기 연민에 빠진다. 학대나 혹사를 받으면 오히려 저항하기 쉬운 측면이 있다. 하지만 사람들로 인해 낙심할 때 자기 연민의 사고가 내 속에 자리잡도록 방치할 위험성은 매우 크다. 자기 연민은 교만의 연료를 공급하고 거기에 기생하는 이기적인 관심을 합리화시킨다. 자기 연민은 결코 만족하는 법을 모른다. 이기적이기 때문에 점점 더 많은 것을 요구한다. 자기 연민을 다룰 유일하고 실제적인 방법은 회개하고 하나님의 용서하심을 구하는 것이다.

우리의 모습 속에 보이는 교만의 죄와 그 열매에 대해 간단한 회개의 기도를 드려보자. 나는 종종 다음과 유사한 내용으로 기도를 드린다.

> 사랑하는 주님!
> 저의 교만을 용서해 주십시오. 제 눈으로는 저의 교만을 깨달을 수 없사오니 교만의 결과를 제가 볼 수 있도록 해주소서. 겸손하도록 해주셔서 저의 죄악을 주님과 다른 사람들에게 인정할 수 있도록 도와주소서. 주님, 저의 죄악을 너무나 가볍게 생각해 왔습니다. 저의 죄를 깨닫게 해주시고 저의 마음 은밀한 곳까지 볼 수 있게 해주소서. 주님이 그러하시듯이 저도 교만을 미워하도록 도와주소서. 교만이 당신을 얼마나 근심되게 하고 사람들에게 상처를 주는지 깨닫게 도와주소서. 교만의 쇠사슬에서 해방되기 위해서라면 주님이 원하시는 대로 무엇이든 다 하겠나이다.
> 예수님의 이름으로 기도합니다. 아멘.

복습과 적용

1_ 빌립보서 2장 2-7절을 읽고 이 말씀을 가지고 기도해보라. 이 구절로 '진리 발견하기' 성경 공부를 해보라.

2_ 어떤 면에서 교만이 하나님의 것을 훔치는 죄악인가?

3_ 교만이 가난한 이웃들의 필요에 냉담하고 무관심하도록 만드는 까닭이 무엇인지 설명해보라.

4_ 교만의 해결책은 무엇인가?

5_ 교만의 '열매' 중 가장 벗어나기 어려운 것은 무엇인가?

6_ 이 장의 서두에 소개한 교만의 정의를 다시 읽고 교만의 반대 개념인 겸손에 대해 설명해보라.

chapter 6

신실함 :
FAT 크리스천

최근에 느다바라고 하는 목사님이 케이프타운에 있는 열방훈련센터인 아프리카 하우스Africa House 학생들에게 설교를 하러 오셨다. 그는 '살집이 좋은 그리스도인'fat Christians이 되는 비결에 대해 소개하고 싶다는 말로 설교를 시작했다. 그는 살집이 좋은(F-A-T)이란 단어를 한 철자씩 또박또박 발음을 한 후 칠판에 세로로 쓰고 각 글자 옆에 이렇게 적었다.

F : Faithful(신실함)
A : Available(사용하시도록 준비됨)
T : Teachable(늘 배우고자 하는 겸허함)

학생들은 그 목사님이 떠난 후에도 오랫동안 그의 설교 내용을 기억했다. 그들은 예수님을 위해 "살찌자"getting FAT고 서로 농담처럼 주고받았다. 가벼운 농담처럼 전달하기는 했지만 느다바 목사님은 신실하며 주님이 언제든지 사용하실 수 있고 늘 배울 자세가 된 섬기는 지도자가 되어야 한다는 열망으로 진지했다. 그는 남아프리카공화국의 흑인 거주 지역에서 섬기기 위해 유급 사역자 자리를 내려놓은 자신의 인생 여정을 소개해 주었다. 멋진 직책이나 안정적인 생활이 전혀 보장되지 않는 가난하고 소외된 지역으로 들어간 그는 훈련센터 리더들에게 가르친 그대로 지금도 그 교훈을 실천하며 살아가고 있다.

30여 년간 26개국의 아프리카 국가들을 방문한 이후 나는 아프리카야말로 섬기는 리더십이 절실히 필요한 곳이라는 결론을 내렸다. 물론 미국과 영국, 유럽과 호주도 이것이 필요하다. 신실하게 섬기는 리더십에 바탕을 두지 않은 리더십은 어떤 형태든 효과적이지 않을 것이다. '종'servant이란 단어는 식민지의 뼈아픈 기억이 있는 아프리카에서는 특별히 부정적인 의미로 다가온다. 하지만 이것은 아주 적절한 단어이다. 예수님이 쓰신 것처럼 이 단어를 사용하면 이렇다.

- 예수님은 섬김을 받기 위해서가 아니라 섬기려고 오셨다마 20:28.
- 두 주인을 겸하여 섬길 수 없다마 6:24.
- 오직 하나님을 섬기라눅 4:8.
- 섬기는 자가 큰 자다마 23:11.

- 하나님께 신실해야 하나님을 섬기는 것이다마 24:40.

- 예수님을 섬기려면 예수님과 친밀한 삶이 이어져야 한다요 15:4-5. 메시지 신약.

- 예수님은 그의 종들과 친구가 되기를 원하신다요 15:15.

- 가난한 이웃을 섬기는 것이 곧 예수님을 섬기는 것이다마 25:40.

누군가의 밑에서 일하는 종은 돈을 받고 일을 하므로 주인이 시키는 대로 하는 것 외에 어떤 선택권도 없다. 하지만 하나님 나라의 신실한 종은 자발적으로 섬긴다. 예수님에 대한 사랑에서 그 일을 한다. 예수님의 종들은 월급을 받는 유급 하인이 아니지만 예수님과의 우정으로 보상을 받는다. 하나님 나라에서 모든 섬김은 첫째는 예수님이 그 대상이고 다음으로는 이웃들이 그 대상이다. 가난한 이웃들을 섬기는 것은 곧 예수님을 섬기는 것이다. 예수님은 제자들에게 그의 이름으로 가난한 형제를 섬기고 궁핍하고 곤고한 사람들을 돌보면 곧 예수님 자신을 섬기는 것이라고 가르치셨다.

내가 살고 있는 이곳에는 '종들'은 별로 없고 대부분 '장군'들로 이루어진 군대가 있다. 흑인이든 백인이든 아프리카의 목회자들은 최고급 차를 끌고 멋진 직책을 자랑하면서 수직적 명령 하달 체계로서 리더십이 어떤 것인지 몸소 보여주고 있다. 그들이 위세를 떨고 다니는 동안 아프리카는 고통으로 절규한다. 아프리카인들은 에이즈와 말라리아와 전쟁이라는 참혹한 현실뿐 아니라 부패한 관리들과 폭압적인 정부

지도자들, 심지어 교회 목회자들로부터 해방되도록 도와줄 '종'servant들을 목놓아 부르며 고통 속에서 신음하고 있다.

사하라 이남 아프리카는 수차례 복음화되었지만 제자화된 적은 없다. 아프리카는 명예나 서방의 후원금, 지위나 세상적인 성공에 연연하지 않는 온전히 헌신된 예수님의 제자들을 간절히 부르고 있다. 화려한 경력과 직책이 줄줄이 적힌 명함을 내보이며 자신을 과시하는 사람들이 아니라 예수님 안에서만 인생의 의미와 인정을 구하는 종들의 군대가 절실히 필요하다.

아프리카의 수많은 사역자들은 눈에 드러나지 않는 일은 회피하고 화려해 보이는 일에 집중하는 경향이 있다. 하지만 그것은 하나님의 방식이 아니다. 다른 대륙보다 빈곤층이 많은 아프리카에서 미국에서 태동한 '번영 신학'이 이미 비대하고 오만한 소위 영적 지도자들을 더욱 부자로 만들어주고 있다. 하지만 거룩한 성품은 신실하며 언제든지 주가 원하실 때 섬기고 늘 배우고자 하는 겸손한 모습으로 드러난다. 규모가 큰 대단해 보이는 일 못지않게 사소하고 천한 일에도 이런 태도가 드러날 수 있다.

하나님을 가장 효과적으로 섬길 수 있는 최선의 방법은 현재 자신이 서 있는 위치에서 그 누구도 눈여겨보지 않은 일부터 시작하는 것이다. 하나님을 위해 큰일을 하도록 부르심을 받았다고 주장하는 사람들을 만나본 적이 있을 것이다. 그들은 '놀라운 일'이 시작되기를 기다리면서 아무것도 하지 않는다. 자신들이 '소명받은' 일보다 하찮은 일은 전혀 할 마음이 없다. 하지만 그런 모습은 하나님이 원하시는 태도가 아니다. 그는 작은 일에 충성하며 남들이 알아주지 않더라도 묵묵히 섬기는 사람을 크게 들어 쓰실 것이다.

충성스러운 한 종을 통해 대륙이 변화된 역사

세상을 변화시키는 자들은 눈에 띄지 않는 곳에서 종으로 섬길 때 만들어지고 훈련된다. 역사상 그런 지도자 중 한 사람을 꼽는다면 아일랜드의 패트릭을 들 수 있다(스티브 애디슨의 「세상을 변화시킨 부흥운동들」Movements that Change the World에 실린 패트릭의 이야기 참고).

• 노예로 끌려가서 하나님을 만남

아일랜드 해적들이 로마령인 영국에 있는 그의 고향을 습격했을 때 패트릭은 열여섯 살이었다. 그때까지 그는 특권층으로서 남부럽지 않게 살았다. 그의 조부는 사제였고 아버지는 행정관이자 교회 지도자였다. 해적들은 그를 붙잡아 바다 건너 이교도들의 나라인 아일랜드로 가서 노예로 팔았다. 그때가 주후 405년이었다.

패트릭은 6년 동안 목동으로 노예 생활을 하며 고달프고 외로운 삶을 살았다. 굶주림, 외로움, 추위에 시달리며 패트릭은 너무나 비참하게 살았지만 그런 현실을 통해 겸손을 배웠다. 하나님은 고난 중에서 아주 강력히 역사하심으로 그를 근본적으로 변화시키셨고 충성스럽게 오직 하나님만 의지하도록 가르치셨다.

해적들에게 노예로 끌려오기 전 패트릭은 하나님을 믿지 않았다. 나중에 그는 하나님이 아버지처럼 그를 보호하시고 사랑하셨음을 깨달았을 때 어떻게 하나님께로 돌아오게 되었는지 감격적으로 술회했다.

겉으로 패트릭의 생활에서 바뀐 것은 아무것도 없었다. 여전히 황량한 이방 땅에서 노예로 살고 있었다. 하지만 그는 인생을 다른 시각으로 바라보는 법을 배웠다. 자신을 노예로 삼은 그 땅이 하나님 안에서 자유의 땅이 되었다.

패트릭 안에서 하나님의 사랑이 자라기 시작했다. 밤에는 숲이나 산기슭에 머물며 기도를 드렸고 얼음처럼 차가운 아일랜드의 겨울에는 동트기 전에 일어나 간절히 하나님을 찾았다. 성령께서 그의 가슴 속에서 뜨겁게 역사하고 계셨기 때문에 그에게는 기도하는 일이 너무나 큰 기쁨이었다.

- 탈출, 아일랜드로 다시 돌아감

하나님은 고향으로 데려다줄 배가 한 척 기다리고 있다고, 꿈으로 패트릭에게 현시해 주셨다. 패트릭은 탈출을 감행하여 집으로 향하는 기나긴 여행을 시작했다.

하나님이 꿈에서 알려주신 배를 만나 드디어 고향으로 돌아간 그는 이전에 영국에서 누렸던 생활을 다시 회복했다. 하지만 이야기를 주도하고 계신 하나님은 패트릭에 대해 다른 계획이 있으셨다.

어느 날 패트릭은 한밤중에 깨어 아일랜드에서 알고 지내던 사람들이 소리치며 부르는 음성을 들었다. "제발, 다시 우리에게로 돌아와 주시오." 그들의 외침은 그의 가슴 속에 깊이 박혔다. 하나님이 돌아오라고 다시 부르고 계신 것이었다.

교회 지도자들은 패트릭의 결정에 크게 반발했지만 그는 하나님께서 아일랜드 사람들에게 복음을 전하도록 부르셨음을 확신했다. 그는 다시 아일랜드로 돌아갔다. 그때는 그리스도께서 모든 민족에게 가서 복음을 전하라고 제자들에게 명령하신지 400년이 지난 후였고, 복음은 여전히 로마 제국이라는 경계에서 거의 벗어나지 못하고 있었다. 그러나 하나님은 패트릭의 가슴 속에 사도의 믿음을 불어넣으셔서 성령의 인도하심을 따라 세상 끝까지 복음을 전해야 한다는 사명감에 불타오르게 하셨다. 목동으로서 노예생활을 했던 그는 그리스도의 노예가 되어 아일랜드의 선교사로 떠났다.

패트릭은 숱한 고난과 고통을 통해 선교 사역을 감당할 수 있는 훌륭한 준비가 되어 있었다. 그의 마음은 문명 세계를 넘어 '야만인들'에게 복음을 전하고자 하는 뜨거운 열정으로 불타올랐다. 교회의 사제와 지도자로서 정식 훈련을 받지는 않았지만 오히려 그런 공식적인 훈련을 받지 않은 덕택에 그는 새롭고 효과적인 방법들을 열린 마음으로 받아들이고 개발하는 데 적극적일 수 있었다.

• 유럽의 변화

아일랜드인들은 수많은 신들과 여신들과 하늘과 땅과 물의 정령들을 숭배했고 조상들의 마법과 동물 제사를 의지했다. 패트릭은 이 아일랜드인들에게 복음을 전하고 다가갈 필요성과 기회를 보았다. 로마 교회뿐 아니라 드루이드 족과 폭력적인 토착 추장들의 맹렬한 반발에도 불구하고, 그는 복음을 전하기 위해 멀고 위험한 곳까지 여행을 마다하지 않았고 개종자들에게 세례를 베풀고 새로운 교회들을 이끌도록 지도자들을 훈련했다. 수천 명의 사람들이 이방 우상들을 버리고 살아계신 하나님께로 돌아왔다. 회심자들 중 많은 이들은 선교 사역에 동참하라는 패트릭의 도전을 용감하게 받아들였다.

패트릭은 로마 교회의 일원이었음에도 불구하고 아일랜드인들의 희망과 고민에 깊이 공감하며 부합되는 방법으로 복음을 전했고 자신도 그렇게 살았다. 또한 로마인들과 같이 되지 않더라도 그리스도의 제자가 될 수 있다고 아일랜드인들에게 가르쳤다.

복음으로 아일랜드 부족 국가 전역에서 꾸준한 변화가 일어났다. 패트릭은 부족 문화의 긍정적인 부분들은 복음에 이로운 방향으로 수용했고 복음과 일치하지 않는 부분들은 과감하게 반대했다. 노예 무역이 종식되었고 복음의 영향력으로 살인과 부족간의 전쟁이 현저히 감소했다. 패트릭은 서로를 죽이고 겨루기 위해서가 아니라 예수님을 위해 용감한 전사가 되는 게 가능함을 아일랜드인들에게 몸소 보여주었다.

- 순례자

패트릭이 주도한 제자 삼기 운동은 조직적이고 체계적이거나 상부에서 일사불란하게 통제하는 방식이 아니었다. 아일랜드의 젊은이들이 끊임없이 파도처럼 복음을 전하는 일에 밀려들었고 하나님께 자발적으로 헌신하는 사람들이 홍수처럼 몰려들었다. 예수님을 따르는 자들의 작은 공동체들이 그리스도의 부르심에 부응해 힘을 모아 가난한 이들을 섬기는 일에 영적으로 헌신했다. 그들은 또한 '파송하는 공동체'들이기도 했다. 그 이후로 수세기 동안 아일랜드는 복음의 전진 기지가 되어 영국 전역에 예수님의 복음을 전파하는 데 앞장섰다. 수많은 서구인들과 북유럽인들은 예수님의 제자가 되어 "그리스도를 위해 순례 길을 떠나라"는 부르심을 따랐다.

- 오늘날의 패트릭을 부르시는 하나님

오늘날 하나님은 빈곤으로 고통당하는 사람들을 섬기기 위해 자기 인생을 기꺼이 포기하고 예수님의 제자들을 길러내는 데 헌신할 젊은 혁명가들의 운동을 준비하고 계신다. 나는 이런 젊은이들을 도처에서 만난다. 유럽, 미국, 영국, 남아프리카공화국 등 여러 곳에 이런 젊은이들이 준비되어 있다. 빈민가에서도 그들을 만나고 길거리나 대학가와 농촌에서도 그들과 마주친다.

패트릭의 제자들은 아일랜드 문화를 사랑했지만 그들의 가슴과 머릿속에서는 성경의 가르침이 가장 중요했다. 오늘날에도 자신들의 문화를 인정하지만 예수님을 더욱더 사랑하는 예수님의 제자들이 있다. 그들은 냉정한 학문적 관심이 아니라 열정으로 하나님의 말씀을 공부하며 믿음의 헌신된 공동체들의 최전선에서 그들의 문화를 변화시키고자 노력한다.

패트릭의 제자들은 위대한 신학자들이 아니었다. 그들은 영적 헌신과 열정으로 무장한 제자들이었다. 한때 부족들과 일족들간의 피비린내나는 반목으로 인생을 허비했던 그들은, 그리스도께서 인도하시는 대로 복음을 전하고 뿌리내리는 일에 인생을 바쳤다. 오늘날 동일한 역사를 목격하고 싶다면 헌신된 젊은이들의 대규모 집회Urbana, Onething, Passion에 참석해보거나 여러 청년 운동의 훈련센터24-7 Prayer, YWAM, Young Life들을 방문해 보면 된다.

패트릭이 훈련해서 파송한 아일랜드 젊은이들과 그의 제자들은 또 다시 새로운 제자들을 모집해서 새로운 공동체들을 설립하도록 다른 곳으로 파송했다. 추수할 밭에는 더 많은 영적 추수꾼들이 준비되어 있었다. 켈틱 선교 단체들은 매우 유연하고 적응력이 뛰어났으며 전파되는 속도가 빨랐다. 이것은 로마 제국의 교회는 전혀 갖지 못한 특성이었다.

• 신실한 사람, 패트릭

패트릭의 개인적인 업적들은 놀라운 것이었다. 하지만 그가 남긴 더 위대한 유산은 놀라운 집중력과 신실함으로 영감을 불어넣었던 선교 운동이었다. 켈틱 운동의 본산인 수도원들은 혼란스럽던 5세기에 세계에서 영적 헌신, 교육, 산업, 제자도의 역동적인 훈련센터가 되었다. 신실한 예수님의 종 패트릭처럼 동일한 열정을 가진 사람들이 많이 있다. 아내와 나, 그리고 나와 뜻이 맞는 친구들은 케이프타운에서 아프리카 하우스를 시작했다. 그곳에서 우리는 이끄시는 대로 어디든지 예수님을 따라가기로 헌신할 모든 사람들에게 직업 훈련을 시키고 열정적인 마음을 나눈다. 우리가 주도하는 올네이션스All Nations 운동을 통해 전 세계에서 동일한 일이 진행되고 있다. 매트와 엘리자벳과 첸은 대만에서 그 일을 주도하고 있고, 마이크와 도미니와 엘리는 루마니아에서, 메리 호, 팜 알룬드와 랜디 캐트릿은 캔자스 시티에서 그 일을 위해 힘쓰고 있다.

패트릭의 수도원들이 아일랜드, 영국, 유럽 대륙 전역에 생겼듯이 새로운 선교사들이 성령께서 인도하신다고 느끼는 대로 '그리스도를 위해 순례 여행을 가고자' 파송을 받았다. 그들에게 필요한 것은 예수님에 대한 신실한 마음이 전부였다. 오늘날 예수님의 제자들 중에서도 동일한 일이 일어나고 있다. 매년 수천 개가 넘는 팀들이 아프리카, 아시아, 유럽으로 예수님을 전하고자 파송받아 나가고 있다.

• 그 운동의 지속

패트릭은 461년에 숨을 거두었다. 로마 제국의 서쪽 지역이 무너지고 암흑이 유럽 대부분의 지역으로 번지고 있었을 때 복음의 빛은 먼 아일랜드에서 환하게 빛나고 있었다. 그 후 500년 동안 아일랜드의 젊은이들과 그들의 제자들은 유럽으로까지 진출해 사람들을 회심시키고 제자들을 만들어냈고 수많은 선교 전진 기지들을 개척했다.

오늘날 우리 세계에 유사한 운동이 일어나고 있다. 헌신된 예수님의 제자들을 통해 아프리카 대륙 전역에서 문명이 새롭게 거듭나고 있다. 유럽의 운동은 유럽적 냉소주의를 무너뜨리는 데 집중하고 있다. 한국, 중국, 인도에서는 대규모의 무리가 그리스도께로 돌아오고 있다. 이는 2000년 기독교 역사상 가장 규모가 크고 빠른 성장이다.

이것은 성령의 자발적 운동이다. 이 운동에는 한 명의 '패트릭'이 아닌 수천 명의 패트릭이 있다. 남부 에디오피아 산간 지대에서 한국 대학에 이르기까지, 북인도 촌락들에서 남아프리카공화국 학생 교회들, 미국의 신생 교회들에서 남미의 뜨거운 구령 운동에 이르기까지 수많은 현대의 패트릭이 섬기고 있다. 하나님은 전 지구적 차원에서 수천 명의 제자들을 일으키셔서 세상을 변화시키는 하나님의 선교 대열에 뛰어들게 하고 있다.

• 패트릭의 길을 걷고 있는가?

이 운동에서 당신은 무슨 역할을 하고 있는가? 하나님의 신실한 종으로서 훈련되고 준비되고 있는가? 각자의 경계를 넘어 소외당하고 고통에 시달리는 지역에 하나님 나라의 복음을 전할 마음이 있는가? 에이즈로 고통당하는 아프리카의 영아들을 섬기고 있는가? 아시아의 성매매에 반대 목소리를 내고 있는가?

성경을 보면 곳곳에서 하나님은 사람들에게 그가 이루고자 원하는 놀라운 일들을 약속으로 주신다. 하지만 그 약속들이 즉각적으로 성취되는 경우는 거의 없다. 어려움에 처한 공동체 속에 변화가 일어나도록 하는 과정은 섬김과 신실함이 요구되는 힘겨운 길이다. 신실함에 대한 보상은 우리가 섬기는 사람들에게서 먼저 받는 것이 아니라 섬기도록 우리를 부르신 분에게서 받는다.

섬기라, 바로 지금

가난한 이웃을 위해 일하도록 부르심을 받고 있다는 생각이 들거든 그 필요가 있는 곳에서부터 시작하라. 내가 살고 있는 주변에서 가난하고 소외된 사람들이 도움의 손을 내밀어주고 삶을 함께 해줄 사람들을 애타게 부르고 있다. 아프리카의 사람들처럼 말이다! 우리 공동체는 가난한 사람들을 섬기겠다는 꿈을 품은 젊은이들이 주축이 되어 시작한 두 가지 프로그램을 지원하고 있다. 베다니 오코너라는 젊은 여성은 버림받은 아이들을 도와야겠다는 마음의 부담에 이끌려 지금 '베이비 세이프'Baby Safe라 부르는 프로그램을 만들어 자신의 꿈을 실천하며 살아가고 있다. 미시, 사라, 제레미야는 '취약 어린이 프로젝트' 프로그램을 시작했고 소년소녀 가장 300 가구를 돌봐온 마마 웬디를 병행해 돕고 있다. 소년소녀 가장이 이끄는 가구는 양부모가 에이즈로 사망하고 아무도 돌봐줄 친척이 없이 방치된 가정을 말한다. 그녀는 스스로 아무 대가도 바라지 않고 이 일을 감당해왔다.

필요한 것은 용기를 내어 자신들의 안전지대에서 나와 도움이 필요한 곳에 손을 내밀 평범한 예수님의 제자들이 전부였다. 어디서 시작할지 모르겠다면 내게 편지를 써보내라(이 책 뒷장에 자세한 내용이 소개되어 있다).

기꺼이 도와줄 수 있다. 기술과 재능이 중요하지만 가장 중요한 것은 신실한 마음과 기꺼이 헌신하겠다는 자세와 언제나 배우고자 하는 태도이다.

하나님은 미래를 위해 우리를 훈련시키기를 원하신다. 바로 지금 말이다. 겸손함과 신실함이라는 인격적 장점을 개발시켜 주기를 원하신다. 하나님의 부르심에 불성실한 사람들은 도중에 포기하지만 하나님의 약속을 끝까지 붙들고 하나님이 마음속에 불러일으킨 열정의 불꽃을 꺼뜨리지 않고 지킨 사람들은 세상을 변화시킬 것이다. 도움의 손길을 기다리는 세상에서 가장 필요한 것은 신실한 종이신 예수님을 따를 사람들이다. 예수님의 종들은 신실해야 한다. 이기적이고 불리하면 도망가버리는 종은 섬김을 받는 사람들 속에 깊은 좌절감과 환멸을 불러일으킬 수 있다. 신실한 사람들은 결국 승리할 것이다.

세 가지 부류의 신실함

하나님은 힘이 될 약속을 주신 다음 우리에게 필요한 준비과정을 소개하신다. 누가복음 16장 10-12절을 보면 예수님이 이 과정에 대해 설명하시는 내용이 있다. 그는 그리스도의 신실한 제자라면 반드시 필요한 인성 훈련의 세 영역을 알려주신다. 다음 신실성의 세 영역에 대해 생각해보고 기도하는 시간을 가지라. 하나님을 신실하게 사랑하는 법을 배우게 해달라고 기도하라.

- 작은 일에 신실함

예수님은 이렇게 말씀하셨다.

> "지극히 작은 것에 충성된 자는 큰 것에도 충성되고 지극히 작은 것에 불의한 자는 큰 것에도 불의하니라" 눅 16:10.

마태복음 25장에서 예수님은 신실함과 관련된 비유를 들려주신다. 한 주인이 긴 여행을 앞두고 집을 떠나기 전, 종들을 불러 각기 관리할 돈을 맡긴다. 우리의 재능과 능력이 모두 다른 것처럼 그들이 맡은 돈의 액수도 각기 달랐다.

여행에서 돌아오자마자 주인은 자신이 맡겼던 돈으로 종들이 무엇을 했는지 물었다. 첫 두 종은 현명하게 돈을 투자해서 처음 맡았던 액수보다 배를 남겼다. 하지만 세 번째 종은 그 돈을 땅에 파묻어 두었다가 주인이 맡겼던 액수 그대로 주인에게 돌려주었다.

예수님은 이 비유를 통해 흥미로운 한 가지 결론을 내리셨다. "무릇 있는 자는 받아 풍족하게 되고 없는 자는 그 있는 것까지 빼앗기리라" 마 25:29. 이 구절이 돈에 대한 지혜로운 청지기 역할에 대한 내용이기는 하지만 그 원리는 모든 삶의 영역에 적용될 수 있다.

현재 가진 것을 잘 관리하도록 스스로를 훈련한다면, 하나님이 더 많은 것을 맡기셔도 될 인격적 기초가 함양될 것이다. 하나님이 주신 것을 잘 관리하지 못하는 부분이 있다면 어디인가? 적극적으로 신실함을 훈련하며 성실하게 맡은 일을 감당할 마음이 있는가? 집안 청소, 시간 약속 지키기, 정직한 세금 신고, 십일조, 하나님이 인도하시는 대로 바치는 일과 같이 매일 맡겨진 일을 감당할 때 작은 일에 충성하며 성실하게 하루하루를 감당해야 한다. 작은 일에 성실한 훈련이 되어 있지 않은 사람은 더 많은 영적 책무를 감당할 준비가 전혀 되어 있지 않은 사람이다. 작은 일에 충성스러운 것은 예수님을 사랑하는 마음으로 그가 중요하게 생각하시는 일을 성실하게 감당할 때 가능한 태도이다. 사소하고 하찮아 보이는 일을 맡길 수 없는 사람에게 어떻게 더 큰일을 맡길 수 있겠는가.

- 물질적인 것에 신실함

 "너희가 만일 불의한 재물에도 충성하지 아니하면 누가 참된 것으로 너희에게 맡기겠느냐" 눅 16:11.

사람들을 섬기는 일에 하나님의 도구로 사용되고자 한다면 물질을 신실하게 관리할 수 있어야 한다. 돈이나 책, 차나 자전거, 옷, 그 외 물질적인 것에 신실하고 성실함으로써 우리는 하나님과 사람들에게 의지하고 믿어도 될 사람임을 증명하게 된다. 신실함으로써 하나님을 진심으로 사랑한다는 것을 보여드리게 된다.

　누가복음 16장에서 물질을 의미하는 '맘몬'mammon이라는 단어는 '부'富로 번역되며 특별히 '부riches로 살 수 있는 물질material things'로 번역된다. 우리는 현재 가진 재물을 신실하게 관리하고 있는가? '세상의 것'이 하나님을 사랑하는 데 별 중요한 부분이 아니라고 믿는 사람들이 있지만 '물질'의 올바른 관리는 영적 책임을 맡기 위한 준비 과정이다. 신실한 사람이라면 물질적인 소유를 이기적으로 쓰지 않고 지혜롭게 사용한다.

　새로운 지도자들을 발굴하고 훈련하는 지도자들은 신임 지도자의 자격 조건으로 얼마나 신실한지를 본다. 물질에 선한 청지기가 될 수 없는 사람에게 어떻게 사람들의 영혼을 돌보는 일을 맡길 수 있겠는가? 돈을 벌고 재산을 늘리는 데 급급한 사람들이 이웃을 위해 목숨을 버리라는 하나님의 음성을 어떻게 들을 수 있겠는가?

　우리 자신을 세심하게 관찰하고 점검해야 한다. 제때에 각종 공과금들을 내고 있으며 빚을 지지 않도록 생활을 잘 관리하는가? 세금을 정직하게 내고 있는가? 사람들이 내게 맡긴 일들을 성실하게 처리해 주는가? 이런 삶의 환경들은 우리가 그의 나라에서 더 큰일을 맡을 준비가 되어 있는지 확인하기 위한 하나님의 테스트 장이다.

・남의 것에 신실함

　"너희가 만일 남의 것에 충성하지 아니하면 누가 너희의 것을 너희에게 주겠느냐"눅 16:12.

하나님의 뜻을 생각할 때는 '거룩하고자' 노력하기 쉽다. 하지만 이 절은 매우 실제적인 문제에 대한 우리의 태도를 거론하고 있다. 다른 사람들의 소유를 신실한 태도로 다루는가? 남의 것을 빌려와서 돌려주지 않은 적은 없는가? 내 것이 아닌 남의 것이라면 더 부주의하게 다루지 않는가? 직원들에게 최선을 다하는가? 사장이 보지 않으면 일찍 퇴근하거나 맡은 일을 태만히 하지는 않는가? 이런 일에 성실하지 않으면서 어떻게 하나님이 더 크고 책임이 따르는 일을 맡겨주실 것이라고 어떻게 기대할 수 있겠는가?

이 진리를 영적 지도자에게 복종하고 섬기는 일에 적용해보자. 이 구절을 교회 봉사, 교회 개척, 가난한 이웃에 대한 섬김과 관련지어 다시 한 번 읽어보라. "다른 지도자가 맡고 있는 교회나 사역에 조력자로서 온전히 충성하지 않으면 누가 너희의 것을 주겠느냐?" 오늘날 세계에서 가장 효과적인 목회자와 영적 지도자들이 처음부터 높은 지위에서 시작한 것은 아니었다. 다른 지도자를 섬기는 일에서 출발했다. 한 가지 일을 맡으면 끝까지 책임지고 해낼 수 있다는 믿음을 심어주고 직접 보여주었기 때문에 사람들은 그들을 인정하고 더 큰일을 맡겼다. 성경적 모델은 이러하다. 즉, 다른 사람을 섬길 수 있음을 직접 입증하고 다른 교회나 다른 사람의 사역을 성실하게 조력하며 작은 일이라도 믿고 맡길 수 있는 사람임을 보이라. 그러면 하나님은 당신의 일을 주실 것이다. 단순히 보상의 차원이 아니다. 당신이 다른 사람을 자신보다 더 낫게 여기는 법을 배웠기 때문이다.

신실함의 본을 보인 성경의 인물들

- 요셉

요셉의 생애는 실제로 이 진리가 어떻게 작동하는지 보여준다. 하나님은 요셉에게 형들의 섬김을 받게 될 것이라고 약속해 주셨다. 그러나 그 약속이 성취되기 위해서는 인격적으로 많은 훈련이 필요했다. 형들의 손에 노예로 팔려가면서 형들을 다스릴 것이라는 약속은 더욱 요원해지는 듯 보였다.

결국 그는 애굽 감옥에 갇혀 뭐가 잘못된 것인지 혼란스러워 하며 오랜 시간을 보내야 했다. 하지만 요셉은 자신을 시험하고 훈련시키는 하나님의 방식에 신실함으로 반응했고 더 큰 권세와 책임을 허락받았다. 큰일을 맡은 후에도 요셉은 감옥에서 신실하게 감당했던 그 일, 즉 사람들을 감독하고 자원을 관리하는 일을 차질없이 성실하게 수행할 수 있었다. 한결같은 신실함으로 약속의 성취를 받아들일 준비가 되어 있음을 증명했다. 하나님이 꿈으로 보여주신 대로 그의 형들은 결국 그의 앞에 절하고 그를 섬겼다 창 37-47장.

요셉의 이야기는 억압적인 지도자 아래 있더라도 신실함을 잃지 않고 주님을 섬긴다면 하나님께서 보상해줄 것임을 알려주고 있다. 하나님과 겸손하게 동행한다면 어떤 지도자도 하나님의 뜻을 꺾지 못할 것이다. 하나님은 우리를 위해 준비해두신 곳으로 우리가 결국 도달할 수 있도록 역사하신다.

- 사울-반면교사

하나님께서는 이스라엘 초대 왕 사울에게 여러 가지 약속을 주셨다. 사울을 왕으로 임명하시고 신실하게 주의 뜻을 감당하도록 권면하고 초청하셨다. 그러나 사울의 인품은 하나님이 맡기신 책임을 감당할 만한 그릇이 아니었다. 성실함을 입증하고 성장할 수 있는 기회가 수없이 주어졌음에도 불구하고 그는 지속적으로 그릇된 선택을 했다. 결국 하나님은 사울의 왕권을 박탈하시고 대신 다윗에게 왕권과 축복을 주셨다. 사울에게 그렇게 하신 것처럼 하나님이 우리에게 기회의 문을 열어주실 때 그 기회에는 항상 시험이 동반된다. 하나님께서 지도자로 택하셨다고 해서 안락한 지위와 권력, 직책, 영향력이 보장되는 것은 아니다. 오히려 그것은 새로운 차원에서 섬김의 도를 배우라는 초청이다.

일단 지도자의 위치에 서기만 하면 하나님께서 성령으로 기름 부으시고 자신의 약점을 덮어주실 것이라고 생각하는 사람들이 많다. 하지만 사울의 이야기는 이 생각이 옳지 않음을 보여준다. 하나님은 사울을 지도자로 세우셨지만 하나님과 백성들 앞에서 겸손할 것을 주문하셨다. 하나님이 주시는 교훈을 올바로 깨닫지 않으면, 지도자의 자리는 오히려 우리의 인격적 약점으로 더욱 복합적인 문제를 야기하게 될 것이다. 앞으로 더 많은 고통과 상처를 미리 예방하기 위해 우리는 지금 우리의 인격적 약점들을 다루어야 한다. 그리고 지도자가 되고 나서 우리 인생의 약점들이 노출된다 해도 하나님과 동역자들, 혹은 교인들 앞에서 겸허한 자세로 우리 약점을 인정하고 솔직하게 도움을 요청해야 한다.

• 다윗

다윗은 하나님이 자신을 왕으로 부르셨음을 알았지만 왕이 되고자 노력하지 않았다. 오히려 하나님께서 그 일을 주도하시도록 의탁했다. 사울을 죽이고 하나님이 약속하신 왕위를 차지할 기회가 수차례 있었음에도 불구하고 그렇게 하지 않았다. 하나님의 때에 하나님의 방법으로 그 일이 이루어지기를 원했고 결국 그의 인내심과 신실함은 보상을 받았다.

왕이 된 후 다윗 역시 사울처럼 생활 속에서 인격적 약점들을 노출했다. 하지만 사울과 다윗의 차이점은, 다윗은 자신의 약점을 인정하고 회개한 데 반해 사울은 그렇게 하지 않았다는 것이다.

신실함의 결단

주님의 뜻을 추구한다는 미명 아래 하나님의 약속을 핑계 삼아 다른 사람들에게 군림하거나 허세를 부려서는 안 된다. 우리가 지금 있는 자리에서 신실하게 맡은 일을 감당할 때, 때가 되면 하나님께서 우리에게 주신 약속을 이루어주실 것이다. 테스트를 통해 자신을 입증하는 일을 회피하지 말아야 한다.

아마 종으로서 겸손히 섬기며 신실한 자세가 되어 있는지 테스트

할 방법은 다음처럼 기꺼이 기도드릴 수 있는지 확인하는 방법일 것이다. 다음 기도문을 꼼꼼하게 읽어보라. 더욱 신실한 마음으로 하나님께 자신을 드리겠다고 결단할 준비가 되어 있다면 직접 스스로를 확인해보라.

> 아버지, 주의 뜻대로 맡기신 일을 감당하겠습니다. 주님께서 주의 시간에 주의 방법으로 저의 인생에 대한 그 뜻을 이루실 것을 믿습니다. 아버지, 저를 준비시키는 데 필요한 일이 있다면 무엇이든 원하시는 대로 하옵소서. 원하시는 신실한 사람이 될 수 있도록 저를 시험하시고 가르치소서. 주의 약속을 앞당기고자 쉬운 지름길을 가지 않겠나이다. 제 안에 변화가 필요하다고 생각하시는 일이 있다면 제게 보여주십시오. 주의 도우심과 은혜로 그 일들을 배우고 주님께 복종하겠나이다. 제게 맡기신 사람들을 신실하게 섬기겠나이다.
> 예수님의 이름으로 기도합니다. 아멘.

신실함이란 문의 경첩과 같다. 아주 작은 부분이지만 그것이 없으면 아무리 큰 문도 열리지 않는다. 지금 있는 위치에서 신실함으로써 우리는 장차 하나님이 우리를 위해 문을 활짝 열어주실 때 필요한 경첩을 만들어야 한다.

다른 문을 찾느라고 그 경첩을 만드는 일에 소홀하지 말라. 지금 준비하라. 예수님의 신실한 제자가 되라.

⏱ 복습과 적용

1_ 고린도전서 4장 15-17절로 '진리 발견하기' 성경 공부를 하라.

2_ 현재 맡고 있는 책무들은 어떤 것들인가? 그 책무들을 신실하게 잘 감당하고 있는가? 사소한 일이든, 물질이나 다른 사람들의 소유를 관리하는 일이든, 하나님께서 당신의 성실함과 신실성을 시험하고 교훈하시는 부분이 있다면 이야기해 보라.

3_ 재정에 대한 자신의 신실함을 어떻게 평가할 수 있겠는가? 예를 들어, 대출금을 잘 갚아가고 있는가? 미리 예산을 세워 계획적으로 지출하는가? 다른 사람들에게 관용적이고 후하게 잘 베푸는가? 빚을 지지 않는 생활을 하고 있는가? '물질에 대한 욕심'에 매이지 않고 사는가?

4_ 하나님이 다른 사람들에게 주신 사역과 비전을 인색하지 않게 지지하고 섬기는가? 직장의 상관이나 교회의 리더들을 찾아가서 그들에 대해 성실하고 신실하지 못한 부분이 있다면 어떻게 개선해야 하는지 정직하게 평가해달라고 요청하라.

chapter 7

기도

    16세기에 지혜롭고 훌륭한 그리스도인 중의 한 사람으로 추앙받았던 필립 네리에 대해 전해지는 일화가 있다. 어느 날 그는 교황에게 로마 근방의 수녀원에 가서 성녀로 명성이 자자한 한 수녀를 만나보라는 요청을 받았다. 네리는 노새를 타고 한겨울 진흙으로 진창이 된 시골길을 힘들게 지나서 수녀원에 도달했다. 수녀원에 도착하자 그 수녀와의 면담을 요청했다. 그녀가 면담실로 들어오자 그는 긴 여행에서 진창 투성이가 된 신발을 벗겨달라고 부탁했다. 그녀는 자신의 명성에 걸맞지 않는 요청을 받았다는 사실에 화가 나서 그런 천한 일을 할 수 없다고 거절했다.

    네리는 더 이상 아무 말도 하지 않았다. 그는 수도원을 떠나 로마로 돌아갔다. 그리고 "더 이상 고민하지 마십시오. 겸손함을 모르는 사람은 성녀가 아닙니다"라고 교황에게 보고했다.

기도의 겸손

교만의 전형적인 태도가 자기 중심적이라고 한다면, 겸손의 전형적인 태도는 기도이다. 종의 모습으로 이 지상에 오신 예수님은 먼저 우리에게 다가와 손을 내미셨다. 그렇게 먼저 손을 내밀어주심으로 지금 우리에게 가까이 오라고 초청하시고 있다. 그렇다면 어떻게 그분에게 나아갈 수 있는가? 예수님께 가까이 나아갈 수 있는 방법으로 기도만큼 좋은 방법은 없다. 기도로 그분과 함께하는 시간을 갖는 것이다.

- 예수님께 배우기

기도로 예수님께 배운다는 것은 겸손해진다는 뜻이다. 너무 바빠서 기도를 통해 예수님과 함께할 시간이 없다고 하는 사람은 예수님께 배울 마음이 없는 아주 교만한 사람이다. 예수님께 배우기 위해서는 시간을 내서 그의 임재를 누리고 신약에 기록된 그의 교훈들을 읽고 생활 속에 적용해야 한다.

- 예수님을 닮아가기

기도하지 않으면 예수님을 닮아갈 수 없다. 기도의 목표는 예수님을 닮아가는 것이다. 예수님을 알고 닮아가는 삶을 추구하고 싶다면 그분만을 홀로 대면하는 시간을 반드시 가져야 한다.

• 예수님을 의지하기

예수님을 의지한다는 것은 그분에 대한 우리의 필요를 인정한다는 뜻이다. 친구로서, 지혜의 유일한 공급처로서 예수님을 매일 의지해야 한다. 그러면 인생의 중요한 결정을 내려야 할 때마다 예수님께서 지혜를 주시고 가야 할 방향을 알려주신다.

• 예수님과 깊은 관계 형성하기

하나님을 모르는 사람들은 무엇인가 놓치고 있다는 공허감을 예리하게 자각한다. 하나님이 그들을 사랑하시고 용서해주신다는 사실을 깨달으면 그와 더 깊은 관계를 누리며 그를 더욱더 알아가고 싶은 갈망이 생긴다.

기도를 드리지 않더라도 하나님과 다른 사람들을 위해 봉사하는 것으로 어느 정도 만족을 얻을 수 있다. 하지만 다른 것이 더 필요하다고 영혼이 절규하는 순간이 온다. 당신은 진실의 대체물이나 관계 대신 행동 혹은 소통 대신 바쁜 일정에 매달리는 경향은 없는가? 관계를 행위로 대체하지 않고 영적 진실을 종교적 열심으로 대체하지 않을 수 있는 방법은 기도밖에 없다. 기도는 종교적 행위를 넘어서서 예수님을 직접 대면하도록 우리를 이끌어준다. 결국 어떤 종교적 형태나 상징도 은밀한 기도의 자리에서 예수님과 인격적으로 대면하는 시간을 대체할 수 없다.

• 우리 인생에 대한 예수님의 계획 받아들이기

우리 인생에 대한 예수님의 뜻을 피하고 싶은 유혹을 받을 때가 많이 있을 것이다. 그가 우리에게 원하시는 뜻을 깨닫더라도 우리 마음에 드는지 스스로 결정하고 싶은 유혹이 생길 것이다. 그러나 겸허한 마음으로 주님께 나아가 기도하면, 우리 인생에 대한 그의 뜻을 수락하고 복종하게 된다.

• 우리의 있는 모습 그대로 예수님께 나아가기

우리가 살아가는 세계는 진실보다는 약점과 상처, 은밀한 죄를 훌륭하게 은폐할 줄 아는 사람을 유능하다고 칭찬한다. 그러나 예수님은 늘 진실하며 진리를 추구하시는 분이다. 예수님에 대한 진리를 믿는다고 하면서 마음으로 진리를 외면하고 멀리한다면 거짓된 인생을 살아가게 된다. 우리 영혼을 예수님께 있는 그대로 투명하게 드러내는 기도는 그의 진리와 은혜를 거리낌없이 수용하고 누리게 해준다. 기도로 하나님께 겸손하게 서지 않는 신앙은 거짓된 신앙이다.

• 예수님께서 만드시고 사랑하시는 세계에 대한 열정

참된 신앙을 가지면 우리 아버지의 세계에 열정을 갖게 된다. 예수님과 친밀하다는 것은 그가 창조하시고 죽음으로 구속하신 세계에도 관심을 갖는 것이다. 예수님과 인격적이고 열정적인 기도 관계에 있으면 그가 그토록 사랑하시는 세계에 관심을 가질 수밖에 없다. 십자가에서 온 인류의 죄를 위해 죽음당하실 때 예수님은 무엇을 갈망하고 원하시는지 직접 보여주셨다. 기도를 통해 그의 열정을 공유하고 있는가? 세상에 대한 우리의 열정은 예수님에 대한 우리 열정을 가늠할 시금석이다.

기도로 겸손 훈련하기

겸손에 관한 글을 쓰는 목적이 소수의 '영적' 특권층이 보여주는 비범한 삶의 수준을 강조하기 위해서는 아니다. 하지만 예수님께 진정으로 헌신하기를 바라는 사람들이라면 누구나 겸손이라는 덕목을 가꿀 강력한 필요성을 인정한다. 예수님의 제자로서 우리의 진정성은 겸손하라는 권유에 어떻게 반응하느냐에 따라 결정된다.

성경에서는 겸손함으로 예수님을 추구하는 사람은 인생의 모든 영역에 그 변화가 일어난다고 가르친다. 바울은 1세기 그리스도인들에게 다음과 같은 편지를 보냈다.

> "모든 겸손과 온유로 하고 오래 참음으로 사랑 가운데서 서로 용납하고 평안의 매는 줄로 성령이 하나 되게 하신 것을 힘써 지키라"엡 4:2-3.
>
> "아무 일에든지 다툼이나 허영으로 하지 말고 오직 겸손한 마음으로 각각 자기보다 남을 낫게 여기고 각각 자기 일을 돌볼 뿐더러 또한 각각 다른 사람들의 일을 돌보아 나의 기쁨을 충만하게 하라"빌 2:3-4.
>
> "그러므로 너희는 하나님이 택하사 거룩하고 사랑 받는 자처럼 긍휼과 자

비와 겸손과 온유와 오래 참음을 옷 입고 누가 누구에게 불만이 있거든 서로 용납하여 피차 용서하되 주께서 너희를 용서하신 것같이 너희도 그리하고"골 3:12-13.

예수님께 초점 맞추기

로마서 7장과 8장에서 바울은 세속적이며 자기 중심적인 사람과 예수님께 기꺼이 인생의 초점을 맞추는 영적인 사람의 특성을 집중해서 다룬다. 로마서 7장은 자기 중심적인 인생을 살아가는 사람과 그 사람이 죄책감, 수치감, 자기 정죄에 시달리지 않고 살기 위해 치러야 하는 싸움에 대해 쓰고 있다. 세속적인 사람은 자기에게 철저히 사로잡혀 있다. 자신이 우주의 중심이다. 실제로 7장에서 '나'라는 단어는 25번이나 등장한다. 반대로 영적인 사람을 묘사한 8장에서 '나'라는 단어는 단 두 번밖에 등장하지 않는다. 우리는 우리 자신이든, 예수님이든, 한번에 오직 한 대상에게만 전심으로 집중할 수 있다.

예수님께 집중하면 자기 자신에 대한 집착과 몰두에서 벗어날 수 있다. 반대로 교만은 우리를 자기 중심성, 자기 연민, 자기애, 자기 만족, 자기 집착과 도취의 노예가 되게 만든다. 겸손은 이 비참한 상태에서 우리를 해방시켜 하나님을 즐거워하고 다른 사람들을 사랑할 수 있게 해준다골 3:12-14. 하지만 교만한 사람은 절대 이런 상태를 누릴 수 없다.

일곱 가지의 기도 훈련

이 장에서는 지금까지와 다른 방식으로 독자 여러분을 돕고자 한다. 몇 가지 간단한 기도 훈련을 실천해 보도록 안내함으로써 여러분을 실제로 격려하고 도와주고 싶다. 예수님과 함께하는 시간을 가짐으로 그를 사랑하라는 설명은 이제 접고 실제로 그 일을 해보도록 하자. 사람들과 대화를 나누어보면 대부분 기도하고 싶은 열망은 있지만 그 열망을 실제적으로 실천할 방법을 모르는 경우가 많다. 이 방법들을 모두 실천에 옮기지 못한다 해도 염려할 필요는 없다. 기도가 생활 속에 자리잡도록 도와줄 영적인 도구가 생겼다고 생각하면 된다. 여기서 소개하는 기도 방법들을 읽을 때마다 차례로 하나씩 실행에 옮겨보거나 아니면 모두 검토해본 후 일주일에 걸쳐 실천해보는 방법도 좋다. 둘 다를 모두 해볼 수 있다.

나는 다른 사람들이 기도하는 방법을 유심히 살펴보고 그들에게 배움으로써 나의 영적인 연장들을 계속 확보해왔다. 더 깊은 기도의 세계로 들어가고 싶다면 밥 소르기의 「내 영이 마르지 않는 연습」Secrets of the Secret Place, 스텝스톤 역간과 피트 그레이그의 「침묵하시는 하나님」God on Mute을 읽어볼 것을 추천한다.

- 골방에 들어가서 하는 기도

 "너는 기도할 때에 네 골방에 들어가 문을 닫고 은밀한 중에 계신 네 아버지께 기도하라 은밀한 중에 보시는 네 아버지께서 갚으시리라"마 6:6.

15분이나 30분 동안 누구의 방해도 받지 않고 오직 홀로 있을 방이나 장소를 찾아보라. 관심이 분산되거나 다른 사람들에게 경건하다는 자랑을 하고 싶은 유혹에 빠지지 않도록 조용하고 사람들이 보지 않는 곳을 찾으라는 것이다. 그런 곳을 찾았으면 들어가 문을 닫으라. 문이 닫히면, 하나님의 임재 앞으로 나아갈 것을 마음으로 믿으라. 이것은 하나님이 우리에게 주신 약속이다. 하나님의 임재를 느끼면서 침묵하며 가만히 있으라. 그러고 나서 마음을 고요하게 집중시키는 시간을 갖고 가능한 한 단순하고 정직하게 그분께 아뢰라.

문을 닫고 난 후 산만하게 떠오르는 생각은 모두 기도 제목이 될 수 있다. 마음에 떠오르는 생각을 기도로 드리라. 기도하려고 애쓰지 말고 그냥 떠오르는 생각들을 기도로 드리면 수많은 기도거리가 생기는 셈이다. 더 이상 아무 생각도 떠오르지 않으면 하나님께 생각의 초점을 맞추라. 그러면 그의 은혜를 감지하게 될 것이다. 마음과 생각을 그에게 쏟아내라. 지금 하고 있는 생각이나 갈망하는 것들, 꼭 이루어지기를 바라는 것들을 있는 그대로 말씀드리라. 하루의 걱정거리와 인간관계 등 무엇이든 다 하나님께 아뢰라.

이제 하나님께 감사를 드리라. 그분의 성품에 대해 감사하고 그분이 당신을 위해 행하신 일들을 감사하라. 온몸의 감각 기관과 신체를 동원해 기도를 드림으로 삶 전체를 그분께 돌려드리라.

• 마음 : 자신의 생각과 결정들을 주님께 바치라.

- 눈 : 보는 모든 것과 사물을 바라보는 시선을 주님께 맡겨드리라.
- 혀 : 말하는 태도나 말하는 모든 내용을 주님께 바치라.
- 귀 : 당신이 듣는 모든 것을 주님께 맡겨드리라.
- 손 : 우리가 하는 모든 일을 주님께 드리라.
- 발 : 어디로 가든 주님을 생각하겠다고 결단하라.

이 작업이 끝나면 내면에서 들리는 고요하고 작은 음성에 침묵하며 귀를 기울이고 그분이 무슨 말씀을 들려주시는지 확인하라.

우리를 격려하기 위해 이 단락 첫머리에 소개했던 마태복음 6장 구절을 묵상하라. 은밀한 곳에서 기도해야 할 비밀이 기록되어 있다. 하나님의 임재가 보장되는 방법을 알려주고 있다. 하나님 아버지는 이미 은밀한 곳에서 우리를 기다리고 계신다. 우리보다 먼저 그곳에 가셔서 우리를 기다리고 계신다. 우리는 조용한 곳으로 가서 문을 닫기만 하면 그를 만날 수 있다.

- 제자의 기도로 기도드리기

홀로 '제자의 기도'주기도문를 드려보라. 자리에 앉아 무릎을 꿇고 한 문장씩 천천히 또박또박 기도를 드리되 각 구절의 의미를 자신의 말로 풀어서 기도하라. 이 기도문을 한 문장씩 기도할 때 마음 깊은 곳에서 하나님께 더 세세하게 기도할 수 있도록 자신의 말과 표현을 사용하라. 예를 들어, "하늘에 계신 우리 아버지"라고 기도할 때 나는 하나님이 내 아버지로서 얼마나 내게 특별하신 분인지 말씀드린다. 내 마음속 깊은 곳에 아버지로서 나를 향한 사랑을 깨닫게 해주시라고 간구한다. 그의 위대하심과 선하심에 대해 아뢴다. 그는 나를 사랑하고 늘 지켜보는 내 아버지시다.

계속해서 제자의 기도를 한 구절씩 드리면서 각 구절마다 떠오르는 생각들을 기도로 표현한다. 예수님은 제자들에게 이 기도문을 가르치실 때 무슨 의도로 이 기도를 가르치시는지 정확히 알고 계셨다. 일종의 기도의 길잡이 역할을 염두에 두셨던 것이다. 예수님과 함께하는 우리 시간이 새로운 의미를 지닐 수 있도록 기도할 수 있는 방법을 가르쳐주신 것이다.

이 기도문의 각 문장은 하나님과 우리의 관계의 중요한 면들을 대표한다. 영적으로 성장하고 성령께 민감해지기 위해서는 이 내용들이 예수님과 매일 나누는 기도 속에 구체적으로 반영되어야 한다. 우리는 그분을 예배하고 그분께 우리를 거룩하게 드리며 우리의 연약함을 고백하고 그분의 능력을 힘입으며 영적인 전쟁에서 대적과 싸우고 그분을 섬길 수 있도록 준비해야 한다. 제자의 기도를 통해 우리는 그를 따를 수 있는 능력을 얻게 된다.

나는 40여 년 전 나를 훈련시키시고 멘토가 되어주셨던 분에게서 제자의 기도로 기도하는 법을 배웠다. 그리고 지금도 거의 매일 이 기도를 드리고 있다. 하루에 5분 혹은 그 이상의 시간을 내어 이 기도를 드려보라. 망설이지 말고 바로 지금 실천해보라.

- 예배 : "하늘에 계신 우리 아버지." 사랑의 아버지이신 하나님을 예배하라. 하나님께 당신의 사랑을 전하고 그의 선하심과 자비하심, 그의 위대하심을 신뢰한다고 말씀드리라.

- 구별 : "이름이 거룩히 여김을 받으시오며." 당신의 생활 속에 거룩해지기를 원하는 곳이 있다면 가르쳐주시라고 요청하라. 봉헌한다는 것은 하나님을 위해 인생의 모든 부분을 구별해 드린다는 의미이다.

- 중보 : "나라가 임하옵시며 뜻이 하늘에서 이루어진 것같이 땅에서도 이루어지이다." 하나님 나라가 임하기를 원하는 사람들이나 장소가 있다면 구체적으로 하나님께 아뢰라. 그의 나라와 통치가 그 사람들의 마음과 생각에 임하도록 기도하라. 그들의 이름을 하나님께 구체적으로 말씀드리라.

- 성령의 능력을 힘입음 : "오늘날 우리에게 일용할 양식을 주옵시고." 당신에게 필요한 모든 것을 채워주시라고 기도하라. 특별히 성령을 주시도록 기도하라. 예수님을 닮아갈 수 있도록 주님께 인생을 맡겨드리라.

- 고백과 용서 : "우리가 우리에게 죄지은 자를 사하여준 것같이 우리 죄를 사하여 주옵시고." 사람들에게 상처를 주었거나 하나님을 근심되게 해드렸다고 생각되는 것을 모두 아뢰고 용서하심을 구하라. 그의 용서하심을 받아들이라.

- 영적 전쟁 : "시험에 들게 하지 마옵시고 다만 악에서 구하옵소서." 사회적인 악이나 마음과 행동으로 짓는 모든 악을 의도적으로 멀리하

고 돌이키라. 적은 정죄, 유혹, 기만으로 우리를 공격한다. 이 세 가지 모두에 맞서 기도하라.

• 하나님을 섬기는 결단 : "대개 나라와 권세와 영광이 아버지께 영원히 있사옵나이다. 아멘." 예수님을 알리기 위해 하나님이 무엇을 요구하시든 온전히 헌신하겠다고 결심하라.

• 경청함을 통해 드리는 기도

"사람들이 너희를 회당이나 즉결재판소의 재판관 앞으로 끌고 가더라도, 너희는 자신을 변호할 일로-무엇을 어떻게 말해야 할지-걱정하지 마라. 꼭 맞는 말이 떠오를 것이다. 때가 되면 성령께서 꼭 맞는 말을 너희에게 주실 것이다"눅 12:11-12, 메시지 신약.

이런 방식의 기도는 언제 어디서나 드릴 수 있다는 점에서 흥미롭다. 은밀한 곳에서 '문을 닫았을 때'나 길을 걷고 있을 때, 직장이나 학교, 동네에서 아니면 가게로 걸어가고 있을 때 얼마든지 드릴 수 있는 기도이기 때문이다. 이 기도를 드리기 위해 구체적인 훈련과 실천이 어느 정도 필요할 것이다. 하지만 경청의 기도는 생활방식임을 기억하라.

하루를 시작할 때, 오늘 하루 동안 지속적으로 말씀해 주시도록 하나님께 기도하라. 언제라도 귀기울여 듣고 순종하겠다고 말씀드리라. 무엇을 하라고 말씀하실지 두려움이 생길 수도 있다. 하지만 믿음은 두려움이 전혀 없는 상태가 아니라 두려움과 맞설 수 있는 용기임을 기억하라. 당신이 그 일에 순종할 때 하나님은 믿음과 용기를 주실 것이다.

'경청의 기도'를 드릴 방법은 여러 가지가 있다. 예를 들어, 오늘 하루 누군가에게 꼭 해야 할 말이 있다면 그 사람에게 맞는 특별한 메시지를 주시도록 구하거나 해야 할 일을 알려주시라고 기도하라. 하나님이 말씀해 주시면 바로 순종하라. 즉각 순종하기가 여의치 않은 상황이라면 노트에 적어두든지 후속 계획을 세워두라.

내 친구 케이스 탈만은 캘리포니아에서 아주 보수가 좋은 직장에 다니고 있었다. 그의 인생은 순조로웠다. 그러던 어느 날 경청의 기도를 드리고 있을 때 직장을 그만두고 보수가 별로 좋지 않은 다른 직장으로 옮기라는 하나님의 음성을 들었다. 상당한 재정적 어려움이 따를 수 있는 일이었고 어쩌면 집값을 못 갚을 수도 있었다. 케이스는 그 말씀이 실제로 하나님의 말씀이 맞는 것인지 확인해 주시도록 기도했다. 하나님은 곧 케이스에게 사람들을 보내셨고 그의 아내 역시 케이스가 직장을 바꾸어야 한다는 하나님의 메시지를 구체적으로 들었다.

케이스는 앞으로 일하게 될 새 회사에 자신을 필요로 하는 사람이 있다는 생각이 들었고 곧 하나님께 순종했다. 그런데 참으로 신기하게도 그가 새 직장에 출근한 첫 주에 한 사람이 케이스에게 이렇게 말했다. "이 직장에 누군가를 보내주시도록 하나님께 계속 기도해 왔습니다. 저는 하나님이 절실히 필요하거든요." 그 사람은 그의 도움으로 예수님을 영접하게 되었고 사도행전의 빌립보 간수의 이야기처럼 그의 온 집안이 주님을 영접하게 되었다.

한 가족을 예수님께로 인도하는 일이 번듯한 직장을 그만둘 정도로 가치 있는 일이었는가? 그것은 각자의 가치, '실제적인 믿음'이 무엇이냐에 따라 달라진다. 하나님을 사랑하고 모든 것을 그분께 기꺼이 바치는 사람은 성령의 음성을 듣게 해달라고 구할 것이고 하나님은 그 기도에 응답해주실 것이다. 그런 사람에게는 그분께 순종하는 일이 돈이나 안정된 직장보다 훨씬 더 소중하다. 하나님이 명하실 때 기꺼이 순종할 의사가 있는가?

이런 기도를 권장하기 위해 또 다른 이야기를 소개하겠다. A.J.라는 한 학생이 캠퍼스를 걸어가다가 안젤라라는 여학생을 보았다. 그녀는 소매가 긴 티셔츠를 팔끝까지 내려 두 팔을 가리고 있었다. 그의 말을 그대로 인용해보는 것이 가장 좋을 것 같다. "머릿속에서 '그녀에게 팔을 보여달라고 해봐'라는 작은 목소리가 들렸어요. 저는 그 음성이 성령께서 하시는 말씀이라고 생각했어요. 그래서 그 여학생에게 다가가서 팔을 좀 봐도 되느냐고 물었어요."

그녀는 "누가 뭐라 그랬어요?"라고 되물었다. A.J.는 포기하지 않고 팔을 보여달라고 또 다시 부탁했다. 마침내 그녀도 체념한 듯 소매를 걷어 올렸다. 양팔에 커다란 X자 흉터가 있었다. "내 팔에 문제가 있다는 말을 누구한테 들었어요?" 그녀는 끈덕지게 물었다. A.J.는 "하나님이 알려 주셨어요, 안젤라. 그는 당신을 사랑하십니다. 다시는 이런 짓을 하기를 원하지 않으십니다." 이 만남을 계기로 안젤라는 예수님을 영접하게 되었고 결국 선교사로 헌신했다척 퀸리의 「탐색」The Quest 참고.

경청의 기도를 훈련하며 하나님과 홀로 대면하는 시간을 갖기 위해서는 '문을 닫고' 찬양을 부르거나 찬양을 들음으로써 마음을 고요히 해야 한다. 그리고 조용하게 무릎을 꿇거나 앉아 하나님께 말씀해 주시도록 기도하라. 다음 세 가지 구체적인 질문에 대해 들리는 음성이 있으면 노트에 적으라.

1. 당신에 대한 사랑에 있어서 하나님이 확증해 주기를 원하는 내용이 있는지 여쭈어보라.
2. 이웃이나 가족에 대해, 그리고 그들을 어떻게 섬겨야 할지에 대해 말씀하시고자 하는 내용을 한 가지만 알려주시도록 여쭈어보라.
3. 도움이 필요한 사람에게 어떻게 다가갈지 하나님이 원하시는 게 있다면 한 가지 알려주시도록 기도하라.

구체적인 실천이 필요하거나 기도하라고 하나님이 알려주신 내용이 있다면 적었다가 그대로 실천하라. 그러나 한 번의 기도로 그만 두지 말라. 내면으로 늘 잠잠히 귀를 기울이는 연습을 하고 하루 종일 시시때때로 귀 기울여 들으라. 이웃이나 친구, 직장 동료에 대해 인상이나 생각을 통해 말씀해 주시도록 적극적으로 하나님께 구하라. 학교나 버스, 기차, 택시를 탔을 때도 그렇게 기도하라.

친구들 중의 일부는 이것을 '보물 찾기'라고 부른다. 하나님이 보물 찾기를 하듯이 모든 인간의 마음을 들여다보고 계시기 때문에 우리가 그의 음성을 들으면 하나님은 경청의 기도를 통해 '보물 찾기' 작업에 우리를 데려가신다. 일주일 내내 이 훈련을 계속하라. 마음에 떠오르는 생각이나 인상이 이끄는 대로 따라가라. 이런 훈련이 뜻대로 되지 않을 때와 잘될 때를 유의해서 관찰해보라. 하나님의 음성에 귀 기울이는 일은 장거리 여행과 같다. 처음부터 잘 안 된다고 해서 포기하지 말라. 그것은 마치 자전거 타기를 배우는 것과 비슷하다. 연습하면 잘할 수 있다!

• 글쓰기를 통해 기도하기

"있는 자는 받을 것이요 없는 자는 그 있는 것까지도 빼앗기리라"막 4:25.

이 절에서 예수님은 배운 것을 잘 간수하고 지키라고 제자들에게 가르치신다. 특히 더 많은 깨달음을 얻고 싶은 사람이라면 더욱 그러해야 한다. 예수님은 "내 교훈은 중요하다. 그러니 내가 가르치는 교훈을 기억하라. 글로 써놓아라"고 말씀하고 계신 셈이다. 물론 그들은 그렇게 했다. 그래서 우리가 신약 성경을 갖게 된 것이 아니겠는가. 마태, 마가, 누가, 요한, 베드로, 야고보와 바울 등은 모두 예수님이 가르치신 교훈을 기록했다.

하나님께서 평생 동안 우리에게 한 가지밖에 말씀하지 않으신다면 기억하는 데 어려움이 별로 없을 것이다. 하지만 하나님이 우리에게 말씀하실 때는 아주 많다. 하지만 우리가 그 음성을 진지하게 받아들이지 않으면 더 이상 말씀하려고 하지 않으실 것이다. 공책이나 수첩 혹은 컴퓨터에 폴더를 하나 만들어 날짜별로 하나님이 가르치시는 교훈을 기록해두라. 나는 아이폰이나 랩탑과 노트에 일기를 써서 저장한다. 하나님이 말씀해주시는 내용은 무엇이든 너무나 중요하기 때문에 잊어버려서는 안 된다. 기록해둔다고 해서 다 기억하는 것은 아니지만 그래도 기록은 장기적으로 기억할 수 있는 확실한 방법이다. 화가 나거나 혼란스러울 때, 성령의 깊은 감동을 받을 때, 나는 모두 일기로 적어둔다. 떠오른 생각들을 하나님께 기도로 아뢴다. 하나님께서 약속하고 계신다는 생각이 드는 일이나 꿈이나 아이디어, 내게 실천하기를 원하신다고 생각되는 일들을 빠짐없이 적어둔다. 기도를 적는 훈련은 생각을 더욱 명료하게 가다듬고 더 깊은 기도를 드리는 데 도움이 된다. 글로 적으면서 사용할 단어들을 더욱 신중히 고르고 그 과정에서 한 번 더 생각하게 된다.

　기도할 때, 특별히 경청의 기도나 진리를 발견하는 성경 공부를 통해 얻은 중요한 내용을 기억하고 싶을 때 꼼꼼히 기록을 해둔다. 하나님께 더 많은 깨달음을 얻고 싶다면 하나님이 내게 가르쳐주시는 내용을 기록해야 오랫동안 기억할 수 있다. 하나님이 가르쳐주시고자 하는 교훈들은 보통 내 마음에 인상의 형태로 다가온다. 나는 그 내용을 적어두고 때로 한 번씩 다시 상기한다. 매일 일기에 적지는 않고 필요할 경우에만 적는다.

　마가복음 4장에 기록된 예수님의 말씀을 보면, 우리가 하나님의 가르침을 진지하게 받아들여 실행하지 않는다면 실제로 하나님이 그것들을 거두어가실 수 있음을 알 수 있다. 이 교훈을 기도에 적용하기 위해 하나님이 말씀하시거나 가르치시는 교훈들을 글로 적어둘 것을 권한다. 결정해야 할 사항들과 관련해 의문이 있다면 적어두었다가 하나님이 말씀으로 그 질문에 대답해 주시면 그 내용을 적으라. 하나님께 글로 기도를 드려보라. 바로 지금 시도해보면 좋다. 조용한 곳으로 가서 하나님께 간단한 기도문을 적어보라. 하나님께 배우고 싶은 것이 있다면 말씀드리라.

기도는 하나님과 대화하는 것이다. 어떤 행위를 하는 것이 아니라 누군가에게 말을 거는 것이다. 침묵 혹은 소리내어 할 수 있고 글을 쓸 수 있다. 기도는 예수님께 자기 마음을 표현하는 것이다. 글을 통한 기도는, 하나님께 말씀드리고 싶은 내용과 그가 우리에게 말씀하시는 내용을 기억하는 데 도움이 될 뿐 아니라 하나님께 책임 있게 행동하는 데 도움이 된다. 하나님은 우리가 순종하기를 기다리신다. 기도는 우정과 예배의 행위이기도 하지만 또한 가르침과 인도하심을 받는 행위이기도 하다. 하나님은 기도 가운데 우리에게 사명을 주신다. 하나님이 말씀하시는 내용을 기억하는 훈련을 해보자.

• 성경 말씀을 통해 기도하기

오래전 한 친구와 나는 매일 아침 함께 기도 시간을 갖기로 했다. 첫날 아침 친구는 성경책을 펴더니 시편 말씀으로 기도하자고 제안했다.

성경 말씀으로 기도한 경험은 그때가 처음이었다. 그 이후로 나는 그런 기도 방식을 아주 즐겨 애용해왔다.

그리스도인들 중에는 기도가 지루하다고 말하는 사람들도 있고 무슨 내용으로 기도해야 할지 모르겠다고 말하는 사람들도 있다. 기도하면 쉽게 생각이 산만해진다고 털어놓는 사람들도 있다. 이런 사람들에게 해결책은 바로 성경으로 기도하는 것이다.

나는 성경을 읽어내려 가다가 하나님을 찬양하거나 그의 위대하심을 선포하는 구절이 나올 때마다 개인적인 예배와 기도 시간을 갖는다. 그런 구절들은 밑줄로 표시해 두었다가 반복해서 그 구절들을 찾아 기도문처럼 읽으며 기도한다. 성경 구절로 기도하는 또 다른 방식은 바울의 기도문을 이용해 기도하는 것이다. 그의 서신서 대부분은 새신자들을 위해 기도한다는 인사말을 한 후 그들에 대해 구체적으로 기도하는 내용이 연이어 등장한다. 그 기도 속에는 놀라운 지혜와 깊이가 담겨 있다.

빌립보 교회에 보낸 바울의 편지 중 한 예를 소개한다.

"내가 너희를 생각할 때마다 나의 하나님께 감사하며 간구할 때마다 너희 무리를 위하여 기쁨으로 항상 간구함은 너희가 첫날부터 이제까지 복음을 위한 일에 참여하고 있기 때문이라 너희 안에서 착한 일을 시작하신 이가 그리스도 예수님의 날까지 이루실 줄을 우리는 확신하노라 내가 너희 무리를 위하여 이와 같이 생각하는 것이 마땅하니 이는 너희가 내 마음에 있음이며 나의 매임과 복음을 변명함과 확정함에 너희가 다 나와 함께 은혜에 참여한 자가 됨이라"빌 1:3-7.

이 기도를 천천히 읽으면서 친구를 위해 기도하거나 특별히 예수님을 영접하도록 도와왔던 사람을 위해 기도하라.

성경은 놀라운 '기도서'라 할 수 있다. 하나님의 말씀을 사용해 다시 기도로 그 말씀을 그분께 들려드리는 것은 여러 가지 이유에서 큰 힘이 있다.

- 진리로 기도하게 된다히 4:12.
- 실제적이고 깊이 있게 기도하게 된다시 5:1 ; 12:6.
- 확신을 갖고 기도하게 된다요일 5:15.
- 하나님의 뜻대로 기도하게 된다시 119:11.

이런 형태의 기도를 실제로 훈련해보라. 조용한 곳으로 가서 성경을 열어 시편 67편을 펼치라. 당신이 속한 공동체나 집단을 위해 기도할 때 이 시편으로 기도하라. 다음으로 데살로니가전서 1장 2-5절의 데살로니가 교인들을 위한 바울의 기도를 펼치고 예수님을 영접하도록 기도하고 있는 사람들을 위해 기도하라. 원한다면 1장 전체를 가지고 기도해도 좋다. 1장은 놀라운 진리의 보고로 가득 차 있는 장이다! 함께 기도 모임을 할 때마다 성경으로 기도해보라. 훨씬 더 의미 있는 기도가 될 것이다.

• 예수님의 사랑을 표현하는 기도

이 기도는 예수님을 얼마나 사랑하며 감사하게 여기는지 고백하는 기도이다. 이 기도는 그분의 성품과 그분이 당신을 위해 해주신 일, 그분이 당신에게 갖는 의미에 대해 말씀드리고 고백한다.

바로 지금 시도해보라. 아마 어렵지 않을 것이다. 그리고 여러 차례 이렇게 기도드려본 적도 있을 것이다. 하지만 처음 이 방법을 시도하는 경우라면 적극적으로 감사와 애정의 표현을 개발할 수 있는 좋은 기회이다. 예수님의 어떤 점을 사랑하는가? 그분의 어떤 점을 존경하는가? 무엇 때문에 그분께 감사하는가? 그분께 고백하라! 나는 에베소서 1장 3절-2장 10절을 이용해서 이 기도를 드린다. 바울은 우리가 그리스도 안에서 모든 신령한 복으로 축복을 받았다는 내용으로 이 문단을 시작한 다음, 이어서 그 축복들을 기술한다. 나는 그 내용을 감사의 기도로 바꾸어 하나님께 기도드린다.

예수님은 우리가 그를 얼마나 뜨겁게 찬양하는지 듣고 싶어 하신다. 우리의 찬양과 찬송을 아무리 들어도 결코 싫증내지 않으신다. 그를 존경하고 찬양하며 감사하고 사랑하는 이유를 그분께 아뢰는 시간을 가져보라.

예수님을 더 깊이 알고 싶다면 그의 생애와 가르침을 기록한 복음서들을 더 읽을 필요가 있다. 나는 지금 누가복음을 읽고 있는 중이다.

여러 차례 반복해서 읽고 천천히 공부하며 그 내용으로 기도하고 내가 받은 인상들을 기록한다. 그러면 예수님을 더욱 사랑하고 감사하는 법을 배우게 된다. 내가 누가복음을 읽는 목적은 예수님에 대해 더 알기 위해서이다. 가령 예수님이 행하신 일들, 그가 가르친 지혜로운 교훈들, 그의 질문, 리더를 길러내신 방법 등 주제별로 나누어 읽음으로써 집중하는 데 도움을 받았다. 누가복음에서 예수님이 제기하신 질문들, 기도하신 기도문, 기도에 대해 가르치신 내용, 제자도에 대해 가르치신 교훈으로 나누어 공부해본 적도 있다.

누가복음 20-24장은 예수님의 생애 마지막 일주일과 십자가상의 처형당하심, 부활, 그리고 이후의 나날들을 다루고 있다. 이 다섯 장은 그의 생애 마지막 8일 동안 일어난 일을 기술하고 이어서 부활 후 지상에서 보내신 마지막 몇 주 동안 일어난 일을 기록하고 있다. 나는 그가 죽음당하시기 전 마지막 주간의 사건들을 자발적인 중보 기도, 예배, 봉헌함, 이렇게 세 가지로 나누어 내게 적용했다. 여러분도 이렇게 해 보기를 추천한다.

예수님의 포로가 되라. 멋진 기도를 드리려고 애쓰지 마라. 마음에서부터 그분을 사랑하라. 신학자처럼 되려고 하지 마라. 그냥 그분과 당신의 관계, 앞으로 그분과 가지고 싶은 관계에 대해 정직하게 실제적으로 말씀드리는 것으로 충분하다.

• 중보 기도

중보 기도란 다른 사람의 필요를 대신 하나님께 아뢰는 기도이다. 중보하기 위해서는 어려움에 처한 사람을 중재하고 변호해야 한다.

히브리서 저자는 성도들에게 자신을 위한 중보 기도를 요청했다. "우리를 위하여 기도하라 우리가 모든 일에 선하게 행하려 하므로 우리에게 선한 양심이 있는 줄을 확신하노니 내가 더 속히 너희에게 돌아가기 위하여 너희가 기도하기를 더욱 원하노라"히 13:18-19. 그는 성도들이 자신을 위해 기도해주면 더 빠른 시일 안에 그들을 보러 갈 수 있다고 믿었다. 우리의 중보 기도를 통해서 기도 응답이 지체될 수도 있고 빨라질 수도 있다. 우리의 기도는 변화를 만들어낸다. 기도하는 우리 내면이 변화될 뿐 아니라 사람들의 환경도 변화될 수 있다. 하나님은 자신이 계획하신 뜻대로 행하시지만 그 시기와 과정에 우리가 동참하도록 허락해 주신다.

예레미야는 이 놀라운 기도의 동역에 대해 하나님이 주신 약속을 이렇게 기록한다. "너는 내게 부르짖으라 내가 네게 응답하겠고 네가 알지 못하는 크고 은밀한 일을 네게 보이리라"렘 33:3.

성실한 중보자가 될 수 있는 방법은 여러 가지가 있다. 기도가 필요하다고 생각하는 사람들의 명단을 작성해서 기도하거나 주제별로 기도 내용을 나누고 일주일 동안 매일 한 주제로 기도하는 방식이다. 예를 들어, 월요일에는 정부 지도자들을 위해 기도하고 화요일에는 가족들을 위해 기도하며 수요일에는 직장 동료, 목요일에는 친구와 이웃들,

금요일에는 예수님의 복음을 한 번도 듣지 못한 국가들과 민족들, 토요일에는 예수님께로 나아오기를 원하는 사람들, 주일에는 출석하는 교회의 목회자들을 위해 기도할 수 있다.

지금 시간을 내서 이런 기도를 드려보기 바란다. 중보자가 될 수 있도록 가르쳐주시기를 기도하라. 매일 중보 기도를 드릴 시간을 따로 정해두라. 성경은 예수님이 우리를 위해 중보하고 계신다고 가르친다롬 8:27-34. 그러므로 우리도 중보자가 되는 법을 배우면 예수님께 더욱 가까이 나아가게 된다.

⏱ 복습과 적용

1_ 누가복음 18장 1-8절로 '진리 발견하기' 성경 공부를 하라.

2_ 예수님께 기도문을 써서 기도해보라. 하나님의 속성과 그가 해주신 일들에 대해 감사와 사랑을 말로 표현해보라.

3_ 겸손의 정의를 생각해보고 그 개념을 토대로 예수님과 자신의 관계를 생각해보라. 주님 앞에서 겸손의 기도를 글로 써보라.

4_ 예수님과 만나는 일곱 가지 방법 중 가장 편한 방식은 무엇인가? 어느 방법이 본인의 성향에 가장 효과적이라 생각하며, 그 기도 방법이 유익할 것이라 생각하는 이유는 무엇인가?

PART 2
선교

: 용기와 정중한 태도로
예수님을 모르는 사람들을 사랑하기

F o l l o w

chapter 8

예수님을 실천하기

최근에 케이프타운 남쪽 근교 외곽의 오션뷰라는 마을이 내려다보이는 언덕으로 드라이브를 간 적이 있었다. 대서양 연안의 멋진 풍경을 배경으로 산기슭에 위치한 오션뷰는 매우 아름다운 곳이지만 실제로는 가슴 아픈 상처를 지닌 곳이다. 그곳은 1960년대 인종 격리 정책으로 유색 인종들이 고향에서 강제로 이주당해 생겨난 남아프리카공화국의 부락들 중 하나로 '유색 인종' 공동체'유색'colored라는 단어는 정치적으로 적합한 용어이며, 더 중요한 점은 그들 스스로 자신들을 지칭해 이 단어를 쓴다는 점이다이다. 남아프리카공화국의 유색 인종이란 남아프리카공화국 원주민인 코이산족의 후손들을 말한다. 15세기 최초의 유럽 개척자들이 남아프리카에 첫발을 내디뎠을 때 코이산족은 케이프 지방에 살던 유목민족이었다.

아파르트헤이트 시절 여러 차례 남아프리카를 방문한 적은 있었지만 남아프리카로 온지 얼마 안 되기 때문에 자신의 고향에서 강제로 쫓겨나 도로와 수 킬로나 떨어진 외진 곳에 새롭게 지정된 정착지로 강제 이주를 당하는 게 어떤 것인지 이해하기가 쉽지 않았다. 고향의 집들과 비교하면 열악하기 그지없는 새 거주지들은 가게나 학교도 없었고 황량한 바람을 그대로 맞을 수밖에 없는 언덕에 위치하고 있었다.

오션뷰의 유색인 공동체는 큰 수치감과 정체성 상실의 고통에 시달리며 심각한 혼란을 겪었다. 오션뷰를 내려다보며 자리에 앉은 나는 직장에 가는 길에 강제로 쫓겨난 예전 집을 보게 될 때 그들의 심정이 어떨지 생각해 보았다. 거절당할 게 뻔하고 실제로 거주가 허용되지 않는 곳임을 알면서 이전 동네의 가게에서 식료품을 살 때 얼마나 처참한 기분이 들지 이해해 보려고 했다. 단지 피부색이 '부적합한' 색이라는 이유만으로 대대로 살던 집을 빼앗겼다고 생각할 때 어떤 마음이 들겠는가?

오션뷰가 보이는 언덕에서 픽업 트럭에 앉아 그 공동체를 내려다보며 나는 하나님께 기도드렸다. 이 사람들을 위해 어떻게 중보해야 하는지 하나님께 물었다. 그 공동체의 '영혼' 속에 처절하게 새겨진 배척당한 고통을 하나님께서 떠올리게 해주시자 깊은 슬픔이 몰려왔다. 돌아갈 집도 없고 의지할 가족이나 부모도 없는 혈혈단신 고아가 된 비통한 느낌이 몰려오면서 견딜 수 없는 슬픔이 느껴졌다. 그래서 나는 용납과 사랑의 마음이 그 공동체 속에 스며들 수 있도록 간절히 기도했다. 하나님께 그들을 떠나지 않고 배회하는 수치의 먹구름을 제거해 주시고 긍지와 존엄과 소속감이 오션뷰 사람들의 마음속에 회복되게 해달라고 간구했다.

특별히 오션뷰의 남성들을 위해 기도해야 한다는 마음이 강하게 들었다. 남아프리카공화국에 도착한 후, 그 공동체에서 남편과 아버지로서 훌륭한 모범을 보여주는 멋진 남성들을 만났다. 하지만 슬프게도 그곳의 많은 남자들은 술과 마약에 찌들어 있었고 분노와 무기력감에 사로잡혀 있었다. 범죄가 일상적으로 일어나고 있었고 남자로서 자긍심을 무너뜨리는 학대라는 은밀한 죄가 만연했다. 그래서 오션뷰의 남성들이 본래의 심성을 회복하고 존엄성을 갖고 살아갈 수 있게 해달라고 기도했다. 마약 중독과 알코올 중독의 저주에서 그 공동체가 해방되고 선량한 남성들이 나오게 해달라고 기도했다.

그 다음 날 오후 오션뷰로 돌아온 나는 셀드릭 프레전트와 실비아 부부를 방문했다. 그들은 올네이션스 소속으로 누추한 집에 살고 있었지만 그 사실을 조금도 수치스럽게 생각하지 않았으며 환경을 개선하기 위해 매달 조금씩 돈을 저금하고 있었다. 최근에 저축을 더하게 되었다며 그들은 통장을 보여주었고 나는 하나님의 채워주심을 그들과 함께 기뻐했다.

그러고 나서 셀드릭은 바깥 거리를 가리키더니 한 가지 이야기를 들려주었다. 동네 청년들 몇 명이 지붕에 돌을 던지고 창문을 깨며 주민들을 위협하고 절도를 하며 주먹 싸움을 벌이고 마약을 사고파는 등 문제를 일으키고 있었다고 한다. 그들 때문에 주민들은 밤에도 야간 경계를 서고 사람들은 무서워서 낮에도 바깥 출입을 꺼리고 있었다. 마침내 이웃 주민들 몇 명이 행동을 취하기로 결정했다. 그들과 어떻게 맞설 것인지 의논하기 위해 사람들은 셸드릭의 집에 모였다. 그는 기도로 모임을 시작해도 괜찮은지 그들에게 물었다. 하나님은 셸드릭을 통해 그들의 마음을 진정시키고 마음에 지혜와 평화를 호소하도록 하셨다. 그러나 그는 그것으로 멈추지 않았다.

셸드릭은 길에서 배회하며 떠도는 청년들을 직접 만나보기로 했다. 자신이 예수님을 만나게 된 이야기를 들려주고 시간이 되면 가까운 교도소를 방문하는 데 함께 동행할 수 있느냐고 물었다. 교도소에 대한 이야기는 그들의 호기심을 자아냈고 셸드릭의 개인적 간증은 신앙에 대한 관심을 불러일으켰다. 그리고 자기들보다 나이가 많은 어른이 일부러 시간을 내서 그들의 말을 들어주고 마음에서 우러나온 진실한 태도로 이야기를 해준다는 사실 때문에 존중받고 있다는 마음이 들었다.

그날 나는 차를 몰고 가면서 셸드릭이 자기가 속한 곳에서 '평안의 사람'으로 섬기고 있다는 생각이 들었다. 하나님은 어른들 뿐 아니라 젊은 갱단들에게도 호의를 얻도록 해주신 것이다. 그러자 누가복음 10장에서 제자들을 파송하시며 예수님이 해주신 말씀이 떠올랐다. "누군가의 집을 방문할 때마다 그 집에 대해 축복하라. 너희의 축복이 받아들여지면 그들에게 관심을 가져야 한다. 더 자주 방문해서 그들이 하나님을 찾고 구하는지 확인해야 한다. 아마 그들은 하나님의 응답이 오기를 간절히 구하고 있을 것이고 너희들에게 가정을 개방할 뿐 아니라 관계도 개방할 것이다"5-7절, 저자가 풀어씀.

예수님은 제자들이 복음을 전하도록 파송하시면서 자기 집을 개방하고 그들의 메시지를 받아들인 사람들의 집에서 숙박을 해결하라고 일러주셨다. 그들은 이웃과 자신의 관계망에 속한 사람들에게 영향력을 미칠 수 있었다. 나는 이 공동체에게 다가가기 위해 더 이상 다른 사람들을 찾을 필요가 없음을 깨달았다. 셀드릭과 실비아가 '예수님의 말씀대로 실천하며' 그곳에 있었다.

오늘날 예수님처럼 행하기

한 친구가 최근에 누가복음 10장 말씀을 실천하고 있다고 말해주었다. 친구가 한 말은 예수님께서 제자들을 앞서 보내셔서 아픈 자들을 고치고 하나님 나라의 도래를 선포하도록 하시기 전에 가르친 원리들을 염두에 둔 것이었다. 그 말을 듣고 나서 나는 무엇인가를 '실천한다'는 게 무슨 의미인지 곰곰이 생각해 보았다. '실천하다'의 사전적 의미는 "개선을 목적으로 무엇인가를 반복적으로 행하다, 관습적이고 습관적으로 무엇인가를 하다"는 뜻이다. 그 의미가 이렇다면 아마 무엇보다 특별히 '실천'할 일은 예수님의 말씀일 것이다. 어떤 과정을 새로 시작할 것인지 혹은 어떤 프로그램을 시작할 것인지 고민하기 전에 예수님을 생각해야 한다.

역설적이게도 오늘날 교회는 '예수 결핍 장애'Jesus deficit disorder를 앓고 있다. 예수님은 사라지고 그 자리에 '정의와 화해, 열방의 제자 삼기,

리더십 원리, 핵심 가치, 하나님 나라'에 대한 열병 같은 열심과 구호만 가득히 울리고 있다. 최근에 한 교회 지도자가 자신은 '구원의 복음'에 관심이 없고 오직 '하늘나라 복음'에 관심이 있다고 말하는 소리를 들었다. 그 둘 사이의 차이점이 무엇인지 확실히 잘 모르겠지만 내가 받은 인상은 그의 언어와 열정에 예수님이 도무지 보이지 않는다는 점이었다.

래너드 스윗과 프랭크 비올라는 '예수 결핍 장애'에 대해 「예수 선언」Jesus Manifesto에서 이렇게 비판했다.

> 그리스도교Christianity란 게 대체 무엇인가? 말 그대로 그리스도이다. 그 이상도 그 이하도 아니다. 그리스도교는 신학이 아니고 철학도 아니다. 회심이란 방향 전환 이상의 것이다. 관계의 변화인 것이다.

예수님을 실천한다는 것이 어떤 것이라고 생각하는가?

예수님을 실천한다는 것의 실제적인 의미

- 예수님 자신에 초점을 맞춘다. 예수님의 교훈과 예수님은 결코 떼어 놓고 생각할 수 없다. 예수님이 바로 메시지이다. 그 자신이 산상 설교의 구현이며 하나님 왕국의 핵심이다.
- 우리가 예수님을 알리는 까닭은 사람들이 그를 사랑하고 순종할 수 있도록 하기 위해서이다. 하나님의 가장 중요한 우선순위는 사회 변

혁, 정의, 치유, 기적, 교회 성장, 교회 개척, 가정교회, 선교, 회복, 성경 공부, 제자도, 그 외 어떤 것이 아니라 그냥 예수님이다. 비올라와 스윗의 글을 인용하자면 "그는 하나님의 계획의 심장이자 혈관이다. 이 점을 간과한다는 것은 핵심을 놓치는 것이다." 물론 나머지 모두 아주 중요하다. 하지만 예수님 자신이 모든 것의 중심에 있을 때만 이 말은 성립된다.

- 우리는 예수님이 보여주신 삶의 방식을 단순히 모방하는 차원이 아니라 실제로 '예수가 되는' 선택을 해야 한다. 우리가 확신을 갖고 이 선택을 할 수 있는 이유는 우리 자신 때문이 아니라 우리 안에 계신 그분 때문이다.
- "예수님이라면 어떻게 하실까?"라는 질문이 아니라 "지금, 내 안에서 나를 통해 예수님이 무슨 일을 하고 계시는가?"라고 질문해야 한다.
- 그리스도의 대의가 아니라 그리스도 자신에 초점을 맞추어야 한다. 그의 대의나 사명에 초점을 맞춘다고 해서 실제로 예수님을 따르고 있다는 의미는 될 수 없다.
- 마음으로 늘 우리 자신을 십자가에 못 박고 예수님께서 왕좌에 앉으시도록 해야 한다. 자신과 다른 사람들을 다스리고 지배하고자 하는 이기적인 본성에 대해서는 죽고 예수님이 다스려 주시도록 구해야 한다.
- 예수님을 실천하는 무리와 실제적인 교제를 나누어야 한다. 예수님은 결코 자기 백성이자 지상의 자기 몸인 교회와 분리될 수 없다. 예수

님을 실천하는 일은 혼자 힘으로는 어렵다. 우리는 공동체적으로 예수님을 추구하고 따르도록 창조되었다.

위대한 종교 지도자들은 모두 철학과 인생의 지혜를 가르쳐주었다. 공자는 "지혜를 추구하라"고 말했고, 부처는 "팔정도를 따르라"고 가르쳤으며 모하메드는 이슬람의 다섯 기둥을 소개했다. 오직 예수님만이 자신을 가리키며 "나를 따르라"고 말씀하셨다. 예수님께 헌신하지 않고 그것을 대체하는 종교는 기독교 '종교'를 비롯해 모두 우상에 불과하다.

어떤 면에서 우리는 누구나 우상의 노예로 살아왔다. 그러나 예수님께서 우리 마음을 사로잡으시고 우리 상상력의 원천이 되시면 우리는 거짓된 우상들, 즉 우리 스스로 만들거나 남들이 강요한 우상들의 횡포에서 해방되어 예수님을 따를 수 있다. 일단 예수님께 사로잡히고 이어서 그로 인한 변화가 일어난다. 그는 우리 존재의 핵심에 있는 공허를 채워주신다. 복사한 사진을 다시 복사해 흐릿한 사진처럼, 예수님을 본받는 자들을 다시 본받을 필요가 없다. 바로 원형 자체에 다가갈 수 있다.

예수님은 수많은 성도들의 삶을 통해 자신을 복제하시며 수많은 '작은 예수들'의 운동을 촉발시키신다. 그들은 그의 모범을 통해 믿음을 갖게 되고 그가 우리 안에 직접 사심으로 힘을 공급받는다. 예수님의 생명은 우리 믿음의 원천이며 섬김에 대한 그의 모범은 우리 삶의 길이다. 그가 직접 우리를 통해 사시는 것이다.

아무리 열정적으로 예수님을 따르는 사람이라도 두려움에 사로잡힐 수 있다. 두려움은 혁명적 변화의 열정을 소진시키고 추진력을 약화시킨다. 그러나 예수님은 용기를 주실 것이다. 그는 우리의 용기가 되신 분이다.

샐리와 내가 남아프리카로 이주하기로 결심했을 때 많은 친구들과 가족들은 충격을 받았다. "남아프리카라면 세계에서 가장 범죄율이 높은 곳 아니야? 하나님이 지금 그곳으로 너희를 부르신다는 게 확실해? 교회를 개척하고 훈련센터를 세우는 게 아니라 은퇴를 생각해야 할 나이 아니야?"

남아프리카로 이주하는 일은 쉽게 결정할 수 있는 문제가 아니었다. 지금 우리는 세계에서 가장 살인 범죄율이 높은 동네 인근에 살고 있다. 그 마을의 한 젊은이는 자기가 아는 여자들 중 절반이 강간당한 여자들이라고 귀뜸해 주었다. 고향의 친구들만큼 격렬하지는 않았지만 여기 남아프리카에 살고 있는 백인들 역시 첫 반응은 동일했다. "제정신입니까? 미국에서 살 수 있는데 뭐하러 여기까지 왔어요?" "여기가 얼마나 위험한 곳인지 모르세요?"라고 말한 숙녀도 있었다.

우리는 이곳이 어떤 곳인지 알고 있었다. 수많은 도전과 어려움이 기다리는 새로운 나라임을 이해하고 있었다. 차량 강탈, 강간, 살인, 가택 침입을 당해보지 않은 남아프리카공화국의 가정을 아직 만나보지 못했을 정도이다. 하지만 두려움 때문에 내 결정을 포기하는 일은 결코 없을 것이다. 샐리와 나는 어떤 대가를 치러야 할지 충분히 고려했고 모든 실제적인 문제들을 생각해 본 후 하나님이 이 놀라운 나라를 재건하도록 돕는 데 우리에게 맡기신 역할이 있다고 믿음으로 결론지었다.

지금 이때는 아프리카를 위한 시간임을 믿는다. 하나님이 아프리카를 위한 멋진 계획들을 갖고 계시며 특별히 남아프리카가 이 대륙을 변화시키는 일에 중대한 역할을 할 것임을 확신한다. 세계의 이목이 아프리카에 집중되어 있다. 하나님께서 이곳에서 변혁의 능력으로 역사하신다면 전 세계 사람들의 상상력과 비전을 사로잡을 풀뿌리 운동이 태동할 것이다. 그리고 하나님이 바로 이 일을 하실 준비가 되어 계심을 확신한다.

예수님이 하신 일과 가르침

예수님을 실천하고자 노력하는 이들에게 조금이나마 도움이 될 수 있도록 누가복음의 첫 10장을 간략히 소개해주고 싶다. 예수님의 이런 행동들과 가르침들을 살펴보면, '예수님을 실천하는데' 방해가 될 유일한 문제는 상상력의 부족이라 생각된다. 아래 표를 읽으면서 예수님이 하고 계신 일들을 상상해보라. 하지만 아직 그리스도를 영접하지 못한 사람들 속에서 당신을 통해 이런 일들을 하고 계신다고 생각해보라. 머리에서 '교회'에 대한 생각을 지우고 대신 예수님을 모르는 사람들을 포함시키라.

예수님의 가르침/삶	제자도가 암시하는 내용	구체적인 적용
예수님의 이야기 (1:1-4:18)	이야기에는 힘이 있다-나의 이야기는 내 인생에 나타난 그의 이야기	
예수님께서 듣고 질문하심 (2:42-52)	사람들에게 적절한 질문을 하고 들어주는 시간을 가질 것	
가난하고 소외된 사람들에게 특별히 관심을 가지심 (4:18-19)	어렵고 고통당하는 이웃들에게 다가가고 손을 내밀 것	
자기와 함께할 사람들을 선택하시고 사람들에게 함께하자고 권하심-제자들을 모으심 (5:4,11,27-28)	그리스도를 영접하고자 하는 사람들의 소모임을 시작할 것	
제자들에게 교회를 새롭게 세울 자율적 권한을 주심 (5:36-39)	비그리스도인들과 의도적인 만남을 통해 공동체를 만들 것	
'보고 만지고 느끼는' 일을 하심 (7:11-16)	어려움에 처한 사람을 섬기는 일에 몸을 사리지 말 것-마음을 함께 나눌 것	
사람들의 도움을 받으심 (8:3)	가난하고 소외된 사람들이 당신을 돕고자 하면 그 마음을 받아들이고 그들로부터 배울 것	
사람들을 고쳐주심 (9:11)	예수님을 모르는 사람이라도 병들어 있다면 병을 낫게 해달라고 기도할 것	
자기 희생과 단순한 삶의 원리를 직접 보이시고 가르치심 (9:23-26)	다른 사람을 위해 사치스러운 생활이나 좋아하는 것을 포기할 것	
사람들을 지배하고 군림하는 파워와 권위를 포기하심을 행동으로 보여주심 (9:46-50)	사람들 위에 군림하고 권한을 휘두르는 것을 즐기지 않는지 자신을 돌아보고 그런 태도를 버릴 것	
제자들을 보내셔서 복음을 전하고 병을 고쳐주며 복음을 전한 사람들의 집에서 숙박을 해결하도록 하시는 모험을 감행하심 (10:4-6, 9:3-4)	우리도 동일하게 할 것. 평안의 사람을 만나거든 예수님이 제자들에게 시키신 대로 할 것	
강도들에게 맞고 착취당한 사람들을 도우라고 가르치심 (10:29-37)	인생의 횡포나 강자들에게 무력하게 휘둘리고 당하는 사람들을 찾아 도움의 손길을 내밀 것	

예수님을 실천하는 목적

예수님을 실천하는 목표는 무엇인가? 예수님을 닮아가는 목표보다 상위 목표가 있을 수 있는가? 신비롭고 기이한 방법이 아닌 우리 머리에서 나와 마음을 거쳐 손으로 표현되는 순종의 방식을 통해 예수님을 닮아가는 것보다 더 중요한 목표가 있는가? 그러나 잠깐만! 모든 설교와 책, 내가 만나서 이야기해본 모든 건전한 그리스도인은 '예수님처럼' 되어야 한다는 데 이의를 제기하지 않는다. 하지만 우리가 예수님을 닮는 것이 최고의 목표라고 말하는 사람들은 별로 없다. 천국이 우리의 궁극적 목적지이지만 예수님을 닮는 것, 즉 지상에서 그가 삶으로 보여주신 모습을 닮아가는 것이 여기 이 지상에 사는 우리의 목표가 되어야 한다.

예수님을 지나치게 신비화시켜서 그의 지상 사역을 우리와 관련짓기가 불가능해지는 죄를 지어서는 안 된다. 그의 인간됨을 부정한다면 그를 여전히 찬양하겠지만 그의 지상의 삶을 우리 인생의 모델로 삼을 수는 없을 것이다. 일상 속에서 예수님을 닮아가는 삶을 배제한 채 예배하고 찬송하며 찬양하는 것으로 그분에 대한 섬김을 한정짓는 거짓된 영성은 우리에게 위안을 줄 것이다. 하지만 그의 삶을 실천하면 우리는 실제로 십자가와 찬송가에 갇히신 그분을 우리 생활 속으로 모셔와 실제 피와 살을 가진 예수님이 되게 할 수 있다. 지상에서 사셨던 그분이 우리를 통해 계속 그 삶을 이어가시도록 해드릴 수 있다.

복습과 적용

1_ 누가복음 10장 29-37절로 '진리 발견하기' 성경 공부를 하라.

2_ 직접적으로 얼굴을 맞대는 이웃들에 대한 지도를 작성해보라. 자신의 집을 기준으로, 사방으로 아홉 집까지 지도에 표시하고 그들의 이름을 얼마나 알고 있으며 그들에 대해 구체적으로 알고 있는 사실은 무엇인지 살펴보라.

3_ 이 장에 소개한 예수님의 교훈과 삶의 도표를 다시 살펴보라. '구체적인 적용'이라는 세 번째 항목을 채우라.

chapter 9

예수님을
전하기

　복음전도란 말은 외면하고 금기시될 말이 아니다. 예수님은 복음전도가 무엇인지 직접 모범으로 보여주셨다. 길 모퉁이에 서서 눈을 부라리며 사람들에게 "나를 영접하라. 안 그러면 저주를 내리겠다"고 고함지르는 광신적인 분이 아니었다. 무리에게 복음을 전하시며 '죄인들'과 친구가 되셨지만 공장에서 통조림을 찍어내듯 억지로 '죄인의 기도'를 드리도록 강요하는 획일적인 방법을 사용하지 않으셨다. 예수님의 가르침과 삶에서 그런 방식을 사용하신 적은 한 번도 없다. 4영리든, 다섯 개의 성경 원리든 그 외 다른 방식이든 예수님을 전하고 나누는 것이 한낱 방법론으로 축소되어서는 안 된다.

　잘못된 복음전도를 혐오하고 싫어하지만 그런 극단주의자들에 대한 호불호에 의해 복음전도가 제한되어서는 안 된다고 생각한다. 예수님처럼 되고 싶다는 열정을 가지고 예수님이 보여주신 삶의 모범과 가르침으로 다시 돌아가야 한다. 그는 우리의 모델이시다.

그렇다면 예수님식의 복음전도란 어떤 것인가? 이 질문의 답을 찾기 위해 우리는 그의 삶을 새롭게 살펴보고 예수님이 사람들과 어떻게 관계맺음을 하셨는지 확인해 보아야 한다. 예를 들어, 예수님은 모범은 보여주셨지만 사람들의 삶에 관여하지는 않는 '침묵의 방관자'이셨는가? 이런 방식을 선호하는 사람들은 "항상 복음을 전하라. 필요하다면 말을 사용하라"는 구호를 좋아한다. 그러나 내가 복음서를 읽어본 바로는 이것은 예수님의 방식이 아니다. 복음서에서 예수님이 수많은 사람들과 교제하시고 대화를 나누신 부분들을 읽고서도 이런 방식이 예수님의 방식이라고 진정으로 확신할 수 있는가?

예수님이 사람들과 어떻게 어울리셨는지를 살펴보면 예수님의 복음전도 방식에 대한 질문의 답을 찾을 수 있을 것이다. 복음서를 공부하면서 나는 예수님이 관계를 맺으신 사람들을 세 부류로 나누어 살펴보는 것이 매우 유익하다는 것을 발견하게 되었다.

- 무리 : 자발적으로 혹은 예수님의 초청에 모여든 사람들-예수님을 지켜보았다.
- 구도자들 : 예수님의 초청에 응한 사람들-어떤 이들은 호기심으로, 어떤 이들은 진실한 마음으로 예수님을 따랐다.
- 제자들 : 예수님을 따르기로 결심한 사람들-따라와서 그의 도를 배

우도록 예수님의 요청을 받았다.

무리

이들은 예수님이 말씀 전파나 병 고침 혹은 개인적인 삶에 직접 관여하심을 통해서 의도적으로 다가가셨던 사람들이다. 더 광범위하게 생각하면 예수님이 다가가서 하나님 나라의 도래를 선포해 주셨던 팔레스틴의 모든 사람들이 여기에 해당한다. 그는 가능한 한 많은 사람들에게 영향력을 끼칠 목적으로 수많은 사람들에게 다가가셨다. 개별적으로뿐 아니라 무리에게 다가가시는 일에도 매우 의도적이고 적극적으로 행동하셨다. 하지만 접근 방식은 각기 달랐다.

예수님은 많은 사람들에게 다가가길 원하셨지만 무리보다는 소그룹이나 개인들과 교제하고 가르치시는 일에 훨씬 더 많은 시간을 사용하셨다. 아마 그를 따르는 사람들과 보낸 전체 시간 중 75퍼센트를 이들에게 사용하셨을 것이다. 예수님은 무리와의 교류를 사람들의 마음 속에 씨를 뿌리는 일이라고 보셨고 눅 8:4-18 영적 흥미를 각성시키며 정식으로 가르쳐야 할 제자들을 발굴하는 과정의 일부로 보셨다. 영적인 목마름과 갈증을 지닌 사람들을 찾고 계셨기 때문에 자신의 시간을 지혜롭게 투자하셨다.

예수님이 무리와 교류하신 사례들을 모두 살펴보면 다음 일곱 방식 중 하나로 요약될 수 있다.

1. 그들을 가르치시고 그들에게 복된 소식을 전하셨다.
2. 그들에게 연민의 마음을 가지셨다.
3. 그들 중 많은 이들의 병을 고쳐주셨다.
4. 그들에게 먹을 것을 주셨다.
5. 죽은 자를 살리셨다.
6. 종교 지도자들에게 핍박당하는 사람들을 변호하고 옹호해주셨다.
7. 하나님이 뜻하신 대로 인생을 상상해 보도록 고취시켜 주셨다.

예수님께서 무리와 교류하시면서 일관되게 피하신 일을 한 가지 꼽으라면, 제자가 되도록 사람들에게 강요하지 않으셨다는 것이다. 전체 무리를 상대로 그의 제자가 되라고 요청하신 적은 없었다. 그 일을 하실 때는 일대일로 사람들을 만났다. 그러나 무리로 있더라도 사람들의 영적 각성을 불러일으키고자 애쓰셨고 하나님을 믿는다면 인생에 어떤 변화가 일어날지 꿈과 기대를 갖도록 그들의 마음에 호소하셨다. 큰 그림에서 보자면 예수님은 특정 지역의 사람들이 그를 알도록 의도적으로 접근하시고 그 점을 염두에 두고 행동하셨다. 자신의 영향권 안에 속한 모든 이들에게 하나님 나라의 복음을 전하고자 의도적으로 노력하셨다마 9:35 ; 막 1:38 ; 눅 13:22.

우리 상황에 '무리'란 개념을 어떻게 적용할 수 있는가? 예수님은 우리의 영향권 안에 있는 모든 사람들, 우리의 관계망 속에 있는 사람들, 가족, 이웃 등이 우리를 통해 복음 듣기를 바라신다. 이 사람들과 관계를 이루고 있는 것은 결코 우연이 아니다. 예수님을 전하도록 하기 위해 우리를 그곳에 두셨다. 그들에게 예수님을 전하는 방법은 여러 가지이다. 내가 예수님을 믿게 된 과정을 이야기해줄 수도 있고 진지한 질문을 통해 그들과 속깊은 대화를 나누어볼 수도 있다. 친구처럼 말을 들어주고 관심을 가지며 성령이 이끄시는 대로 사람들의 필요에 민감하게 반응하며 삶을 나누는 것도 좋다.

우리의 '무리'에게 다가가 손을 내민다는 것은 그들을 위해 기도한다는 뜻이다. 개인적으로 그들을 모두 책임져야 한다는 뜻은 아니다. 하지만 예수님 안에 있는 하나님의 사랑을 그들이 경험할 수 있도록 기도하지 않으면 직장과 학교, 우리가 사는 이웃과 마을과 도시의 사람들을 포함해 우리의 '무리'에게 예수님을 소개하는 일에 구체적으로 우리 몫이 무엇인지 제대로 알 수 없을 것이다. 하나님이 우리를 지금의 이 자리에 두신 것은 다 이유가 있다. 그들의 어려움에 귀기울여 들어주는 사람이 되면 하나님이 원하시는 사람이 된다. 고된 하루 일과를 마치고 편안하게 속내를 털어놓아도 되는 사람, 인생의 무거운 짐과 고민을 깊이 들어줄 수 있는 사람으로 인정받기 위해 노력하라. 이웃을 방문하고 직장에서 간식 시간에 동료의 고민을 들어주며 학교나 대학에서 친구들과 함께 어울리며 관계를 발전시키라. 그래야 그리스도를 위해 영향을 미치는 사람이 될 수 있다.

구도자들

무리 속에서 예수님을 따르는 구도자들이 나왔다. 복음서를 읽어보면 예수님의 주위에는 그를 더욱 깊이 알기 위해 적극적으로 노력한 사람들이 있었음을 알 수 있다. 니고데모와 삭개오, 로마 백부장처럼 복음서 기사를 통해 우리에게 구체적으로 알려진 사람들도 있다. 예수님의 말씀을 들었거나 기적을 행하시는 것을 보고 따라온 사람들도 있었고, 소문으로 그에 대해 듣고 더 깊이 알고자 찾아온 사람들도 있었다. 예수님을 따르는 이유도 사람들마다 다양했다. 어떤 이들은 순수한 마음으로 그를 따랐지만 어떤 이들은 그의 흠을 잡기 위해서 따랐다. 또 어떤 이들은 호기심으로 그를 찾았다. 도움이 절실히 필요한 사람들도 있었다.

그들에 대한 예수님의 반응은 무리에 대한 반응과는 매우 달랐다. 더 개인적이었다. 하지만 언제나 '우호적'이지는 않았다. 그들의 의중을 탐색하시고 질문을 던지셨다. 그리고 거의 항상 그들에게 값비싼 대가를 요구하셨다. 그들을 시험하셨다. 도전적이고 도발적이셨다. 하지만 사랑의 마음으로 대하셨다. 그들에게 할 일을 주고자 하셨고 구체적인 발걸음을 내딛도록 발판을 마련해 주고자 하셨다. 또한 실제로 자기를 따라오려면 대가를 치를 준비가 되어 있어야 함을 알려주고자 하셨다. 그러나 이미 가르쳐주신 진리에 기꺼이 순종하는 자세가 없으면 더 이상 진리를 알려주지 않으셨다.

예수님은 이야기를 들려주고 기적을 행하심을 통해 사람들의 관심을 불러일으키는 법을 보여주셨다. 그러나 우리가 주님께 또 하나 배워야 할 점은, 영적 호기심이나 기적 때문이 아니라 그의 가르침을 듣고 순종하는 기쁨으로 그를 따르도록 도전하신 모습이다. 그들이 한 걸음을 내디디면 예수님은 그 다음 걸음을 내딛도록 그들을 이끄셨다. 씨 뿌리는 자의 비유에서 알 수 있듯이, 예수님은 사람들의 마음 상태가 다르다는 것을 감안하고 접근하셨다. 어떤 이들의 마음은 진리에 대해 완고했고 어떤 이들의 마음은 진리에 열려 있었다. 하지만 진리에 열려 있다고 해서 그 태도가 모두 순수하거나 지속적이지는 않았다. 아직 완전히 헌신된 구도자들이 아닌 이 부류에 대해 예수님이 순종하는 제자가 되도록 초청하시며 도전하신 사례는 많다.마 8:18–22 ; 눅 5:4, 27–28, 8:19–21, 14:26 ; 요 6:60–66.

사람들에게 예수님을 영접하는 기도를 드리게 한 후 그 기도를 드렸다는 이유로 그들을 그리스도인이 되었다고 인정해주는 경우를 종종 본다. 하지만 이런 경우는 그의 제자가 되기 위해 대가를 치른다는 필수적인 선택을 구도자들에게 촉구하는 중요한 과정을 무시할 위험이 있다. 간단하게 한 번 기도드린다고 그리스도인이 되지 않는다. 회개의 결단이 있어야 한다. 진심으로 자신을 믿는 모든 사람들에게 예수님은 온 마음을 내어놓으라고 요구하신다.

예수님은 모든 것을 요구하셨다. 예수님에게 복음전도란 '제자'를 만드는 행위였다. 많은 사람들에게 사랑의 씨와 복음의 씨를 뿌리시면서 진정으로 영적 갈급함이 있고 진리를 알기 위해 대가를 치를 준비가 된 사람들을 골라내는 데 집중하셨다. 제자들의 핵심 집단을 만들어 복음을 전할 사람들을 훈련하셨다. 그렇다면 이것을 우리에게 실제로 적용할 경우 어떤 방법을 사용할 수 있는가? 나는 사람들에게 차를 같이 마시자고 초청하고 그들의 이야기를 들어준다. 그러고 나서 그 다음에 만나면 내 이야기를 들려준다. 상대방이 내 이야기를 자세히 알고 싶다는 관심을 보이면 진리를 발견하는 성경 공부를 통해 예수님의 말씀을 공부하는 모임을 규칙적으로 갖자고 제안한다. 이 책의 마지막 장 '단순한 형태의 교회를 시작하라'에서 이에 대해 더 자세히 소개할 작정이다.

제자들

제자들은 단순히 그의 가르침을 듣는 수준이 아니라 그 말씀에 기꺼이 순종할 의사를 실제적으로 증명한 사람들이었다. 그들은 예수님께서 가르쳐주신 교훈을 실천할수록 순종한다는 것이 무슨 의미인지 점점 더 깊이 이해할 수 있었다. 믿음이 성장하자 예수님은 그들 중 몇 명을 선별해서 더 많은 책임을 맡겨주셨다. 누가복음 6장 13절에서는 더 막중한 지도자의 책임을 맡기기 위해 열두 명을 선택하셨다고 기록한다.

이 부분에서 제자라는 용어는 포괄적으로 사용되고 있다. 예수님의 제자들 중 전폭적이지는 않지만 그와 친밀한 관계를 누리기를 원하는 사람들이 많았다. 하지만 예수님은 그 상태를 용인하셨다. 바리새인들처럼 자신의 '율례와 법도'를 얼마나 엄밀히 준수하는지를 기준으로 내 편과 다른 편을 가르지 않았다. 사람들이 그의 가르침을 듣고 스스로 결단할 여지를 허락하셨다. 진심에서 우러나온 순종을 원하셨다. 폐쇄적인 종교 집단을 만드는 것이 아니라 그들 스스로 가까이 다가오게 하심으로 순종하게 하셨다. 그러나 자신의 핵심 그룹의 제자들에게는 절대적 순종을 요구하셨다. 그 점은 의문의 여지가 없다. 그는 자신이 만들고 계신 새로운 공동체의 중심에 서 계셨기 때문에 그들의 순종이 절대적이어야 했다. 제자들이라 불렸지만 후에 그를 저버린 사람들도 있었다요 6:66. 예수님은 열두 제자들에게 떠나기를 원하느냐고 물었다. 베드로는 "주여 영생의 말씀이 주께 있사오니 우리가 누구에게로 가오리이까"68절라고 대답했다.

예수님의 실천 방식을 자기 상황에 적용해보기

제자도의 역설에 대한 올바른 이해는 무리에서 구도자들로, 다시 제자들의 핵심 집단으로 성장하는 과정에 꼭 필요하다. 이것은 엄격한 방법론이 아니라 우리 인생을 투자할 사람들을 찾아내는 과정이다.

예수님을 전하는 일은 부분적으로는 우리 인생에서 '무리'를 찾아내고 '구도자들'과 관계를 구축하며 시간을 집중적으로 투자할 잠재적 제자들의 핵심 그룹을 선택하는 작업이기도 하다. 일반적으로 복음전도라 부르는 예수님을 전하는 일은 예수님께 진정으로 반응하는 사람들을 찾아내는 과정과 분리될 수 없다.

예수님은 복음에 진정으로 마음이 열린 사람인지 아닌지 분별하는 방법을 가르쳐주셨다.눅 8:4-21. 사람들을 존중하셨지만 또한 하나님을 더 적극적으로 찾도록 도전하셨다. 씨 뿌리는 비유에서 그는 복음을 사람들의 마음 밭에 뿌려진 씨에 비유하셨다. 밭은 그의 말씀을 받을 사람들의 태도에 대한 네 가지 유형을 가리킨다. 예수님이 이 비유를 들려주신 대상은 제자들이었다. 그들이 사람들 마음의 '토양 상태'를 구별할 수 있도록 돕기 위해서였다. 이 비유에서 씨를 뿌리는 자들은 제자들이다.

알리고 전하며 선포하고 가르치라. 예수님이 행하신 일이나 제자들에게 실천하도록 훈련하신 일, 제자들이 또 자기 제자들과 오늘날 우리에게로 이어지는 미래의 제자들에게 훈련하도록 지시하신 일은 종종 이 신약의 단어들로 요약된다마 28:18-20. '복음전파 없는 제자도'는 예수님이 가르치지도 않으셨고 한 번도 보여주신 적이 없으셨다. 예수님의 복음은 들어야 할 진리이며 전하고 설명하며 귀 기울이는 사람들과 공유해야 할 하나님의 메시지다.

비유에서 예수님이 씨 뿌리는 자가 밭의 상태를 가리지 않고 씨를 뿌리는 것으로 묘사하신 것처럼 우리도 그렇게 해야 한다. 거부하지 않는 한 모든 사람들에게 예수님을 전해야 한다. 다만 이 일을 할 때 용기도 필요하지만 정직하고 겸손해야 한다. 신약에서 주님의 메시지는 문자적으로 '복된 소식'의 뜻인 가스펠gospel로 표기되고 있다. 복음은 예수 그리스도의 삶과 죽음과 부활을 말한다. 그것은 하나님이 우리를 사랑하신다는 진리의 메시지이다. 우리는 이 소식을 사람들과 나누어야 한다.

평안의 축복을 받을 사람

누가복음 10장에서 예수님은 영적으로 마음이 열려 있는 사람들을 찾아내고 그들과 관계를 지속하라고 제자들에게 가르치셨다5-7절. 만나는 사람들에게 평안의 축복을 빌어주어야 하고 축복을 받아들이는 사람들이 있다면 바로 그 사람들을 집중적인 관심의 대상으로 삼아야 한다. 나는 그런 종류의 사람을 '평안의 사람'으로 부른다. 이는 예수님께서 그런 남자나 여자를 만나면 '평안'으로 축복하라고 제자들에게 가르치셨기 때문이다.

누가복음을 참고할 때 '평안의 사람'이란 우리를 자신의 인생에 들어오도록 환영하며 영적 굶주림과 목마름이 있는 사람들, 그리고 자신의 관계망들을 복음에 개방하며 예수님께 순종할 준비가 된 사람이라고 말할 수 있다. 신약 곳곳에는 바로 이런 평안의 사람들이 수없이 등장한다. 베드로는 동료인 야고보와 요한을 예수님께로 인도했다눅 5:1-10. 에디오피아 내시는 에디오피아로 돌아가 복음을 전했고 아프리카 최초의 교회가 태동하는 데 기여했다행 8:27. 베드로의 간증을 통해 고넬료와 그의 온 집이 믿음을 가졌다행 11:14. 루디아가 믿음을 갖게 되자 그녀의 가족들도 곧 복음을 받아들였다행 16:14-15,40. 빌립보 간수는 온 가족과 함께 예수님을 주로 영접했다행 16:31-34.

'평안의 사람'의 원리가 우리에게는 어떻게 적용되는가? 예수님은 우리 주위에서 복음을 받아들이도록 하나님이 준비시켜 오신 사람들이 없는지 찾아보기를 원하신다. 그들을 찾다 보면 열린 마음으로 우리 초대에 응할 평안의 사람들을 만날 수 있다. 우리는 기대하며 찾아야 하고 그들을 위해 기도해야 한다. 우리가 사는 동네, 거래처, 학교 기숙사, 대학 교정 등 어디에나 그들은 있다. 그들은 당신의 이웃일 수도 있고 직장 동료나 학교 동급생일 수도 있다. '평안의 사람'은 자기 이웃과 도시와 국가에 영향력을 미칠 수 있는 핵심 인물이다. '외부인'보다 '내부인'이 그 친구들과 가족들에게 더 효과적으로 복음을 전할 수 있다.

복음전도보다 생활이 먼저

그리스도인 공동체에 마음이 끌려 그리스도의 복음을 받아들이는 사람들이 종종 있다. 교회 모임에 출석하는 경우를 말하는 것이 아니다. 자연스럽게 우정을 나누고 함께하는 시간을 통해 우리 생활 속의 일부로 들어온 사람들을 말한다. 사람들은 우리의 사랑을 눈으로 확인할 때 우리가 예수님을 사랑한다는 말이 사실이라고 믿는다.

복음전도란 일과표 중의 하나로 끼워 넣었다가 집에 갈 때는 두고 가는 어떤 일정이 아니다. 사실상 복음을 전할 가장 효과적인 곳은 바로 우리 가정이다. 이 말은 예수님을 우리 생활에 맞추는 것이 아니라 우리 생활을 예수님께 맞추어야 한다는 뜻이다. 복음전도와 교회는 출석해야 할 모임과 순종해야 할 의무가 아니라 생활방식이다.

의도적인 복음전도

나는 '의도적'이라는 단어가 좋다. 이 단어는 다른 사람들과 예수님을 공유하는 법을 배워가는 내 여정을 잘 표현해준다. 내가 예수님을 전하고 나누는 일에 가장 효과가 나타날 때는 사람들과 일상적인 일을 함께할 때, 그러나 의도성을 갖고 할 때임을 발견한다.

이 말은 사람들과 언제라도 예수님을 나눌 수 있도록 준비되어 있어야 한다는 뜻이다. 기회가 저절로 내 무릎에 떨어지는 경우는 거의 없다. 나는 준비되기 위해 곧 의도적인 모습이 되기 위해 준비하는 일을 좋아한다. 이것은 사람들의 필요에 민감하며 그들이 겪는 고민과 어려움과 위기의 순간에 그들의 고통에 예민하고 섬세하게 반응하며 귀 기울여 듣고 기도하며 공유할 기회들을 잘 포착하고 붙드는 훈련이 포함된다. 나는 사람들의 이야기에 진지하게 관심을 기울이고 경청하며 그들을 위해 기도한다. 그리고 기회를 봐서 내 이야기를 함께 나누어도 될지 정중하게 요청한다.

복음은 메시지이다. 이 메시지를 나눌 수 있는 매우 강력한 방법 중 하나는 내가 어떻게 예수님을 영접하게 되었는지 이야기해 주는 것이다. 앞서 1장에서 나는 예수님이 내게 살아계신 인격체로 다가오시기까지의 이야기를 들려준 바 있다. 그리스도를 믿게 된 개인적이고 진실한 간증거리가 있는 사람들은 복음을 믿지 않는 사람에게 다가가기에 결코 불리한 입장이 아니다. 그 이야기는 바로 그들의 이야기이기 때문이다.

자신의 이야기를 나눌 준비를 갖추도록 하라. 자신의 이야기를 되새기고 적어봄으로써 언제든지 복음을 전하도록 준비하고 있으라(의도적이 될 수 있도록 의도적으로 준비하라!). 친구들에게 그 이야기를 들려주는 방법으로 연습을 해보라. 개선점이나 보완점이 필요한지 지적해달라고 부탁하라. 예수님을 믿게 된 과정을 짧은 시간 안에 말할 수 있도록 연습하라. 수치스러운 내용을 세세히 묘사하거나 핵심에서 벗어난 지루한 내용을 집어넣어 늘어지지 않도록 하라. 듣는 사람이 흥미를 갖도록 하되 정직하라. 우리는 종종 무슨 말을 할지 혹은 어떻게 말을 꺼내야 할지 몰라 예수님을 전하는 일에 두려움을 느끼고 포기해 버린다.

몇 년 전 대학생들과의 모임을 가지면서 개인적으로 예수님을 영접하게 된 과정을 각자 써보고 서로 그 내용을 나누어보도록 훈련한 적이 있다. 몇 명의 용감한 학생들이 전체 모임 앞에서 그 이야기를 발표했다. 하지만 솔직히 말해 그들의 이야기를 들으면서 나는 미소를 짓기가 쉽지 않았다. 그들이 학생들 앞에서 공개적으로 나눈 이야기는 상당히 지루했고 예수님에 대한 언급은 아예 빠져 있었다. 왜 죄 용서함이 필요한지 이유도 찾아볼 수 없을뿐더러 감동도 없었다. 부모님 때문에 교회에 간 이야기나 세례를 받은 이야기 등의 내용이 거의 전부였다.

그 경험 때문에 나는 예수님을 어떻게 전할지 의도적으로 계획해야 할 절대적 필요성을 깨닫게 되었다. 자기 이야기를 들려줄 때 복음의 중요한 부분들을 계획적으로 포함시켜야 한다. 이 책의 프롤로그에 소개한 다섯 가지 부로 구성된 '하나님의 이야기'를 순서별로 포함시키면 좋다.

- 창조 : 하나님은 우리와 관계를 맺으시기 위해 우리를 창조하셨다. 하나님은 우리를 사랑하시려고 우리를 창조하셨으며 우리 인생의 목적을 갖고 계신다. 이것이 진리임을 어떻게 믿게 되었는지 그로 인해 내 인생에 어떤 변화가 일어났는지 이야기해 주라.
- 반역 : 우리 인간은 모두 이런저런 방법으로 하나님을 외면하고 반역했다. 하나님에 대한 반역은 직접적으로 반기를 드는 공격적인 형태일 수도 있고 자기 의와 자기 만족과 같은 종교적인 형태일 수도 있다. 탕자의 비유에 등장한 탕자와 그의 형, 두 사람 모두 아버지의 사랑을 깨달아야 할 필요가 있었다. 내가 하나님께 죄를 지었다는 것을 어떻게 깨닫게 되었는지 이야기해 주라.
- 희생 : 인간이 반역하자 하나님은 하나님과의 분리와 사망을 심판으로 선언하셨다. 그러나 그대로 우리를 버려두지는 않으셨다. 예수님께서 십자가에서 대속적 죽음을 당하심으로 우리가 받을 형벌을 거두어 가시는 놀라운 자비를 베풀어 주셨다. 하나님의 용서가 필요하다는 것을 당신은 어떻게 깨닫게 되었는가? 누구의 경우든 신앙 간증에서 이 부분은 아주 중요한 부분이다.
- 돌아감 : 하나님의 놀라운 사랑에 대한 적합한 반응은 우리 죄를 인정하고 그의 용서하심을 구하며 그분께 돌아가는 것이다. 당신이 신앙

간증을 할 때 회개하고 하나님께 돌아간 내용을 들려주어야 한다면 어떤 내용으로 들려주겠는가?

• 위임 : 하나님은 먼저 우리와의 우정을 회복시키신 다음 다른 사람들에게 예수님의 복된 소식을 전하도록 위임하신다. 그는 특정한 열정과 관심, 능력을 가진 존재로 우리를 창조하시고 세상으로 우리를 보내셔서 사람들을 섬기는 일에 그 은사들을 의미 있게 사용하도록 하신다.

'하나님의 이야기'를 나눌 때 창의적이고 융통성이 있어야 한다. 나는 사람들에 대한 하나님의 사랑을 최대한 잘 알릴 수 있도록 이 진리들을 전달할 방법들을 다각도로 찾아본다. 때로 사람들에게 그들이 얼마나 특별한 존재로 창조되었는지 알려주고 우리가 몸 담고 있는 세상의 고통은 인간의 이기심 때문임을 설명하는 데 시간을 들이기도 한다. 어떻게 예수님을 영접하게 되었는지 자신의 이야기를 써본 다음 다른 사람들과 함께 살펴보라. 자신의 이야기가 예수님의 성품과 십자가에 죽으심으로 우리를 위해 해주신 일을 충실하게 잘 전달하고 있는지 확인하라. 당신의 이야기를 하면서 '하나님의 이야기'를 하라! 그 이야기 속에 '하나님의 이야기'라고 명명한 복음, 즉 이 다섯 진리가 적절히 포함되게 하라. 우리 이야기는 3부로 이루어지는 것이 아주 자연스럽다는 것을 기억하라.

1. 예수님을 믿기 전의 생활.

2. 예수님을 믿게 된 과정.

3. 그분이 우리 삶에 이루어주신 변화들.

의도성의 문화 창조

   예수님을 전하는 개인적인 열정을 통해 순수하고 의도적인 복음전도의 문화를 조성할 수 있다. 성경 공부 모임이나 가정 모임 혹은 청년회로 모일 때 복음전도에 동참하도록 서로 독려해주라. 자신이 소속된 신앙 공동체에서 사람들과 교제할 때 당신이 믿음을 갖게 된 과정이나 신앙 간증에 관심을 갖도록 주의를 환기시키라. 개인적인 사례와 실천들을 통해 비전을 불러일으키면 자연스럽게 사람들을 주도할 수 있다.

   복음의 소망을 가장 강력히 불러일으키는 사람들이 리더가 되게 하라! 사람들에게 들려 줄 진실하고 개인적인 이야기가 없다면 사람들은 그 리더의 말을 진지하게 받아들이지 않을 것이다. 신앙을 갖게 된 사람들이 생기거나 다른 사람들이 신앙을 갖도록 도와주었을 때 서로 축하하는 시간을 가지라. 그런 분위기를 통해 복음을 의도적으로 전하는 문화가 자리잡을 것이다. 공적인 세례를 받을 때도 이런 분위기를 조성할 수 있다. 예수님 안에서 얻게 된 새 생명을 축하하는 놀라운 시간이 될 수 있다. 어떤 공동체들은 사람들을 직장으로 파송하는 위임식을 정기적으로 시행한다고 한다. 의도성의 문화 조성은 DNA처럼 성도들의 교제 속에 자연스러운 일부로 자리잡을 때 더욱 폭넓게 뿌리내릴 수 있다. 공동체의 공유된 삶을 통해 그 파장이 전달되며 흘러가게 된다.

팀 체스터와 스티브 티미스는 이런 종류의 의도성을 「완전한 교회」 Total Church에서 다음과 같이 요약한다.

> 무엇보다 서로에게 그 문화의 모델이 되어 그 문화가 일상화되도록 해야 한다. 사람들에게 '하나님에 대한 대화'가 일상적으로 이루어지는 공동체가 어떤 것인지 보여주어야 한다. 이것은 우리가 성경에서 읽은 내용을 서로 이야기하고 어려운 일이 생길 때마다 함께 기도하며 복음 안에서 함께 기쁨을 누리고 우리의 영적 싸움들을 서로 공유한다는 뜻이다. 신자들뿐 아니라 불신자들과도 이런 나눔이 있어야 한다는 뜻이다. 우리는 함께하는 삶이 복음으로 속속들이 스며들고 배어 있기를 원한다.

자연스러운 관계 속에서 유연하게 복음 전하기

우리는 자연스러운 동시에 의도적일 수 있다. 케이프타운의 올네이션스 공동체는 복음으로 속속들이 배어 있고 사랑과 의도성이 가득한 공동체적 생활을 나누기 위해 노력해왔다.

아내 샐리는 가게에 장을 보러 가면 사람들과 친근하게 인사를 나누고 사랑을 표현하고 격려하는 일을 아주 자연스럽게 해낸다. 누구나 그런 것처럼 우리도 자주 다니는 가게에 가면 줄을 서서 기다리는데 많은 시간을 허비한다. 며칠 전에 샐리는 맨 마지막 줄에 서서 여느 때처럼 지루하게 기다리고 있었다. 앞줄에 서 있던 몇 사람이 기다리는 게 짜증스럽고 화가 났는지 점원이 일을 제대로 못한다고 큰 소리로 불평했다. 샐리는 자신의 차례가 오자 의도적으로 그들과 아주 다른 태도로 점원을 대했다.

매우 훌륭하다고 점원을 칭찬해주고 상냥한 얼굴로 그녀의 이름을 물어보았다. 그녀는 마리라고 자신의 이름을 가르쳐주었다. 어머니의 이름을 물려받은 것이냐고 샐리는 다시 물었다. 마리는 부모님이 마리라고 하는 훌륭한 그리스도인 여성을 알고 지냈는데 그녀의 이름을 따서 지은 이름이라고 설명해 주었다. 그리고 계속해서 자신은 일년에 두 번밖에 교회를 다니지 않지만 '자신을 그리스도인이라고 할 수 있는지' 최근 들어 고민해오고 있다고 이야기했다. 두 사람은 나중에 다시 만나 대화를 계속하기로 약속했다. 그 다음에 만났을 때 마리는 자신이 교회에 다닌다는 말을 왜 알려주었는지 모르겠지만 샐리의 태도가 너무나 고마워서 속에 있는 말을 하게 된 것 같다고 털어놓았다.

우리 공동체의 또 다른 일원인 안나는 예술을 매개로 생활 속에서 의도적인 복음전도를 실천하고 있다. 지역 학교에서 미술 수업을 하고 강의도 하는 그녀는 그 시간들을 통해 청소년들과 교제를 나누고, 예술에 대한 열정을 통해 그들을 복음으로 인도하고 제자로 훈련한다.

우리가 함께 생활하는 사람들에게 의도성을 실천할 뿐 아니라 낯선 사람들이나 생면부지의 사람들에게도 의도성을 실천할 수 있다. 얼마 전에 나는 요하네스버그로 가는 국제선에서 맞은편 통로의 숙녀와 대화를 한 적이 있다. 우리는 날씨나 비행이 얼마나 편할지 등의 의례적인 수준의 대화를 주고받았다. 대화가 계속 이어지자 그녀는 자신이 KLM 항공사에서 일하고 있으며 교육을 받기 위해 그동안 암스테르담에 머물렀다고 이야기했다. 나는 구체적으로 무슨 일을 하며 그 일을 정말 즐기느냐고 물어보았다. 그리고 속으로 주님이 우리 대화를 계속 인도해 주시라고 기도드렸다.

마침내 내가 고대하던 대로 그녀는 내 직업이 무엇이냐고 물었다. 나는 가난한 사람들을 섬기는 일을 한다고 일러주었다. 그리고 놀란 표정으로 나를 바라보는 그녀에게 내 신앙이 내게 얼마나 중요한 의미인지 말해주었다.

그녀는 자신이 천주교인이며 마리아에게 기도를 드린다고 딱 부러지듯이 말했다. "당신은 당신 신앙을 갖고 나는 내 신앙을 갖겠어요"라고 말하는 것 같았다. 나는 그녀가 내 반응이 어떨지 아주 궁금한 표정으로 주시하고 있음을 알아차렸다. 나는 별다른 반응을 보이지 않은 채 상대방이 거부감이 들지 않도록 기도가 정말 중요하다는 말만 했다.

얼마 후 그녀는 나를 보더니 마리아에게 기도하는 것을 어떻게 생각하느냐고 물었다. 나는 잠시 생각에 잠겼다. 그리고 그 순간 성령의 임재하심을 느꼈다. 나는 이렇게 대답했다. "내게도 마리아에게 기도하는 친구들이 있는데 예수님께 기도할 자격이 없어서 그렇게 기도한다더군요." 그리고 내 이야기를 들려주었다. 종교적 규례와 율법에 얽매여 살던 내가 자유를 얻고 예수님과 사랑의 관계를 누리게 된 과정과 하나님과의 종교적 관계에서 벗어나 어느 날 갑자기 예수님을 통해 하나님과 인격적 관계를 누릴 수 있다는 깨달음을 얻게 되었던 이야기를 해주었다. 그것은 바로 그가 나를 사랑하시기 때문임을 깨달았기에 가능한 일이었다고 알려주었다. 그리고 "그 일은 내게 일어난 가장 놀라운 일이었습니다"라는 말로 마무리했다. 그녀의 뺨에서는 굵은 눈물이 흘러내렸다. "이때까지 그런 이야기를 한 번도 들은 적이 없었어요. 너무나 감동적인 이야기예요." 그녀는 울먹이며 말했다.

그 순간 성령께서는 하나님의 사랑을 그녀가 깨닫도록 해주셨다. 우리의 대화는 한동안 계속되었다. 나는 그녀가 원하지 않는 것을 억지로 강요하려고 하지 않았다. 다만 어떻게 하면 나처럼 예수님과 그런 관계를 누릴 수 있는지 일러주었다. 나는 그녀가 그날 자신에 대한 하나님의 사랑을 깨닫고 그 사랑을 자신의 것으로 만들기 위해 어떻게 반응하면 되는지 명확하고 깊은 이해를 가지고 비행기에서 내렸음을 알고 있다.

영적 호기심 자극하기

사람들과 개별적으로 알게 되더라도 예수님을 전하는 행운을 항상 누리지 못할 수도 있다. 그리스도에 대해 먼저 말을 꺼내야 할 때가 있고 성령의 인도하심을 받아 자연스럽게 기회가 올 때까지 기다려야 하는 경우도 있다. 늘 먼저 안달할 필요는 없다. 예수님께서 십자가에서 죽으심으로 우리에게 그 권한을 부여하셨다. 예를 들어 비행 시간이 아무리 길다 해도 기내 승객들과 대화를 할 시간은 한정적이다. 그런 상황에서 우리는 성령의 인도하심을 따라야 한다. 아마 성령은 우리가 바로 대화로 들어가서 영적 문제에 대한 상대방의 관심사에 대해 질문하기를 원하실 수도 있다. 상대방의 반응이 부정적이라 해도 너무 아쉬워하지 말라. 대화를 강요하지 말라. 용기를 갖고 말을 걸어야 하지만 정중함과 품위를 잃어서는 안 된다. 우리의 책임은 대화를 강요하는 게 아니라 하나님께 순종하는 것이다.

예수님은 신앙적 주제로 대화를 시작하시는 데 매우 능숙한 분이었다. 사람들의 흥미를 불러일으키기 위해 주제가 담긴 이야기비유를 들려주시곤 했다. 그런 이야기들은 사람들을 생각하게 만들었고 사람들은 더 분명하게 이해하고 싶어서 질문을 던졌다. 그러면 예수님은 그 질문을 받아 이야기를 더 이어가셨고 전달하고 싶은 더 깊은 진리들을 함께 나누셨다. 단 그들이 관심을 보일 경우에 그렇게 하셨다.

예를 들어 우물에 물을 길러온 사마리아 여인과 예수님의 대화를 시간 순서로 소개한 요한의 기록을 보자. 예수님은 그녀의 관심을 끌고 영적 흥미를 불러일으키실 목적으로 '생수'라는 단어를 사용하셨다. 예상대로 그 단어에 여인의 호기심이 발동했고 대화가 끝나갈 무렵 그녀의 인생은 영원히 달라졌다요 4:4-42. 그녀는 '평안의 사람'이었다. 다른 사람들에게도 예수님의 가르침을 듣도록 전했기 때문이다. 예수님은 예언자적 통찰로 그녀의 인생의 비밀을 이용해 마음을 건드리셨다. 수치를 줄 목적이 아니라 영적 갈망을 자극할 목적이었기 때문에 부드럽게 이 부분을 지적하셨다. 그녀는 예수님의 의도대로 반응했고 결과적으로 다른 이들까지 그 반응에 동참하도록 만들었다.

진리의 공유는 복음전도의 중요한 부분을 차지한다. 하지만 가장 강력한 변화의 힘은 단순히 우리가 사용하는 단어들이 아니라 말을 하는 이면의 태도에서 나온다. 달변이 아니라 진지하고 정직한 태도에 사람들이 마음을 열 것이다. 사람들이 보고 싶은 것은 우리가 진정으로 그들을 염려하고 이해한다는 진심 어린 마음이다. 그럴 때만 그들은 복음의 메시지에 마음을 열 것이다. 시간이 걸리겠지만 결코 헛되이 쓴 시간이 아닐 것이다.

관계가 어떻게 되든 상관없이 상대방이 자신의 말에 동의하도록 만들고 말겠다는 결의로 번뜩이는 사람들이 간혹 있다. 전사가 아니라 증인으로 부름받았다는 사실을 잘 모르는 사람들인 것 같다. 우리는 결연한 의지력과 언변으로 상대방을 제압하고자 복음을 전하는 게 아니다.

대화를 나눌 때 상대방과 공통의 관심사를 찾아내는 게 중요하다. 아무 공통점도 없이 무턱대고 말을 꺼내기보다 공통의 관심사나 믿음으로 대화를 시작하는 게 훨씬 쉽다. 예수님을 전하는 데 이것이 필수적인 요소는 아니더라도 유익한 도움이 된다.

사도 바울은 예수님을 전할 때 공통된 관심사를 찾아내는 비결을 알고 있었다. 그는 회당과 시장에서 자주 복음을 전했다. 아레오바고에서 철학자들에게 말씀을 전할 때, 바울은 "들으라. 진리에 오도된 너희 철학자들과 말만 번지르르한 지식인들이여. 너희들이 섬기는 신은 죽은 신이다. 우상들에게 기도하느라 시간을 허비하고 있다. 조용히 하라.

그러면 참되고 한 분이신 하나님, 내가 섬기는 신에 대해 알려주겠다"라는 식으로 말하지 않았다.

오히려 그는 그들과 공감대를 형성할 이야기부터 시작했다. "아덴 사람들아 너희를 보니 범사에 종교심이 많도다 내가 두루 다니며 너희가 위하는 것들을 보다가 알지 못하는 신에게라고 새긴 단도 보았으니 그런즉 너희가 알지 못하고 위하는 그것을 내가 너희에게 알게 하리라"행 17:22-23. 청중이 공감하는 핵심을 끄집어낸 바울은 이어서 그들의 이해 수준에 맞추어 복음을 간단하면서도 명쾌하게 소개했다. 그의 메시지를 거부한 이들도 있었지만 예수님을 주로 영접한 이들도 있었다. "그들이 죽은 자의 부활을 듣고 어떤 사람은 조롱도 하고 어떤 사람은 이 일에 대하여 네 말을 다시 듣겠다 하니 … 몇 사람이 그를 가까이하여 믿으니"32,34절. 바울이 청중을 조금도 배려하지 않고 공격적으로 복음을 전했더라면 그들 중에 믿을 사람이 과연 있었을지 의문스럽다.

성령이 하실 일을 대신할 자격이 없다

때로 나는 성령이 하실 일을 대신하려다가 오히려 사람들의 분노를 사고 내 스스로도 당혹스러운 어리석음을 범할 때가 있었다. 그런 시행착오를 통해, 하나님의 때가 되면 성령께서 하나님의 방법으로 사람들이 진리를 깨닫게 해주신다는 사실을 배웠다. 우리가 할 일은 사람들의 마음속에 복음의 씨를 뿌리는 것이다. 그 씨가 뿌리를 내려 새 생명을 수확물로 추수하게 하는 것은 성령의 일임을 기억해야 한다.

예수님은 사람들의 마음을 조종하신 적이 없다. 원하시는 일을 할 수밖에 없도록 사람들을 일부러 궁지로 몰아넣지 않으셨다. 늘 진리를 제시하신 다음 사람들이 스스로 합당하다고 생각한 바를 따라 결정할 수 있도록 운신의 자유를 주셨다. 우리는 복음을 전할 때 예수님이 보여주신 본을 따라야 한다. 사람들이 복음을 받아들이도록 교묘히 조종하면 누군가가 그 복음을 버리도록 조종하기가 그만큼 쉬워진다는 것을 기억하라. 스스로 확신하지 못한 상태에서 성급하게 결정하고 하나님의 내주하심을 통해 그 결정대로 살 수 있도록 도우심을 받지 못하는 것보다는 시간이 걸리더라도 인내하며 그 결정이 자기 의지에 따른 올바른 결정이 되도록 기다리고 확신하는 편이 훨씬 더 낫다.

현재적 인내

인스턴트 시대에 살기 때문에 사람들은 즉각적인 결과를 요구하기 쉽지만 예수님을 전하는 일에 지름길은 없다. 한 사람에게 예수님을 전하기 위해서 몇 주간, 몇 달, 심지어 몇 년 동안의 기도가 필요한 경우도 있다.

샐리와 내가 암스테르담에 살 때 한 여행자 호텔의 작은 미용실에서 머리를 자른 적이 있다. 미용실 원장은 게이였고 고객들 중에는 창녀들도 일부 있었다. 우리는 믿음의 공동체 밖에 있는 사람들과 의미 있는 우정을 나누고 싶었다.

우리의 머리를 손질해준 미용사 마리에케는 내가 신앙적인 대화를 나누려고 하자 거부감을 보였다. 나는 미용실로 갈 때마다 계속 기도를 했고 머리를 깎는 동안에도 기도를 쉬지 않았지만 아무 변화도 일어나지 않았다. 그러나 그녀에게 복음 전하기를 포기하고 싶은 유혹을 받을 때마다 주께서 "인내하라. 그녀의 마음에 변화가 일어나도록 해주겠다"고 말씀하시는 소리를 들었다.

그리고 몇 년이 흐른 후, 뜻밖의 방법으로 전환점이 찾아왔다. 스스로 그리스도인이라 주장하는 한 사람이 미용실에 머리를 깎으러 왔다. 그는 미용사 한 명에게 데이트 신청을 했고 그녀를 유혹하고 농락하려고 했다. 미용실 사람들은 그 사건에 매우 분개했다. 그들이 가장 혼란스러웠던 점은 그 남자가 스스로 그리스도인이라 떠벌렸다는 사실이었다. 그 다음에 샐리가 미용실에 갔을 때 마리에케가 그 이야기를 들려주면서 "그 사람은 플로이드 같은 그리스도인이 아니었어요. 플로이드는 믿음이 가요. 그러면 절대 그런 짓을 하지 않을 거예요"라고 말했다.

얼마 뒤에 나도 머리를 깎으러 갔다. 마리에케에게 "아내를 통해 들었는데 그런 말을 해줘서 고마워요. 나를 신뢰한다니 정말 기쁘군요. 샐리와 나는 여러분을 사랑하고 정말 좋아합니다"라고 말했다. 그날을 계기로 우리의 우정은 획기적으로 진전되었다. 새로운 차원으로 서로에게 마음을 열고 정직할 수 있었다. 미용실을 갈 때마다 그녀는 나와 많은 이야기를 나누고 싶어 했다.

복음의 씨앗이 그녀의 마음속에 뿌리내리기 시작하는 데 몇 년에 걸친 인내와 기다림이 필요했다. 때로 좌절감이 나를 괴롭혔고 그 시간들이 무의미하다고 여겨졌지만 그 견딤의 시간들, 간절한 마음으로 기도하며 시내를 걸어 미용실까지 갔던 시간들은 그녀의 마음에 깊은 영향을 미쳤다.

실천하기

사람들에게 예수님을 전할 때 무엇부터 시작해야 하는지 알고 싶은 사람들이 있을 것이다. 구체적인 단계들과 도움을 찾고 있다면 몇 가지 제안을 하고 싶다.

첫째, 예수님을 믿지 않는 친구들 중 서너 명을 선택해 꾸준히 기도하라. 그런 친구들이 없다면 지금이라도 찾아보라. 하나님께 친구들을 섬길 수 있는 방법들을 알려주시도록 기도하라. 그들의 생활에 어떻게 더 적극적으로 관여할 수 있는지 여쭈어보라. 집으로 그들을 초대하거나 직장에서 더 적극적으로 우정을 나눌 수 있도록 노력하라.

둘째, 그 사람들과 우정을 더 깊이 발전시키라. 그들을 집으로 초청해 다과와 대화 시간을 가지라. 그들의 이야기를 들어주라. 좋아하는 활동을 함께하며 우정을 쌓으라. 상호 관심사를 개발하라. 또 한 번 집으로 초청해서 다과를 나누되 이번에는 자신의 이야기를 해주라.

셋째, 신앙에 대한 대화를 시작하라. 신앙에 대해 어떻게 생각하느냐고 물어보라. 어려운 일이 생길 때 하나님을 의지하느냐고 물어보라. 사람들에게 설교를 하거나 틀에 박힌 성경적인 대답을 하지 않도록 주의하라. 적절한 질문을 하고 자신이 하나님을 믿게 된 과정을 들려주며 하나님의 이야기를 나누라. 평안의 사람, 예수님이 나로 가까이 다가가도록 이끌어주시는 사람, 영적으로 성장하고 싶은 간절함이 있는 사람들이 있는지 찾아보라.

넷째, 그리스도인 친구들과의 모임과 활동에 참여하도록 초대하라. 그들이 어떤 형태의 모임에 가장 편안하게 참석할 수 있을지 민감하게 배려해야 한다. 소속감이 예수님과 더욱 가까워질 수 있는 계기를 마련해준다는 것을 기억하라.

다섯째, 몇 주간 성경 공부 모임을 하자고 제안하라. 계속해서 관심을 보인다면 'ABC 접근 방식'을 활용해 다소 체계적이고 방향성이 있는 공부가 되게 하라4장 참고. 유익한 주제와 성경 구절 목록은 부록 1을 참고하라.

두려움의 극복

영적인 대화에 본격적으로 들어가야 할 때가 되면 종종 마음이 불안하고 가슴이 콩닥거린다. 그 친구가 어떻게 생각할지 걱정이 되고 불안과 불확실성이 커진다. '그들이 내 제안을 거부하면 어떡하지? 내가 바보 같다고 생각하지 않을까?'와 같은 생각들이 빠르게 스치고 지나간다.

사람들에게 예수님을 전하고자 하는 이들은 누구나 두려움을 경험한다. 내게도 그런 경험이 있다. 대학교 때 네바다의 라스베가스에서 단기 복음전도를 한 적이 있다. 우리는 집집마다 방문하며 예수님을 전할 기회를 찾았다. 첫 집을 만나 문을 두드렸다. 그 집의 여주인이 누구냐고 물었다. 나는 아주 불안한 마음으로 "안녕하세요. 얘는 내 친구 존이고 제 이름은 예수 그리스도입니다. 플로이드에 대해 이야기를 나누고 싶습니다"라고 대답했다.

다행히 그 순간 유머를 발휘한 덕분에 싸늘하고 어색한 분위기는 사라졌고 그 여성은 우리가 실제로 하고 싶은 이야기가 무엇이냐고 물었다. 나는 매우 떨린다고 솔직히 이야기하고 우리의 목적은 예수님 안에서 발견했던 기쁨과 죄 용서함을 알리는 것이라고 말했다. 놀랍게도 그녀는 문 앞에 서서 꽤 긴 시간 동안 우리 말을 들어주었다. 그리스도와 우리의 관계에 대한 간단한 간증이었지만 그녀의 마음은 깊은 감동을 받는 듯했다.

여러 종류의 두려움

예수님에 대한 우리 믿음을 나누는 데 방해가 될 두려움들을 더 확실하게 알아보는 것이 도움이 되리라 생각한다.

• 거절의 두려움

아주 어릴 때부터 우리는 다른 사람들의 인정을 구하도록 양육되었다. 사람들이 우리를 거절하지 않을까 두려워하고 잘못된 말을 하든지 조금이라도 어리석은 행동을 하면 놀림을 받을까봐 겁을 내게 되었다. 사람들은 자신들의 성적 경험과 정치적 신념, 날씨, 스포츠에 대해 거리낌없이 이야기하고 머리에 떠오르는 생각들을 별 두려움 없이 이야기한다. 그런데 예수님을 따르는 제자들인 우리가 그토록 중요한 이야기를 하고 싶어 하지 않는 이유는 무엇인가? 자신이 원하는 방향으로 대화를 억지로 끌고 가려고 해서는 안 된다. 개인적인 경험이지만 특정한 주제에 대해 내 생각을 나누어도 되는지 상대방에게 질문하거나 신앙에 대한 개인적인 질문이 있느냐고 물어보는 게 내게는 도움이 되었다.

우리가 경험하는 이런 내적 두려움들이 우리를 지배하도록 방치하면 죄를 지을 수도 있다. 두려움에 우리 행동이 좌우되도록 허용하면 우리는 두려움의 노예가 된다. 성경은 죄뿐 아니라요일 1:9 두려움을 다루는 가장 중요한 방법은 고백하는 것이라고 말한다.

- 명성 상실의 두려움

이 두려움을 극복할 가장 좋은 방법은 우리의 명성과 평판에 대한 욕심을 포기하는 것이다. "사람들이 나를 어떻게 생각할까?"보다 "하나님이 나를 어떻게 생각하실까?"에 더 관심을 가져야 한다. 인생의 중요한 질문은 "우리가 하나님을 믿을 수 있는가?"가 아니라 "하나님이 우리를 믿으실 수 있을까?"가 되어야 한다.

• 위해에 대한 두려움

이곳 남아프리카공화국에서 가난에 찌들고 소외된 지역을 걸어가다가 물리적 위해의 공포감을 경험한 적이 많다. 생명의 위협을 받는 것이 실제로 어떤 것인지 경험해 보았다. 그래서 이 두려움은 내게 매우 생생하고 직접적이다. 나는 주님께 정직하게 이 두려움을 털어놓는 방법으로 이것을 극복하는 법을 배웠다. "죽고 싶지 않습니다. 그러나 하나님, 당신께 순종하겠습니다. 생명의 위협을 받는 상황이 생기면 아마 공포감으로 도망가거나 더 최악의 경우 당신을 부인하게 될지 모르겠습니다. 하지만 주님, 그런 상황을 당할 때 당신께서 제게 필요한 은혜를 주실 수 있음을 믿습니다. 제가 어떤 상황에 처하든 당신은 저를 도와주실 수 있음을 믿습니다."

초대교회의 예수님을 따르는 성도들 역시 이런 종류의 두려움들과 맞닥뜨렸다. 사도행전 4장의 상황을 살펴보고 제자들이 어떤 반응을 했는지 알아보라. "이제 그들이 또 시작합니다! 그들의 위협을 살피시고 주님의 종들에게 두려워하지 않는 담대함을 주셔서, 주님의 메시지를 전하게 해주십시오 … 그들은 모두 성령으로 충만해져서, 두려움 없이 계속해서 하나님의 말씀을 전했다"29-31절, 메시지 신약.

육체적 위해의 두려움을 이길 가장 좋은 방법은 그것을 인정하는 것이다. 그런 두려움 때문에 이웃을 사랑하고 하나님께 순종하는 데 문제가 있다면 그 죄를 고백하라. 예수님을 위해 고난을 감당할 힘을 주시도록 기도하라. 그는 우리가 어떤 상황에 처하든 그 상황에 직면할 은혜를 주실 수 있다. 그러나 하나님께 순종하는 기쁨을 상실할 정도로 위험을 과도하게 예상하며 두려움에 빠져 살아서는 안 된다.

• 무능력하다는 두려움

이런 두려움은 사람들에게 복음을 전할 때 적절한 단어를 사용하지 못하거나 질문을 할 때 제대로 대답해주지 못할 수도 있다는 두려움이다. 이것은 가장 단순한 종류의 두려움이면서 극복하기 가장 쉬운 두려움이다.

사람들은 직장에서 업무를 수행하는 데 부족한 어떤 능력이 있다면 훈련 강좌에 등록해 교육을 받는다. 다시 말해, 맡은 일을 하는 데 필요한 도구를 갖추기 위해 실제적인 조치를 취한다. 믿음을 나누는 일도 마찬가지다. 하나님은 그 일을 하는 데 필요한 도구들을 우리에게 주신다.

실제로 경험이 쌓이면 우리는 사람들과 믿음을 나누는 기술을 익히게 된다. 사람들이 어떤 질문을 할지 예상할 수 있고 자신감도 생긴다. 사람들은 대부분 우리 자신의 개인적인 경험을 듣고 싶어 한다.

하나님은 모든 두려움에서 우리를 건져주실 수 있다. 실제로 성경은 "완전한 사랑은 두려움을 내어쫓는다"요일 4:18 라고 말하고 있다. 두려움을 극복하는 매우 놀라운 방법 중 하나는 규칙적으로 사람들을 위해 기도하고 실제적인 방법으로 그들에게 사랑을 표현하는 것이다.

복습과 적용

1_ 누가복음 9장 1-4절로 '진리 발견하기' 성경 공부를 하라.

2_ 무리, 구도자들, 내가 실제로 훈련할 수 있는 핵심 그룹이 누구인지 생각해보라. 이 세 집단에 대해 각기 어떻게 의도성을 갖고 다가갈 수 있는지 하나님께 기도해보라.

3_ 복음을 전하는 데 두려움이 있다면, 구체적으로 어떤 두려움인가? 가장 극복하기 힘든 두려움은 어떤 것이며 그 두려움이 당신의 인생을 지배하지 못하도록 하기 위해 어떤 노력을 하고 있는가?

4_ 예수님을 믿게 된 나의 이야기를 아직 써보지 못했다면 이 기회에 한번 써보라. 그 내용을 큰 소리로 말하는 연습을 해보라. 인격적으로 예수님을 신뢰하기 이전의 모습, 예수님을 영접하게 된 과정, 예수님이 내 인생에 주신 변화들 이렇게 세 부분으로 나누어서 작성해보라.

5_ '하나님의 이야기'의 다섯 가지 에피소드를 상기해보라. 지금 기억을 되살려 이야기해볼 수 있는가? 그 내용을 가지고 친구와 이야기해 보거나 소그룹의 친구들과 대화해보라.

chapter 10

예수님과
함께
고난당하기

"사랑해"나 "미안해"와 같은 말들을 표현하는 데 사용되는 단어 수가 얼마 되지 않는다. 하지만 아무리 진지하고 진심으로 이런 말을 한다 해도 그것을 증명하기 위해 시간을 투자해 행동하지 않는 한 별 의미가 없다.

이 장의 주제 역시 마찬가지다. "무슨 일이 있더라도 예수님을 따르겠다"고 말하는 것은 힘들지 않다. 하지만 주님을 따라 고난을 받겠다고 한다면 어려운 선택들을 해야 한다.

말을 돌리지 않고 단도직입적으로 말하겠다. 우리가 예수님을 따른다면 고난이 따른다. 고난을 좋아하거나 우리 모두 세상에 나가 '고통스러운 일을 해야' 한다고 믿기 때문에 이런 말을 하는 게 아니다. 그러나 예수님이 걸어가신 길은 고난으로 이어질 수밖에 없었듯이 우리 역시 그럴 수밖에 없음을 각오해야 한다. 그가 걸어가신 길로 따라간다면 말이다.

세상과 예수님은 본질적으로 서로 대적하기 때문에 세상은 예수님을 배척했고 우리가 예수님의 길로 걸어간다면 우리 역시 때로 배척할 것이다.

예수님은 가족들의 이해 부족과 친구들의 배신, 거짓된 고소의 낙인, 오해, 잇따른 배척을 견디셔야 했고 권리 박탈과 마지막으로는 결국 육체적 고난과 죽음을 당하셔야 했다. 우리가 배를 흔들어 전복시킬 위험성이 보이지 않는 한, 착실하게 교회 출석하는 '착한 신자로만 행동하는' 한 이런 식의 고통을 전혀 안 당할 수도 있다. 대체로 제도적 기독교는 대부분의 세상에서 용인될 수 있는 종교적 풍경의 일부이며 타인의 삶을 간섭하고 거기에 끼어들지 않는 한 '사적 문제'로 용인될 것이다. 실상 종교인으로 자처할 때 오히려 유리한 입장에 설 수 있는 곳도 많다. 그러나 예수님의 제자가 된다고 했을 때는 문제가 달라진다.

예수님은 절대 '안전하거나' 예측가능한 분이 아니었다. 길들여지지 않은 야인이었고 인간의 통제에 결코 얽매이지 않는 분이셨다. 제도적 종교에 우호적이지 않으셨다. 마치 적국 지도자처럼 정치 지도자들에게 위협적인 분이셨다요 18:36. 기성 종교인들과 권력자들의 심기를 어지럽게 했고 고통당하며 천대받고 무시받는 사람들을 위로하고 변호하셨다. 백성들을 압제하고 지배하는 자들이 있다면 당대의 자유주의자나 보수주의자를 막론하고 비판을 서슴지 않으셨다.

예수님은 하늘나라의 복음을 전하도록 제자들을 파송하실 때 이리 가운데 양을 보내는 것 같다고 미리 경고해 주셨다. 그를 따르면 대가를 치러야 한다고 말씀해 주셨고 그 대가를 잘 생각해보라고 요구하셨다. 세상으로 그들을 보내시며, 세상 사람들이 그를 미워했듯이 그들을 미워하는 자들이 있을 것이라고 알려주셨다. 또한 "내가 너희에게 종이 주인보다 더 크지 못하다 한 말을 기억하라 사람들이 나를 박해하였은즉 너희도 박해할 것이요"요 15:20라는 말씀으로 이 점을 거듭 경고하셨다.

갈릴리와 사마리아를 두루 다니며 초기 2년 반 동안 사람들을 섬기신 예수님은 이제 예루살렘으로 올라가셔서 죽음으로 이루어야 할 사명을 정식으로 감당하기로 하셨다. 누가복음은 9장에서 19장까지에 걸쳐 예수님이 결심하고 예루살렘으로 향하시는 이 여정을 집중적으로 소개하고 있다. 자신을 기다리는 운명에 정면으로 대면하시고 제자들에게 십자가에 대해 반복적으로 주의를 주시며 그들도 십자가를 질 수 있도록 준비시키시는 내용이 바로 이 장들에 나타난다9:57-62, 10:3, 12:8, 12:49-53, 14:25-32. 십자가의 죽음을 눈앞에 두신 예수님은 자기를 따라오려거든 자기 십자가를 져야 한다는 사실을 제자들에게 강조하셨다.

디트리히 본회퍼는「제자도의 대가」에서 예수님을 따르는 사람들의 삶 가운데 십자가가 갖는 의미에 대해 이렇게 지적했다.

십자가는 하나님을 경외하며 기뻐하는 삶이 끝난다는 의미가 아니다. 그러나 그리스도와 교제가 시작되는 지점에서 우리는 십자가와 만나게 된다. 그리스도께서 한 인간을 부르실 때 "와서 죽으라"는 주문이 함께 주어지는 것이다.

오늘날 예수님은 우리에게 "와서 죽으라"는 동일한 요청을 하시고 있다. 첫 제자들은 예수님이 죽으시는 현장까지 따라갔다. 오늘날 그를 따르는 길이 그들의 길보다 더 쉽다고 생각할 수 있겠는가? 사도 바울은 그렇게 생각하지 않았다. 그는 이렇게 말했다. "그리스도를 위하여 너희에게 은혜를 주신 것은 다만 그를 믿을 뿐 아니라 또한 그를 위하여 고난도 받게 하려 하심이라"빌 1:29.

피할 수 있다면 왜 고난을 당하는가?

개인적으로 나는 고난당하는 것이 싫다. 이것은 비겁한 모습이 아니라 당연한 반응이다. 편안하고 안락한 게 더 좋고, 두통이나 몸에 통증이 있으면 의사의 처방에 따라 치료하려고 노력한다. 가능하다면 실제적인 희생을 피하려고 애쓴다. 그러나 나는 또한 다음의 진리와 정면으로 마주하고자 노력해왔다. 그것은 내 인생이 의미 있는 삶이기를 원하고 예수님께 진실하기를 원하며 세상을 변화시키고자 원한다면, 고통을 회피하는 내 본성을 거슬러 살아야 한다는 것이다. 고난을 위한 고난을 신봉하지 않지만, 사람들의 삶이 변화될 수 있다면 하나님의 뜻에 복종하고 나를 포기해야 한다고 진심으로 믿는다. 희생적인 삶의 아름다움을 믿으며 고난의 궁극적인 유익을 믿는 이유는 다음과 같다.

- 세상은 자신들의 인생을 기꺼이 내놓은 헌신적인 사람들을 필요로 한다. 이 세상에서 가난하고 헐벗은 자들과 예수님을 모르는 사람들을 섬기려면 위험과 희생을 감수해야 한다.
- 예수님을 따른다는 것은 어떤 희생과 고난이 따른다 해도 순종이 필요한 곳이라면 어디든지 간다는 뜻이다.
- 고난은 모든 신자들의 특권이다. 특별히 가난하고 법의 보호를 받지 못하고 배척당하며 병들고 죽어가는 자들을 섬김으로써 예수님을 따르고자 하는 사람들의 특권이다.
- 극단적인 날씨에 음식이 다르고 언어가 달라 소통하기 힘들고 정치적으로 독재의 압제가 있는 곳에 사는 사람들일수록 복음에 대해 들어 본 적이 없다.
- 사람들을 착취하고 압제하며 강간을 일삼는 악인들은 우리가 조금이라도 맞서거나 희생자들을 대변하려고 하면 응징을 가한다.
- 예수 그리스도는 우리를 위해 죽으셨다. 그의 죽음은 우리가 위험을 무릅쓰며 고난을 당하고 학대를 견디며 권리를 포기하고 심지어 죽음을 각오하도록 결단하게 한다. 자포자기해서가 아니라 그것이 의미 있는 일이기 때문이다.
- 고난을 통해 우리는 하나님의 마음을 가장 잘 알 수 있다.

예수님과 함께 고난당하는 특권

예수님을 '위해' 고난당한다는 표현보다 예수님과 '함께' 고난당한다는 것이 올바른 표현이다. 예수님은 지구 공동체에서 잃어버린 자들과 상하고 병든 자들, 버림받고 상처받은 자들 속에서 자신과 함께하자고 우리를 부르신다. 그는 이미 그곳에 가 계시면서 우리에게 동참하도록 손짓하고 계신다. 먼저 그곳에서 사람들을 구속하는 일을 하고 계신다. 우리가 그 일에 동참한다면, 환경적 열악함과 이 세상의 악함으로 인해 우리도 그와 더불어 고난을 당할 것이다. 예수께 우리 인생을 완전히 헌신했다는 확실한 증거는 이 지구의 소외되고 상한 자들을 섬기며 그와 함께 고난을 당하고 희생하는 태도에서 드러난다. "그리스도와 함께 십자가에 못박혔다"는 말의 핵심은 우리가 자기 지배, 자기 보존, 자기 판촉에서 해방되었다는 뜻이다갈 2:20, 6:17.

예수님이 먼저 희생하셨기 때문에 우리는 주님과 복음을 위해 부모와 정든 집과 고향을 떠날 수 있다막 10:29. 그리스도께서 모든 인간을 위해 죽으셨으므로 우리가 다른 사람들을 위해 죽을 필요가 없다는 주장이나 그가 인류를 위해 고난을 당하셨으므로 우리가 그를 위해 고난당할 필요가 없다는 말은 복음을 잘못 이해한 것이다.

예수님께서 우리를 위해 죽으신 이유는, 우리가 자신의 죄로 인해 죽지 않도록 하기 위함이었지 다른 사람들을 위해 고난을 당하거나 죽을 필요가 없도록 하기 위함이 아니었다. 그리스도와 함께 고난을 받으라는 요청은 그가 우리 죄를 지신 것처럼 우리 죄를 지라는 것이 아니라 예수님이 사랑하신 것처럼 우리도 서로 사랑하라는 요청이다. 예수님께서 우리 대신 죽으셨으므로 더 이상 위로와 안락함에 집착할 필요가 없다. 그의 사랑 안에서 만족할 수 있고 그의 은혜를 확신할 수 있기 때문에 이전에는 무의미했던 희생과 섬김을 할 수 있게 되었다.

"나는 이제 너희를 위하여 받는 괴로움을 기뻐하고"골 1:24라고 말했을 때 바울이 염두에 둔 것이 이것이 아니었겠는가? 바울은 예수님의 복음을 사람들에게 전하기 위해 고통과 고난을 감당했고 그렇게 함으로써 '예수님과 함께' 고난을 당했다.

예수님은 제자들에게 "[너희] 십자가를 지고 … 나를 따라오라"마 16:24; 막 8:34; 눅 9:23고 요구하셨다. 예수님은 자기를 따르려면 고난을 각오해야 함을 분명히 알려주셨다. 고난과 고통에 대한 예수님의 부르심을 우리가 무시하거나 희석시켜서는 안 된다.

고난받을 준비를 하라

어떤 일을 능숙하게 해내려면 연습이 필요하다. 친구 미첼 톰슨은 매년 아거스 사이클 경주 출전에 대비해 아주 열심히 훈련한다. 강철 같은 인내와 결심으로 케이프타운 남쪽 교외의 언덕을 자전거로 오르내린다. 일년 내내 훈련을 쉬지 않지만 특히 1월과 2월의 휴가철이 끝나면 더욱 훈련에 몰두한다. 경기를 완주할 뿐 아니라 좋은 결과를 내기를 원한다.

선수들이 경기를 위해 연습하고 대비하는 것과 마찬가지로 우리도 그리스도를 위해 고난당할 것을 대비해야 한다. 실제적으로 어떻게 해야 이것을 대비하고 훈련할 수 있는가? 경험상, 고난당하기를 싫어하는 자신을 감안하고 또한 최대한의 도움을 받기 위해서 나는 세 가지 훈련을 통해 그리스도와 고난당하는 일에 대비하고 있다.

- 진리로 나 자신을 무장한다.
- 올바른 방향으로 나 자신의 목표를 맞춘다.
- 믿음으로 행동한다.

이 세 가지가 무슨 의미인지 더 자세히 설명해보자.

- 진리로 무장하기

나는 진리로 나 자신을 무장한다. 특별히 그리스도께서 육체로 고난을 당하셨기 때문에 내가 육체로 고난을 당하는 게 특권이라는 진리 벧전 4:1-12로 무장한다. 그 진리를 가슴으로 받아들이고 늘 묵상하며 온전히 복종하고자 노력한다. 그래서 그런 일이 막상 닥칠 때, 그것이 내 권리나 특권이 아닌 것처럼 놀라거나 두려워하지 않도록 준비한다.

특별히 그리스도를 위해 고난을 당했던 인물들의 삶을 알아보거나 책을 읽으며 이 진리로 나를 무장하고 강건해지고자 노력한다. 하나님께서 그들에게 고난을 감당할 은혜를 주셨으며 그들의 고난을 통해 사람들을 구원해주신 이야기를 들으면 감동이 되고 힘이 생긴다.

최근에 만나게 된 성도로서 나를 진리로 '무장'하도록 도와 준 이는 데이빗 왓슨이다. 교회 개척 사역에 헌신한 그는 첫 9년 동안 동남아시아의 무슬림이나 힌두교도들 속에 17개의 교회를 세운 것을 비롯해 매우 어렵다고 생각한 지역에서 24개의 교회를 개척했다. 그러다가 한 나라에서, 복음을 전했다는 이유로 체포되어 8주 동안 가택연금을 당한 후 그 나라에서 추방당했다.

그 후 데이빗은 인도로 갔다. 그리고 거기서 보즈푸리Bhojpuri인들을 대상으로 사역을 하기 시작했다. 그들은 아시아에서 매우 수가 많은 민족 집단 중 하나로서 아마 복음에 가장 배타적인 민족일 것이다. 데이빗은 그들의 언어를 배우기 시작했고 이 집단에게 복음을 전할 수 있는 사람들을 뽑아 훈련하기 시작했다. 그러나 첫 18개월간 데이빗에게 훈련받은 사람들 중 여섯 명이 순교를 당했다.

데이빗은 이런 비극을 겪고 완전히 무너졌다. 인도를 떠나 3개월 동안 모든 것과 단절한 채 그 자신의 표현을 빌리면 "하나님과 싸웠다." 하나님이 자기를 만나주시고 하나님의 방법으로 교회를 개척하는 법을 보여주시지 않으면 다시는 인도로, 너무나 큰 대가를 치른 그 사람들에게로 돌아가지 않겠다고 맹세했다. 하나님은 데이빗에게 말씀하셨고 다시 인도로 돌아갈 힘을 주셨다. 그는 제자를 삼고 훈련할 다섯 명의 리더를 달라고 기도했다. 그리고 하나님이 보여주셨던 몇 가지 기본적인 제자도의 원리를 적용하기 시작했다.

- 사람들을 예수님께로 인도하는 것은 하나님이 하실 일이다. 우리가 할 일은 그가 준비시키고 계신 이들을 찾아 그들과 함께 일하는 것이다.
- 예수님께로 인도하신 사람들을 성령께서 친히 가르치실 것이다. 우리가 할 일은 그들에게 하나님의 말씀을 소개하며 성경 연구를 통해 성령께서 가르칠 수 있게 하는 것이다.
- 듣고 순종하는 사람들은 모두 성부 하나님께 직접 배운다. 듣는다고 해서 배우는 것이 아니라 순종해야 배운다. 우리가 할 일은 제자들을 훈련하는 일에 맡은 책임을 다하는 것이다.
- 예수님은 우리의 직관과는 다른 '제자도의 역설'들을 통해 일하신다. 우리가 할 일은 그가 일하시는 방법을 배우고 그의 방법대로 실천하는 것이다.
- 순종이란 하나님의 임재와 사랑에 대한 반응이다. 우리가 할 일은 그의 임재를 구하며 사람들에게 그 순종을 삶으로 실천하는 모범을 보이는 것이다.
- 제자도란 구원받은 사람들을 훈련하는 것이 아니라 잃어버린 영혼들을 찾아내는 것이다. 우리가 할 일은 예수님을 모르는 사람들을 제자화하는 것이다.
- 예수님은 사람들을 훈련하셔서 그들이 더 많은 사람들을 훈련하도록 하셨다. 우리가 할 일은 사람들을 훈련하고 길러내는 것이다.

하나님은 데이빗 왓슨에게 제자로 훈련할 다섯 명의 남자와 한 명의 여성을 주셨다. 데이빗은 위에 소개한 제자도의 기본적인 원리들을 그들에게 가르쳤다. 이 여섯 사람은 글을 읽을 줄 모르는 문맹자에서 고등교육을 받은 지식인에 이르기까지 지적 수준이 다양했다. 첫 2년 동안에는 아무 결실도 없었다. 1994년, 그를 파송한 선교위원회는 사역의 결실이 없다며 실망을 표현하기에 이르렀다. 그러나 그해 8개의 교회가 시작되었다.

해마다 개척된 교회의 수는 계속 늘어났다. 1995년 48개의 교회가 개척되었고 1996년에는 148개의 교회가 시작되었다. 1997년과 1998년에는 각각 327개와 526개의 교회가 개척되었다. 그러고 나서 1999년 천 개가 넘는 교회가 시작되었다.

이 교회들은 그리스도인들의 수평이동으로 인한 '성장'이 아니었다. 그들은 모두 초신자들이었고 힌두교에서 개종한 사람들이었다. 데이빗이 9천만 명에 달하는 보즈푸리인들을 대상으로 사역을 시작했을 때, 그리스도인이라고 알려진 사람들은 약 500명가량이었다. 하지만 1994년 이후로 8만 개의 교회가 설립되었고 300만 명이 넘는 사람들이 예수님에 대한 신앙을 고백하게 되었다.

보즈푸리인들을 위한 사역에 대해 데이빗이 연례 선교 보고서를 처음 발표했을 때 선교 위원회는 그 숫자를 믿으려고 하지 않았다. 데이빗이 참석한 마지막 목회자 대회에 1만 5천 명의 보즈푸리 출신 리더들이 그 대회에 참석했다. 무엇보다 놀라운 사실은 그 8만 개의 교회 중

데이빗이 직접 시작한 교회는 하나도 없었다는 사실이다. 그 교회들은 여섯 명의 리더들을 훈련해서 얻은 결실이었다. 그들이 다시 다른 사람들을 제자로 삼고 또 그들이 다른 사람들을 제자로 삼았다. 그 모든 일은 복음에 매우 적대적이고 고난과 희생이 당연시되는 환경에서 이룬 결실이었다.

• 올바른 방향으로 목표를 정하기

올바른 방향으로 나의 목표가 향하도록 한다. 가난하고 교회가 전혀 세워지지 않은 지역을 내가 섬길 곳으로 정하는 것이다히 13:12-14. 모두가 인도로 가도록 부르심을 받거나 가난한 사람들을 섬기도록 부르심을 받지는 않을 것이다. 하지만 예수님을 위해 우리 목숨을 버리도록 부르심을 받는다는 점에서는 그 누구도 예외가 없다. 이 말은 예수님을 모르는 사람들이 있고 또 필요가 가장 절박한 곳을 우리 목표로 삼아야 한다는 뜻이다. 그곳이 어디인지 하나님과 끝까지 씨름해야 한다. 하나님이 어디로 우리를 보내시든지 기꺼이 갈 수 있도록 우리 자신을 준비하는 일은 매우 중요하다.

예수님께 겉으로만 순종하는 경우가 있다. '머무르겠다는 계획을 세우고' 경건한 척 "기꺼이 가겠나이다"라고 말한다. 그런 말은 거룩하게 들리지만 우리가 할 일을 미룬 데 대한 변명일 수 있다. 그가 나를 어디로 인도하시든 최선을 다해 사람들에게 예수님을 알려야 하는 책임을 하나님께 떠맡기려는 핑계일 수 있다.

이 고백을 다시 살펴보고 새로운 의미를 부여해보자. 마음으로는 떠나지 않을 계획을 하고 있으면서 "기꺼이 가겠나이다"라고 말하지 말고 이렇게 예수님께 말씀드려보자. "주님, 지금 떠나고자 계획하고 있습니다. 어디로 가기를 원하시는지 보여주소서. 그러면 제가 가겠나이다. 이 동네를 떠나 이웃들에게로, 세계의 모든 나라들에게로 가겠나이다. 저에게 보여주시면 예수님 당신께 순종하겠나이다. 주님과 협상하려고 하지 않겠나이다. 지금 제 십자가를 지고 당신을 따르겠나이다."

• 믿음으로 행동하기

예수님을 모르는 사람들이 있는 곳에, 복음을 전할 필요성이 가장 절박한 곳에 직접 찾아가는 실천을 통해 우리는 믿음으로 '행동하게 된다.' 믿음으로 행동하기 위해서는 사람들과 관계를 맺어야 한다. 행동이 없으면 믿음의 사람이 될 수 없다. 행함이 없는 믿음은 죽은 것이다 약 2:17. 가난한 사람들에게 손을 내밀라. 아프리카나 세계의 다른 지역으로 복음을 들고 찾아가라. 디스커버리 성경 연구 모임Discovery, D-그룹에 대한 정보는 마지막 장을 참고을 시작하라. 동료들, 학생들, 이웃들과 관계를 구축하라. 예수님을 모르는 사람들에게 복음을 전하는 일에 인생을 바치라마 28:18-20.

나는 하나님이 인도하신다면 나를 준비시켜 주실 것이라는 사실을 끊임없이 상기시킴으로써 '믿음으로 행하도록' 나 자신을 준비시킨다. 잠재적 위험에 맞닥뜨릴 때, 복음을 전하기 위해 오지 여행의 위험을 무릅써야 할 때, 이웃에게 예수님을 전할 때 치를 대가를 계산해야 할 때, 나는 내게 부족함이 있더라도 하나님의 은혜로 보완해주실 것이라는 믿음으로 마음을 굳건히 한다. 온갖 위험과 고난, 배척이나 오해의 위험에 직면할 때, 그 순간 필요한 것을 주시도록 하나님을 의지한다. 그렇게 하지 않으면 하나님을 실망시키게 될 것이다. 그래서 나는 예수님을 따르는 길을 선택한다. 순종이 필요한 모든 일에 대해 하나님을 신뢰하는 선택을 내린다.

🕐 복습과 적용

1_ 누가복음 14장 25-28절에 대해 묵상해보라.

2_ 이 장에서 우리는 예수님을 위해 고난당하는 것이 특권임을 보았다. 고난당하는 것이 특권이라는 말을 어떻게 생각하는가? 제자도에 대한 예수님의 가르침과 자신의 생각이 일치하는 부분은 어디인가?

3_ 데이빗 왓슨에게 하나님이 가르쳐주신 기본적인 제자도의 원리들은 무엇인가? 그 원리들을 복습하고 토론해보라. 당신이 제자로 훈련하는 사람과의 관계에 적용할 수 있는 원리는 무엇인가?

4_ 예수님과 함께 고난을 당하기 위해 우리를 준비시킬 수 있는 세 가지 방법은 무엇인가? 당신은 이 방법들을 실천할 준비가 되어 있는가?

5_ 이 장의 제목을 '예수님을 위해 고난당하기'가 아니라 '예수님과 함께 고난당하기'라고 표현한 이유는 무엇인가?

PART 3
교제

: 투명성과 의도성을 갖고
예수님을 믿는 사람들을 사랑하기

F o l l o w

chapter 11
헌신된 공동체

 이 말을 인정할 교회 지도자들은 거의 없겠지만 대부분 진실임을 알고 있는 사실을 한 가지 지적하고자 한다. 즉 "어느 교회에 다니십니까?"와 같은 질문에 반영된 것과 달리 교회가 곧 주일 예배를 가리키는 것은 아니라는 사실이다. "목사님이 설교를 잘하나요?"와 같은 질문에 내포된 것과 달리 한 '목회자'가 이끄는 회중을 가리키는 것도 아니다.
 예수님이 십자가에서 죽음을 당하신 것은, 십일조와 교회 출석이 상위를 차지하는 종교적 의무의 명분을 강화해주기 위해서가 아니다. 예수님은 예견 가능한 새 종교가 아니라 이 땅에 저항할 수 없는 혁명을 부추기려 오셨다.
 대부분의 교회들은 지루하다. 예수님이 표방하신 것과 정반대로 순응을 강조한다. 그러나 우리는 저항을 위하여 부르심을 받았다. 하지만 슬프게도 대부분 사람들의 의식 속에 교회와 순응은 하나로 연결되어 있다. '단정한' 옷을 입어라. '공손한' 태도로 예배를 드려라. '균형잡힌' 교리를 믿으라. 정말 따분하기 그지없다. 급진성과 예수님을 따르는 모험으로 인한 위험을 회피하면서 교회는 그 생명력을 잃어왔다. 예수님께서 의도하신 것과 달리 교회는 이제 더 이상 저항할 수 없는 혁명의 주체가 아니다.

그러면 사람들에게 근본적인 순종을 요구하지 않는 모든 형태의 교회가 과연 존재할 목적이 있는지 의문이 생긴다. 성경은 '교제', '사귐' 혹은 더 불행한 경우는 오직 내부로만 시야가 고정된 '가정교회'home group의 일원이 되고자 하는 사람들의 허약한 사고에 태클을 건다. 구체적으로 어떤 이름으로 부르건 당신이 그런 소그룹의 일원이라면, 그리고 인격적이며 근본적인 저항정신과 투명성을 실천하며 가난하고 버려진 자들을 사랑하라는 예수님의 명령에 절대적으로 헌신하지 않는다면, 교회에 다니는 놀이를 하고 있는 것이나 마찬가지다.

성경에서 제시하는 교회는 열정적으로 하나님을 사랑하고 투명하고 정직하게 서로를 사랑하는 데 깊이 헌신된 가족적인 공동체이다. 또한 가난하고 상처 입은 사람들을 위해 살도록 서로에게 힘과 용기를 주는 공동체이다. 사도행전을 읽어보면 포스트모더니즘에 경도된 많은 사람들이 그렇듯이 단순히 함께 어울리거나 '서로 지지할' 목적으로 아늑한 가정교회에 모인 경우는 찾아볼 수 없다. 사도행전에 나타난 예수님의 제자들은 복음의 대의에 대한 혁명적 헌신과 삶을 공유했다.

최초의 제자들은 자신들의 바쁜 일정에 맞는 모임을 골라 다니거나 일과 중의 일부로 모임에 참석한 것이 아니었다. 언제든지 복음을 전할 수 있도록 준비하는 의도성이 그들의 생활 특징이었다. 예수님의 교훈을 그들의 삶에 '적용하고자' 시도하지 않았다. 그의 가르침 자체가 그들의 삶이었다. 기독교 공동체가 지상에서 하나님의 목적의 중심지임을 알았기 때문에 그것은 그들의 삶의 중심이 되었다.

이 장의 제목을 '헌신된 공동체'라고 한 것은 이것이 우리가 반드시 가야만 하는 길이기 때문이다. 우리는 즐겁고 편안하게 서로를 사랑할 수 있고 그것을 교회라 부를 수도 있다. 하지만 더불어 우리의 인생을 온전히 헌신하여 예수님께 순종함으로 서로를 사랑할 수 있다. 예수님이 제자들과 공동체적 삶을 사신 것처럼 우리가 속한 공동체에 진정으로 헌신한다면 우리 인생을 바쳐야 마땅하다. 사람들이 우리의 선택에 대해 책임지라고 도전할 때 몰래 빠져나가거나 숨지 않을 것이다. 세상과 사탄이 우리 존재의 중심에서 예수님에 대한 헌신을 무너뜨리고자 혈안이 되어 있음을 알기에 우리는 기꺼이 그 책임을 받아들인다.

안락한 공동체인가? 헌신된 공동체인가?

예수님을 어떻게 사랑하느냐는 선교에 대한 개인의 신념을 좌우하고, 선교에 대한 개인의 신념은 교회에 대한 우리 태도를 결정한다. 이전에 나는 하나님 사랑과 교회 사랑과 이웃 사랑이라는 중요한 세 가지 사랑이 계단식 분수처럼 한 사랑에서 다음 사랑으로 흘러간다고 생각했다. 하나님을 향한 사랑이 우리 마음에 가득 차면 서로에 대한 사랑으로 흘러넘치게 되고 그 다음으로 그 사랑은 잃어버린 자들을 사랑할 수 있도록 해준다고 생각한 것이다. 그러나 그러한 사고방식은 교회에 대한 거짓된 시각을 갖게 하고 하나님의 뜻에 대해 안일한 '신자 우선주의' 사고를 조장한다. 그런 도식대로 하면 "하나님은 먼저 내가 행복하고 모든 고통과 질병에서 고침받으며 안전하기를 원하신다. 그러니 내가 먼저 행복하고 안전해야 저 비열하고 냉정하고 더러운 세상으로 나가서 누군가를 사랑할 수 있다"는 신앙을 가질 수밖에 없다.

우리를 향한 하나님의 사랑을 어떻게 이해하느냐에 따라서, 세상의 가난하고 헐벗은 자들과 상하고 망가진 자들을 어떻게 사랑할 것인가에 대한 우리의 태도가 결정된다. 예수님에 대한 우리의 사랑이, 망가지고 교만한 우리 마음에 기꺼이 들어오실 정도로 뜨겁고 맹렬하게 우리를 사랑하신 그 사랑에 깊이 뿌리내린 것이라면, 또한 그를 향한 우리의 사랑이 완악하고 교만한 반역의 상태에서 우리가 돌아오도록 하기 위해 자기 권리와 안락함을 포기할 정도로 그가 우리를 사랑하셨다는 사실에 뿌리박힌 것이라면, 우리는 이해할 수 있다. 예수님을 따른다는 것은 하나님이 우리를 위해 하신 일을 우리가 다른 사람들을 위해 동일하게 행하는 것이다! 세상을 되찾기 위한 하나님의 열정에 대해 우리가 어떤 경험과 믿음을 갖고 있느냐가 곧 교회에 대한 우리의 이해를 규정하고 결정한다.

복음을 우리 교회 생활에 한정시키고 끼워 맞추고자 한다면 자연히 다른 신자들과 편안하고 안락하며 안전하게 사랑할 수 있는 관계를 원할 것이다. 그러나 교회를 태동시킨 원동력은 세상에 침투해 들어가 변혁시키고자 하는 육화의 정신에 있으며 그것이 교회가 존재하는 이유라고 받아들인다면, 같은 마음을 가진 사람들의 헌신된 공동체와 여정을 함께하기를 소망할 것이다. 단순히 주일 아침에 서로를 보고 웃으며 악수를 나누는 것 이상의 친구들을 원할 것이다.

선택을 명확히 할 수 있도록 소위 '안락한' 교회와 '헌신된' 교회의 차이점을 비교해 표로 만들어 보았다.

안락한 교회	헌신된 교회
서로 마음이 편해야 소모임이 운영된다	소모임은 새로운 삶의 방식이다.
서로에게 해가 안 되는 사람들	순종하는 사람들
교회는 친교의 공동체이다.	교회는 동지적 연합의 공동체이다.
하나님의 뜻을 내 생활에 맞춘다.	내 생활을 하나님의 뜻에 맞춘다.
성경의 교훈을 내 생활에 맞춘다.	내 생활을 성경의 가르침에 맞춘다.
복음을 세상에 맞춘다.	복음을 통해 세상을 변화시킨다
선교는 선교사들의 몫이다.	우리는 모두 하나님의 선교에 순종하도록 부르심 받았다
하나님은 어떻게 선교하시는가?	하나님은 내가 어떻게 선교하기를 원하시는가? 선교를 위해 하나님이 내게 원하시는 모습은 무엇인가?
가깝고 친한 사람들의 친교 중심 모임	서로 순종을 격려하며 급진적이고 사랑으로 뭉친 친구들

하나님의 선교

헌신된 예수님의 제자들은 각자 스스로 맡겨진 일을 하는 고립된 개인들이 아니다. 팀 체스터와 스티브 티미스는 「완전한 교회」에서 이것을 이렇게 말한다.

> 우리는 각기 개별적으로 구원을 받은 후, 마치 클럽이나 동호회에 참여하듯 교회에 다니기로 한 것이 아니다.

예수님을 믿는다는 것은 세상으로 하나님께 파송받은 사람들의 일원이 된다는 것이다. 다시 말해 세상을 구하고자 하는 하나님의 선교가 우리 선교가 된다는 뜻이다. 우리가 개별적으로 하나님의 '선교사'로 보냄을 받는다는 말이 아니다. 하나님은 한 가지 목표를 세워두시고 그 목표를 실행할 집단을 정해주셨다. 바로 교회이다. 교회가 존재하는 목적은 온 세상에서 영광을 받으시고자 하는 하나님의 뜨거운 열망과 우리 마음을 일치시킴으로 하나님을 사랑하고 즐거워하는 것이다. 여기에는 '선교사'와 '비선교사'의 구분이 없고 순종하는 자와 순종하지 않는 자의 구분만 있을 뿐이다. 그리스도를 믿게 되면 대부분 자신에 대해 생각하고 새 신앙이 자신에게 지니는 의미에 집중한다. 그러나 하나님은 예수님을 중심으로, 또한 당신을 통해 사람들을 사랑하고자 하는 결의를 중심으로, 인생의 방향을 재조정하는 일을 시작하신다.

헌신된 교회

　최근에 나는 교회라는 단어가 복음서에서 언급된 것은 단 두 번밖에 없다는 것과 그 이유는 교회 자체가 목적이 아니기 때문임을 알게 되었다. 교회가 처음 언급된 곳은 마태복음 16장으로, 예수님이 베드로에게 "사람들이 인자를 누구라 하느냐?"13절라고 질문하신 부분이다. 베드로는 "주는 그리스도시요 살아계신 하나님의 아들이니이다"16절라는 고백으로 이 질문에 대답했다. 그의 답은 적절했다. 예수님은 베드로에게 교회에 대해 가르쳐주시기 위해 예수님 자신에 대한 질문을 이용하셨다. 베드로에게 그를 누구라고 생각하느냐고 질문하신 이유는 교회의 본질이 바로 이것이기 때문이다. 교회에 대한 우리 관점은 "내게 예수님은 누구인가?"란 질문에 어떻게 대답하느냐에 따라 결정된다. 예수님을 어떻게 생각하느냐는 예수님에 대해 무엇을 믿느냐뿐 아니라 교회에 대해 무엇을 믿느냐를 결정한다.

　'헌신된' 교회를 강조한다고 해서 더 꾸준한 교회 출석을 독려하는 것으로 이해하지 말라. 하나님과 서로에 대한 사랑과 예수님을 모르는 이들에 대한 사랑을 뜨겁게 공유하는 동지들의 집단으로 교회를 가꾸어 가자는 데 힘을 모으자는 뜻이기 때문이다. 교회 공동체의 헌신적인 일원이 된다는 것은 예수님께 속한 자들과 하나 된다는 뜻이고, 사람들이 예수님의 제자가 되도록 사랑으로 섬기는 데 공동체적으로 헌신한다는 뜻이다. 이렇게 헌신한다고 해서 우리가 완전하다는 것은 아니다. 다만 하나님께 순종하는 법을 배우고 싶은 열정이 있다는 뜻이다. 서로를 사랑한다는 것은 복음을 전파하는 일에 우리 인생의 우선순위를 두고 그 목적을 위해 다른 헌신된 제자들과 함께 인생을 공유하며 서로에 대한 사랑을 실천한다는 뜻이다.

안일한 그리스도인들의 안전한 신학

안일한 그리스도인들은 이른바 '안전한' 신학이라 명명한 신학을 갖고 있다.

- S : 자기 보호(Self Protection)
- A : 위험의 회피(Avoidance of Danger)
- F : 물질적 안정(Financial Security)
- E : 위험한 상황을 멀리하는 태도
  (Escape From Dangerous Circumstance)

하나님은 우리를 사랑하시며 우리의 안전과 안녕에 관심을 갖고 계시는가? 당연히 그렇다. 그러나 그렇다고 해서 하나님의 가장 지대한 관심사가 우리 안전이나 평안이라는 의미는 아니다. 하나님이 가장 깊은 관심을 가지시는 것은 그분의 영광이다. 즉, 곤고하고 고통당하는 사람들에게 그의 자비하심을 알리는 데 가장 큰 관심을 갖고 계신다. 미성년 성매매 종사자들이 그 족쇄에서 벗어나고, 소녀소년 가장의 가정들이 비참한 생활에서 도움의 손길을 경험하며, 마약 중독자들이 예수님께로 돌아오고 일중독 가장들이 우선순위를 올바로 설정하며 가정들이 치유되고 회복되며 실직자들이 일자리를 구할 때 하나님은 영광을 받으신다. 하나님은 우리의 안전을 위해 애쓰시지만 사람들의 고통에 더 큰 관심을 갖고 계신다. 역사를 보면 하나님은 예수님을 본받은 그의 자녀들의 희생과 고난을 통해, 심지어 다른 사람들을 위해 목숨을 버리는 희생을 통해 큰 영광을 받아오셨다.

거친 사자인가? 길들여진 집고양이인가?

교회에 대한 우리 이해는 "예수님은 내게 누구신가?"라는 질문과 그 질문에 대한 대답에서 출발한다. 예를 들어, 우리는 늘 곁에 두면서 위안을 얻을 수 있는 잘 길들여진 집고양이처럼 주님을 바라보지는 않는가? 아니면 그 누구도 길들일 수 없는 야생 사자 같은 분으로 인식하는가? 거칠고 아름다우며 두려움의 대상이 되는 분인가? 아니면 상냥하고 마냥 편안하게 생각되는 분인가? 그를 거칠면서 아름답고 존경하며 순종해야 할 분으로 인식한다면 인생의 모든 일을 그분 위주로 조정할 준비가 된 셈이다.

집고양이들은 무시할 수 있지만 사자는 그렇지 않다. 야생 사자가 우리 집안에 있다면 그 사자를 중심으로 우리 생활을 맞추어야만 한다. 예수님은 야생 사자다! 예수님을 사자와 같은 분으로 생각하면 교회도 그런 시각으로 바라볼 것이다. 단순히 우리 생활에 맞게 짜맞춘 모임이 아니라 자신보다 더 위대한 대의를 위해 함께 헌신한 동지들의 모임으로 생각할 것이다.

사실, 우리 자신보다 더 위대한 대의나 존재를 위해 사는 삶이 아니라면 그 인생은 진실하고 의미 있는 삶이라 할 수 없다. 하나님이 우리에게 원하시는 인생의 목적을 발견하기 위해서는 한 번밖에 살 수 없는 우리 인생에 대해 사욕을 벗어버리고 이타적인 목적에 열정적으로 헌신해야 한다.

올바른 예수님 이해에서 출발하지 않는다면 교회에 대한 모든 논의는 핵심을 놓친다. 예수님을 올바로 이해하고 가난한 이웃들과 잃어버린 자들과 함께하심으로 그가 행하신 일을 제대로 이해한다면 우리는 교회를 그의 삶의 연장으로 인식할 것이다. 예수님을 올바로 안다면 예수님이 사신 것처럼 교회를 인식하고 실천할 것이다. 그렇지 않다면 안전하고 평안한 삶을 추구하기 위해 우리 자신을 위한 교회 생활에 몰두할 것이다.

지옥의 문

마태복음 16장 18절에서 예수님은 베드로에게 "이 반석 위에 내 교회를 세우리니 음부의 권세가 이기지 못하리라"고 말씀하셨다. 지옥의 문이 사람들을 가두고 있다. 가난과 중독과 탐욕과 악의 감옥에 사람들을 노예로 잡아두고 있다.

로댕의 '생각하는 사람'이라는 유명한 조각품을 생각해보라. 그 조각품은 무릎 위에 팔꿈치를 받치고 손으로 턱을 괸 채 앉아있는 모습을 묘사한 작품이다. 내 친구 닐 콜은 그 조각이 지옥의 문이라는 더 커다란 조각품의 일부라고 소개해준 적이 있다. 예술에 대한 관심이 대단한 닐의 숙모는 "나는 저 '지옥의 철문'로댕의 조각품을 영원토록 처다보고 있을 수 있어"라는 말로 그를 경악스럽게 했다고 한다.

지옥의 문을 바라만 보고 있는 이 모습이 바로 오늘날 우리가 경험하는 교회의 실상이 아닌가? 그 조각품처럼 자리에 앉아 예수님을 모르는 사람들을 처다보고 있는 모습이 우리 교회의 현실이 아닌가? 범죄와 가난과 에이즈로 고통당하는 세상은 외면하고 회피하면서 그리스도인들이 계속 바쁘고 행복할 수 있도록 프로그램을 운영하느라 부산한 교회가 아닌가? 지옥의 문을 깨부수고 매인 사람들을 풀어주고 있는 교회를 보고 있는가?

문은 공격 무기가 아니다. 문을 두려워할 필요가 없다. 예수님은 지옥이 공격적인 자세가 아니라 방어적 자세를 취하고 있으므로 베드로나 그와 같은 믿음을 고백하는 사람들을 통해 그 문을 부수고 들어가 지옥의 감옥을 급습해 사람들을 풀어줄 수 있다고 말씀하셨다. 교회의 기습 앞에 지옥은 방어하기 급급하다고 예수님은 말씀해 주시는 것이다. 예수님께서 우리에게 주신 이 사명, 지옥의 문을 부수는 이 사명을 성취하는 데 교회를 방해할 수 있는 세력은 지상에 없다. 우리 자신의 용기 부족과 불순종을 제외하면 어떤 세력도 교회를 방해할 수 없다.

지옥의 문을 무너뜨리려 오신 분으로 예수님을 이해한 사람은 교회에 대해서도 그렇게 이해할 것이다. 자신에게 위험이 따른다 해도 어려움에 처한 사람들에게 나아가야 한다는 신학을 갖고 있는가? 아니면 '안전한 게 제일'이라는 신학을 갖고 있는가? 아늑하고 안락하기를 원하는가? 헌신하기를 원하는가? 우리는 이런 질문에 대답해야 한다. 예수님은 베드로의 믿음을 칭찬해 주셨다. 믿음이란 공격적이어야 한다는 뜻이다. 위험을 무릅써야 한다는 뜻이다. 믿음이란 가난하고 헐벗은 사람들과 복음을 모르는 사람들의 인생에 개입했다는 이야기를 갖게 된다는 의미이다. 예수님의 선교를 감당하느라 모험과 위험을 마다하지 않은 자신만의 이야기들을 갖게 된다는 뜻이다. 낡은 이야기들이나 남의 이야기들이 아니라 당신의 삶이 하나의 이야기이다.

지옥의 문을 공격하시는 거칠고 위험한 예수님을 배제한 채 교회를 규정한다면, 예수님 없이 '교회를 유지'하게 된다. 그러나 예수님은 인간의 몸을 입으시고 우리를 대속하시기까지 헌신하셨기 때문에 위험을 무릅쓰고 나아가서 제자 삼는 일을 감당하라고 우리에게 요청하신다. 제자 삼기는 이미 회심한 사람들을 대상으로 하는 일이 아니다. 지옥에 침투해서 그 감옥 문을 파괴하고 사람들을 옥에서 구출해야 제자 삼기를 할 수 있다. 잃어버린 자들을 제자로 삼아 회심하도록 하는 것이지 잃어버린 자들을 회심하게 하고 제자가 되도록 하는 것이 아니다. 제자 삼기는 예수님을 모르는 사람들 속에 침투해 들어가는 것이며 우리와 함께 예수님을 향한 여정에 함께하도록 초청할 방법을 찾아내는 작업이다. 교회는 제자 삼는 자들로 구성된, 살아서 호흡하는 순종의 공동체이다. 예수님은 베드로에게 "내 교회를 세우리라"고 말씀하셨다. 당신을 통해 예수님께서 교회를 세우도록 헌신할 마음이 있는가?

좁은 길로 가는 소수의 무리와 함께, 예수님을 모르는 사람들을 제자 삼는 일에 자신을 헌신한 의사가 있는가? 어떤 대가를 치르더라도 기꺼이 그 일을 하겠다고 헌신할 수 있는가? 바로 지금, 자신이 있는 그 자리에서 이웃들과 가족, 동료 학생들이나 직장 동료들에게 기도로 손을 내밀며 제자 삼는 일을 시작하고자 분발할 자세가 되어 있는가?

이 책의 남은 부분에서는 악과 불의에 대해 우리가 벌이는 전쟁에 어떻게 하면 다른 사람들과 함께 우군으로 싸울 수 있는지 살펴보고 하나님이 사람들을 해방시키기 위해 어떻게 일하고 계신지 알아보도록 하자.

⏱ 복습과 적용

1_ 사도행전 4장 32-35절로 '진리 발견하기' 성경 공부를 하라.

2_ 이 장에 소개한 '안전한' 신학에 대해 잠시 살펴보라. 앞으로 몇 페이지를 넘겨서 '안전한'을 어떻게 정의했는지 다시 살펴보라. 당신의 믿음은 안전한 신학을 토대로 한 것인가? 아니면 위험을 무릅쓰고 예수님께 순종하겠다는 신학을 기초로 한 것인가?

3_ 기꺼이 위험을 무릅쓰고 예수님께 순종하고자 한다면 그 결심을 기도문으로 작성해보라. 어떤 위험을 감수할 것인지 예수님께 말씀드리고 어떤 위험을 무릅쓰기를 원하시는지 여쭈어보라.

4_ 이 장에서는 "잃어버린 자들을 제자로 삼아 회심하도록 하는 것이지 잃어버린 자들을 회심하게 해서 제자가 되도록 하는 것이 아니다"라고 지적하고 있다. 이것이 어떤 의미라고 생각하는가? 예수님의 사역에서 이런 사례를 찾을 수 있는가?

5_ 이 장에서는 교회를 규정하고 교회를 '실천하는' 방법을 확인하기 위해 "너는 나를 누구라 생각하느냐?"라는 예수님의 질문(마 16:13-18)에 초점을 맞추었다. 교회가 무엇인지 정의하기 위해 예수님이 자신에 대한 질문을 사용하신 까닭이 무엇이라 생각하는가?

---

chapter 12

전 지구적 각성의 동지들

지난 60년간 예수님을 믿게 된 사람들이 그전의 2천 년 동안 교회사 전체를 통틀어 예수님을 믿은 숫자보다 훨씬 많다는 것을 알고 있는가? 전 지구적 각성의 물결로 인해 기독교는 진정으로 세계 종교로 탈바꿈해왔다. 예를 들면 다음과 같다.

- 이란 : 1970년대 초반, 그리스도인들의 수는 3천 명 정도였다. 그러나 오늘날 이란 그리스도인들의 수는 수십만 명에 달한다. 어떤 이들은 백만 명 정도가 될 것이라고 추산하기도 한다. 이슬람교에 대한 열기가 하늘을 찌른 혁명 시기에 이런 성장을 이루었다.
- 한국 : 1900년에 그리스도인의 숫자는 인구의 1퍼센트에도 채 미치지 못했다. 그러나 오늘날 전 국민의 약 25퍼센트가 그리스도인들이

다. 세계에서 가장 교인 수가 많은 열 개의 교회들 중 일곱 교회가 대한민국의 수도 서울에 위치하고 있다. 세계에서 가장 큰 침례교와 장로교와 감리교, 하나님의 성회 교단이 전부 한국에 있다.

• 네팔 : 1972년 처음 네팔을 방문했을 때 그리스도인들의 숫자는 오천 명이 안 되었지만, 오늘날 네팔에는 1세대 그리스도인들만 십오만 명이 넘는다. 몇 년 전 네팔 정부는 헌법 개정을 통해 기독교를 믿을 수 있는 자유를 명시해야 했다.

• 무슬림 지역 : 성령의 가장 놀라운 역사는 이른바 중동, 북아프리카, 중앙 아시아의 폐쇄된 국가들에서 일어나고 있다고 생각한다. 실제로 이 지역에서 수천만 명에 이르는 사람들이 그리스도를 믿고 있다. 많은 고난이 따랐고 제자도와 관련해 해결이 필요한 수많은 문제들이 있지만 여전히 성령의 역사가 계속되고 있다. 성령께서 이토록 수많은 무슬림들을 예수님께로 인도하시는 것을 보면서 나는 기쁨을 주체할 수가 없다.

• 브라질, 쿠바, 라틴 아메리카 : 브라질에서 기독교의 폭발적인 성장은 거의 상상을 초월한다. 이 나라에서 일어나는 하나님의 역사에 대한 이야기들이 다른 라틴 아메리카 국가들, 즉 아르헨티나, 코스타리카, 콜롬비아에서도 반복적으로 들려오고 있다. 서구인들의 눈에는 거의 보이지 않는 사도행전 이야기가 쿠바의 폭발적인 교회 성장을 통해 목격되고 있다. 혹독한 카스트로 정권 아래서 교회는 성장하고 번창했다. 영적으로 강한 교회를 키우는 운동으로 서구식 모델을 거부한 하

나님의 종들이 이 성장을 주도적으로 이끌었다.

• 인도 : 수가 너무 많아 집계가 어렵지만 한 가지만은 말하고 넘어가야겠다. 오늘날 인도에서 카스트 제도 밖에 있는 달리트불가촉 천민 속에서 그리스도를 믿고자 하는 광범위한 움직임이 일어나고 있다는 것이다. 그들은 지금까지 받아온 차별과 압제에 지쳐 집단적으로 예수님 안에서 희망을 구하고 있다. 인도 북부의 한 의사는 수백 명에 달하는 한 부락민들이 병원 주차장에 천막을 치고 세례를 주지 않으면 가지 않겠다고 하는 바람에 진료를 보지 못할 지경이라고 털어놓았다. 가장 놀라운 가시적 성과는 지역이 너무나 광대해서 파악조차 힘든 북부 인도의 주정부들에서 나타나고 있다.

• 중국 : 중국에 수년 동안 체류하면서 취재활동을 했던 한 존경받는 기자는 최근 중국 지하교회 교인들의 수가 약 2억 명에 육박할 것이라고 추정했다.

광범위한 지구적 부흥

자연의 무서운 위력처럼 전 세계적으로 인간 통제 범위를 벗어난 부흥이 동시다발적으로 일어나고 있다. 시간과 장소에 따라 그 부흥의 특성과 강도는 약간 차이가 있지만, 이런 운동들을 통해 예수님을 따르는 사람들의 이야기를 듣고자 노력한다면 비록 그들이 우리 눈에 보이지 않고 침묵하는 듯 보여도 많은 교훈을 배울 수 있다. 우리는 이 사람들의 이름도, 얼굴도 모르지만 하늘나라에서는 다 알려져 있을 것이다.

시몬 자오 이야기

그러한 리더 가운데 한 사람으로 시몬 자오가 있다. 시몬의 생활은 놀라울 정도로 검소했지만 예수님을 따른다는 것이 무슨 뜻인지 평생의 삶을 통해 너무나 확실하게 보여주었다. 그는 텔레비전에 출연한 적도 전혀 없고 책을 쓴 적도 없으며 권력과 명성도 일절 추구하지 않았다. 그러나 그의 이야기는 지금 전 세계에서 회자되고 있다.

1920년대, 작은 비전을 품은 자들이 있었고 그 비전은 결국 '백 투 더 예루살렘 운동'으로 불려지게 되었다. 하나님은 작은 무리의 중국 성도들의 마음속에 비전의 불꽃이 타오르게 하셔서 중국에서 예루살렘까지 도보 여행을 하며 길에서 만나는 이들에게 예수님을 전하는 운동을 시작하게 하셨다. 그 비전은 예수님의 복음을 아시아 지역으로 전하자는 선교 운동으로 발전되었다. 그곳은 복음에 가장 배타적인 세 개의 세계 종교, 즉 힌두교, 불교, 이슬람교가 지배하던 곳이었다. 이들은 복음이 예루살렘에서 중국으로 왔기 때문에 그 은혜를 다시 갚는 게 마땅하다고 느꼈다.

1940년대에, 주의 재림이 임박했다는 긴박감 속에서 몇 개의 소그룹들이 예루살렘으로 서진하며 도보 여행을 통해 복음을 전하자는 그 비전에 동참했다. 그 당시 두드러진 역할을 했던 지도자 중 한 사람이 바로 시몬 자오이다.

시몬은 그 비전에 대한 뜨거운 열정으로 불타올랐다. 아내와 함께 시몬과 그의 작은 팀은 중국의 변방 북서지역을 향해 출발했다. 백성들의 소요로 어수선하고 흉흉한 시절이었고 강도, 날씨, 인가가 없는 먼 황야의 위험으로 여행자들은 숱한 위험에 시달렸지만, 그들은 그 여정을 통해 수많은 사람들을 그리스도께로 인도했다.

대략 25명의 구성원들로 이루어진 그 팀은 1948년 마침내 카슈카르(카스라고 불리기도 함)에서 여장을 풀었다. 기력을 회복하고 서쪽으로 더 먼 여행을 준비하기로 했다. 그곳은 중국의 가장 서쪽에 위치한 도시 중 하나였다.

그러나 그들이 국경을 넘으려던 찰나에 공산주의의 철권통치가 그 땅에 시작되었고 국경은 완전히 폐쇄되고 말았다. 시몬의 팀은 서쪽으로 복음을 전하라는 부르심을 따르겠다는 결의를 계속 다졌지만 그들이 국경을 건너가려 한다는 정보를 입수한 공산주의자들은 그들을 반역자로 선언하고 바로 체포해서 감옥에 감금했다.

1940년대의 중국 감옥은 죽음의 수용소나 마찬가지였다. 석탄 채굴을 위한 강제 노역장의 시설은 끔찍했다. 배식은 거의 제대로 이루어지지 않았을 뿐더러 그나마 악취가 나는 음식이 주어졌다. 일주일 내내 하루 14시간씩 중노동에 시달렸다. 여름에는 찌는 듯한 더위에 숨쉬기가 힘들 지경이었고, 겨울에는 혹독한 추위가 기승을 부렸다. 매일 고문이 가해졌다. 건강한 사람이라도 6개월 안에 사망할 수 있는 곳이었다.

시몬의 아내는 감옥에서 첫 아기를 유산했고 이어 그녀 역시 숨을 거두었다. 나머지 지도자들 역시 사망했다. 그는 하나님이 자신을 초자

연적으로 보호해주고 계심을 깨달았다.

감옥에서의 몇 개월은 몇 년이 되었다. 그 외로움과 단조로운 생활, 절망감이 어떠했을지 상상조차 하기 어렵다. 중국 감옥의 비인간적이고 잔인한 대우는 우리의 상상을 초월하는 것이었다. 한번은 목숨이 위급한 상황에서 시몬은 다른 감옥으로 이감되었고 화학 공장으로 배치받았다. 그러나 매일 유독가스와 화학물질에 노출되다 보니 병은 거의 호전되지 않았다.

그럼에도 시몬은 결코 하나님을 외면하지 않았다. 하나님도 시몬을 외면하지 않으셨다. 시몬은 이렇게 기도했다. "하나님, 제가 예루살렘으로 갈 수는 없지만 그 비전을 완수할 중국인 성도들의 세대를 키워주소서"라고 기도했다.

그는 매일 간수들이나 다른 죄수들에게 구타와 고문을 당하고 학대를 받았다. 하지만 지옥 같은 그런 생활 속에서도 주님의 은혜가 함께 하고 있다는 증거가 있었다. 한번은 다른 죄수들이 살인적인 겨울 추위 속에서 그를 옥사 밖에 세워두고 하나님이 그를 도와주실지 보라며 야유를 보냈다. 시몬은 주님께 간절히 기도했고 갑자기 온몸에 온기가 돌았다. 죄수들은 그의 몸에서 김이 나고 그의 발 주위에서 눈이 녹는 것을 보고 두려움을 금치 못했다.

또 한번은 혹독한 매질을 당하고 그의 두개골에 금이 갔다. 그가 의식을 잃고 쓰러진 상태에서 주님은 환상 가운데 그에게 나타나 "내 아들아. 내가 너와 함께 있다. 널 버리지 않을 것이다"라고 말씀하셨다. 의식을 되찾은 시몬은 맞은 부분을 손으로 만졌다. 피가 말라 엉겨붙어 있었지만 상처는 기적적으로 치유되어 있었다.

감옥에서의 15년은 30년이 되었고, 30년은 또 다시 35년이 되었다. 시몬과 그의 믿음의 친구들은 주님이 주신 비전을 따라 순종했음에도 불구하고 그 희망은 물거품이 되었다.

시몬은 45년형을 선고받았다. 복역한지 40년이 지난 1988년 어느 날 그는 소장실로 호출을 받았다. 그는 형기가 더 늘어났을 지 모른다는 불안감을 안고 조심스레 소장실로 들어갔다. 그러나 놀랍게도 소장은 이렇게 말했다. "당신이 조국에 대해 반역죄를 지었음에도 불구하고 중국 인민공화국 당국에서는 자비와 아량을 베풀기로 결정했소. 5년을 앞당겨 당신을 석방하라는 지시를 받았소. 이제 당신은 자유의 몸이오."

충격으로 멍한 상태에서 시몬은 병든 노구를 이끌고 감옥에서 나와 카슈카르 거리로 발걸음을 옮겼다. 그는 이제 72세가 되었고 몸에는 수십 년 동안 매맞고 고문당하고 가혹한 노역에 시달린 흔적들이 가득했다. 그동안 중국은 엄청난 변화를 겪었다. 시몬은 이전의 흔적들을 거의 찾아볼 수 없는 자신의 조국이 너무나 낯설었다. 40년 동안 그를 방문한 사람은 단 한 명도 없었다. 그가 알고 지냈던 사람들은 대부분 다 사망한 상태였다. 살아 있는 사람들이라 해도 그의 행방을 알거나 그가 아직 생존하고 있다는 사실을 아는 사람조차 없었다. 자기의 조국이 어디인지도 헷갈렸고 찾아갈 만한 지인은 단 한 사람도 없었다. 그러니 이제 어떡해야 한단 말인가?

그는 자신이 알고 있는 단 한 가지를 실천했다. 그것은 바로 작은 방을 찾아 기도하는 일이었다.

결국 한 신자가 그와 접촉하게 되었고 카슈카르 교인들 사이에 "믿음 때문에 감옥에서 40년을 살다가 나온 한 형제가 있다"는 소문이 전해졌다. 그 소식이 중국 동부로 전해지자 성도들은 너무나 놀랐다. 중국 감옥에 40년이나 갇혀 있었다니 상상할 수도 없는 일이었다!

1988년 중국 동부의 지하교회에서 부흥의 불길이 그 정점에 도달해 있었다. 매일 수많은 사람들이 믿음을 받아들이고 회심했다. 특히 헤난성에서의 복음의 열기는 그 어느 곳보다 뜨거웠다. 누군가 중국의 갈릴리라는 별칭을 붙여준 헤난성은 1988년 지하 가정교회의 진원지였다.

시몬의 존재를 알게 된 헤난성의 신자 중 몇 명은 즉각 사람들을 카슈카르로 보내서 무슨 일이 있더라도 시몬을 데려오도록 했다. 그를 찾아간 사람들은 그가 어떤 일을 겪었는지 알려달라고 간곡하게 요청했다. 그는 단순하면서도 담담하게 "중국의 형법 제도 아래서 40년간을 섬겼습니다"라고 짧게 대답했다. 그들은 함께 헤난성으로 돌아가자고 요청했지만 그는 정중하게 거절했다. 그들은 끈덕지게 설득했다. "그러나 선생님은 우리와 함께 꼭 가셔야 합니다. 우리에게 전해야 할 중요한 이야기가 있으시고 교회는 선생님의 이야기를 반드시 들어야 합니다."

그는 쉽게 설득당하지 않았다. 그들은 이렇게 간청했다. "선생님이 아직 잘 이해가 안 되신 모양입니다. 선생님이 감옥에 계시는 동안 하나님은 중국에 놀라운 부흥의 불길이 일어나게 하셨습니다. 수백 수천 수백만 명의 젊은이들이 하나님 나라로 대거 들어오고 있고 그들은 선생님의 이야기를 들어야 할 필요가 있습니다. 복음을 전하기 위해 예루살렘으로 다시 돌아간다는 비전을 품어야 할 필요가 있습니다. 하나님은 온 세계의 추수 밭에서 중국의 역할에 대한 열정을 그들 속에 불어넣기 위해 선생님을 사용하시려 합니다. 선생님은 그냥 선생님이 겪은 이야기를 들려주시면 됩니다. 그러니 꼭 함께 가십시다."

그러나 그는 "하나님은 동쪽으로 돌아가라는 게 아니라 서쪽으로 가라고 말씀하셨습니다"라고 다시 분명하게 자기 의사를 전했다.

하지만 그 대표단의 결심을 보자 그들의 소망을 존중하는 것이 도리라는 생각이 들었다. 주님은 그것이 올바른 선택임을 그에게 확인해 주셨고 그는 그들과 함께 헤난성으로 갔다. 그들에게는 좌석을 살 금전적 여유가 없었기 때문에 그는 네 명의 성도들과 함께 동쪽으로 가는 기차 바닥에 신문지를 깔고 앉아야 했다. 고달픈 여행이었다.

그가 도착하자 마치 전쟁 영웅이 돌아온 듯 극진한 환대를 받았다. 사람들의 요청에 그는 가정교회들을 방문하기 시작했다. 그의 개인적인 이야기와 성령의 기름부으시는 능력으로 세계 복음화에 대한 비전을 나누었다.

하나님은 시몬의 마음속에 품게 하셨던 비전이 처참하게 박살나는 것을 허용하셨다. 하나님께서 왜 그런 고통을 허락하시는지 우리는 모른다. 다만 그것이 십자가의 길이며 그가 고난받고 죽으실 만한 일이었다면 그런 그를 본받는 삶 역시 가치가 있음을 알 뿐이다. 하나님은 시몬이 고난의 길을 걷도록 하셨고 예루살렘으로 서진하는 도중에 만날 무슬림과 불교인, 힌두교인들을 복음화시키고자 하는 열정을 가진 젊은이들의 삶에 관심을 집중할 수 있도록 하셨다.

찬양받으실 어린양

예수님의 사랑하는 제자 요한에게서 시작되어 수세기를 거쳐 전해져 온 교회의 오래된 외침이 있다. "어린양은 … 존귀와 영광과 찬송을 받으시기에 합당하도다"계 5:12.

찬양받으실 어린양! 모라비안교도들과 그 이후의 수많은 사람들도 이 구호를 소리쳐 불렀다. "고난당하신 데 대한 상급을 받으시기에 합당하신 어린양이로다!"

하나님은 시몬 자오에게 예수님과 함께 고난당할 특권을 허락하셨다. 어린양에게 그토록 충성한 그가 받을 상급은 오직 하늘만이 알려줄 것이다. 하나님은 시몬에게 주신 비전이 처참하게 박살나도록 허락하셨다. 원수가 그의 몸과 영혼을 무차별 유린하도록 허락하셨다. 하지만 하나님의 은혜로 그의 생명은 보존받았고 그의 영혼은 무너지지 않았다. 그리고 그 비전이 다시 회복되도록 역사하셨고 시몬의 인생은 이전보다 훨씬 더 바쁘고 복잡해졌다. 단순히 변방의 촌락 몇 개를 찾아가는 수준이 아니었다. 그리스도의 복음에 대한 열정으로 불타는 수천 명의 성도들의 가슴 속에 불길이 타오르도록 해주셨다. 수많은 사람들이 그 파급력을 직접 실감했다.

2001년 12월 7일 시몬 자오는 세상을 떠났다. 하지만 하나님은 그가 눈을 감기까지 13년이라는 사역의 기회를 주셨다. 중국 지하교회들을 대상으로 한 그의 사역은 큰 결실을 맺었다. 많은 이들이 예수님의 복음을 가지고 서진하며 무슬림과 힌두교와 불교인들에게 다가가라는 비전에 사로잡혀 그 부르심에 순종했다. 하나님은 시몬의 특별한 인생을 밀알처럼 땅에 떨어져 죽게 하심으로 그 인생을 통해 수천 배의 결실을 맺게 해주셨다. 시몬의 인생을 통해 뿌려진 그 씨는 하나님 나라를 위해 수많은 결실을 거두었다.

시몬 자오의 동지들과 중국 지하교회

예수님을 전심으로 따르는 사람은 자오와 중국의 다른 형제 자매들과 동지가 될 수 있다. 시몬의 인생은 하나님이 예수님의 제자인 우리에게 현재 처한 바로 그곳에서 우리 이야기를 삶으로 써내려갈 은혜를 주신다는 것을 일깨워준다. 삶의 이야기를 우리가 써내려 간다면 우리는 내세에서 "잘하였도다"라는 예수님의 칭찬과 미소뿐 아니라 큰 축복을 유업으로 받게 될 것이다.

자신이 전 지구적 각성 물결의 일원이 될 자격이 없다고 생각하지는 않는가? 자신의 믿음이 너무 약하다고 생각되는가? '전 지구적' 각성에 대해 진정으로 관심이 있는가? 그렇다면 유사한 생각에 빠져 있던 첫 제자들에게 예수님이 주신 말씀을 들려주고 싶다.

> "나를 믿는 자는 내가 하는 일을 그도 할 것이요 또한 그보다 큰일도 하리니 … 너희가 내 이름으로 무엇을 구하든지 내가 행하리니 이는 아버지로 하여금 아들로 말미암아 영광을 받으시게 하려 함이라 … 내가 아버지께 구하겠으니 그가 또 다른 보혜사를 너희에게 주사 영원토록 너희와 함께 있게 하리니 그는 진리의 영이라 세상은 능히 그를 받지 못하나니 이는 그를 보지도 못하고 알지도 못함이라 그러나 너희는 그를 아나니 그는 너희와 함께 거하심이요 또 너희 속에 계시겠음이라 … 버려두지 아니하고 너희에게로 오리라" 요 14:12-13,16-18.

이 말씀은 우리가 직면하고 있는 도전의 핵심을 담고 있다. 우리는 무엇을 구하고 있는가? 우리가 마음 깊숙한 곳에서 열렬하게 원하는 것은 무엇인가? 예수님의 제자들은 자녀와 가족, 직장, 자신들의 미래와 같은 삶의 문제들에 관심이 있었다. 그들은 이방 세력이 지배하는 나라에서 살고 있었다. 하나님을 모르는 불의한 지배자들의 통치를 받으며 살고 있었다.

그러나 예수님은 삶의 압박과 염려 때문에 복음에 무관심하도록 두지 않으셨다. 인생의 염려에 사로잡혀 살지 말고 영원을 위해 살도록 불러주셨다. 예수님은 우리가 하는 모든 일에 그를 힘의 원천과 목표로 삼기를 원하신다. 그러므로 우리는 무슨 일을 하든지 예수님 때문에 우리의 자원, 그리고 예수님을 위해 우리의 목표 해야 한다. 예수님은 자신에게 순종하는 데 필요한 모든 자원을 우리에게 공급해주신다. 최초의 제자들은 예수님이 주신 위로의 말씀을 의지해 '순종과 탐색'이라는 평생의 여정을 시작했다. 그 과정에서 배우고 실수도 하면서 성장했다. 예수님이 주신 말씀에 순종하고, 같은 싸움을 하는 동지들과 함께 그 일을 감당했기에 가능한 일이었다. 당신이 동일한 여정을 걸어가고 있다면, 스스로 가능하다고 생각했던 것 이상으로 영적인 성장을 경험하게 될 것이다.

혼자 가지 말 것

혼자서 그 여정을 가지는 않을 것이다. 혼자서 고립되어 있다면 위험하다. 하나님은 우리를 헌신된 공동체의 일원으로 창조하셨고 대의명령과 위대한 명령에 순종하고자 결단한 영적 가족의 일원으로 창조하셨다. 주변에서 같은 믿음을 가진 사람들이 없다면 아직 예수님을 모르는 사람들을 몇 명 찾아보라. 그리고 그들에게 믿음의 여정에 동참하도록 초청하라. 예수님을 알아가고 순종하는 법을 배우고 싶다고 그들에게 정직하게 이야기하고 함께 예수님을 따르는 법을 배우고 싶어 하는지 확인해보라. 이런 제안이 다소 극단적인 제안인 것 같은가? 하지만 예수님이 바로 이렇게 하셨다. 사람들에게 자기를 따라오라고 부르셨다. 그리고 그의 제자들도 정확히 바로 그 일을 했다.

당신은 예수님이 시작하신 어떤 일의 일부라는 것을 기억하라. 이것은 나의 생각이거나 당신의 생각이 아니다. 예수님께서 우리로 이 여정을 시작하게 하셨다. 그리고 예수님은 자신이 시작하신 일을 마무리하실 것이다.

예수 운동

나는 대학생 때부터 전 지구적 그리스도 운동의 일원으로 섬기는 꿈을 꾸어왔다. 그리고 소규모지만 예수 운동들이 태동하는 일을 거들어왔다. 나이가 든 지금도 여전히 아프리카와 이슬람 세계에서 대규모 제자 운동을 촉진시키는 꿈을 꾸고 있다. 남아프리카로 이주한 까닭도 바로 이 때문이었다. 2006년 이곳에 정식으로 정착하기 전, 이 나라를 방문했을 때 내가 마음에 품고 있던 그 확신이 온 아프리카로 전달되고 나아가 아프리카를 넘어 세계로 영향을 미칠 것이라는 깨달음이 왔다. 샐리와 나는 그 일이 여기서 일어날 것이라고 확신했기 때문에 남아프리카에 완전히 정착하게 되었다. 실제로 그 일은 이미 시작되었다. 'Mighty Men'하나님의 용사들이라는 남성 대회마다 수많은 사람들이 강당을 가득히 채웠고 이 운동의 행진에 참여하기 위해 20만 명이 넘는 사람들이 몰려들었다. '세계 기도의 날'은 강력한 중보 기도를 통해 운동을 지속할 기도의 연료를 제공해 주고 있다. 대학교 캠퍼스의 대학생 교회들은 희생적 섬김을 위한 열정과 열기를 서로 전하는 젊은 남녀 학생들로 가득하다.

기독교 운동에 대해 내가 체득하게 된 몇 가지 원리들과 친구인 스티브 애디슨이 「세상을 변화시키는 부흥운동」Movements That Change the World 에서 소개한 원리들을 일부 간추려 아래 여섯 개의 지표로 정리해 보았다. 이 지표들을 이렇게 소개하는 까닭은 자신의 현재 상태를 진단하고 더 간절한 열망을 품도록 도전을 주기 위해서이다.

예수 운동의 여섯 가지 지표

• 열정적 믿음

예수님을 따르는 제자들의 운동은 평범한 사람들이 성령의 이끄심을 받아 하나님의 말씀에 신실하게 순종하고 예수님을 전하는 일에 적극적으로 헌신할 때 하나님의 임재와 능력을 통해 촉발된다. 이미 살펴보았듯이, 믿음이란 두려움이 없는 상태를 말하는 것이 아니라 두려움에도 불구하고 순종하는 것을 말한다. 성령의 인도하심을 받는 예수님의 제자들이 그런 믿음을 행사할 때 사람들은 그 믿음에 감염될 수밖에 없다.

• 대의에 대한 헌신

예수님을 따르는 제자들은 강한 믿음과 일치하는 공통의 비전을 공유할 때 세상을 변화시킨다. 그러면 그들은 다른 성도들과 그들의 열정을 지속하고 강화시키는 문화를 조성할 수 있다. 마음에 품은 비전 때문에 주변 세상과 갈등할 수밖에 없지만 세상에 손을 내밀고자 하는 노력을 중지하지 않는다면 그 비전은 세상을 변화시키는 데 일조할 것이다. 예수님의 제자들은 세상과 구별되지만 또한 동시에 세상에 발을 담그고 개입한다. 스티브 애디슨은 한 운동이 변화의 촉매제로 사용될 때는 바로 이 개입과 단절이라는 두 요소가 결합될 때라고 지적한다.

• 전염성 높은 관계

예수님에 대한 사랑을 공개적으로 표방하는 믿음의 사람들과 가까이 지내면 그 사람도 믿음을 갖게 될 가능성이 높다. 개인의 관계망을 중심으로 복음이 전파될 때 헌신된 공동체는 운동으로 변화되고 놀랍도록 성장하게 된다. 우리가 사람들을 '그리스도화시키고' 예수님에 대한 믿음을 생활 속에서 공개적으로 표방할 필요가 없다고 가르친다면, 우리는 그들을 그들의 관계망에서 단절시키고 그들의 문화로부터 소외되도록 만든다. 한 운동이 지속적으로 성장하기 위해서는 끊임없이 자신들의 문화와 사회적 관계망에 손을 내밀고 다가가야 한다.

남아프리카공화국에서 내가 만난 사람들 중 가장 '전염성 높은 사람' 한 사람을 꼽으라면 만디 하트를 꼽을 수 있다. 만디는 사람들을 좋아한다. 신앙심이 깊은 그녀지만 세상을 보는 시각이 다르다고 친구들과의 관계를 단절하지 않는다. 만디는 끊임없이 손을 내밀고 다가가 이웃들과 다른 여성들과 사업 동료들, 어려운 일을 당하고 있는 사람들과 관계를 발전시켜 나간다. 그녀의 생활과 사람들을 위한 열정을 보고 있노라면 '나도 할 수 있다'는 확신이 저절로 생긴다. 사업가와 결혼한 그녀는 한창 자라는 두 아이들을 돌봐야 하는 바쁜 엄마지만 말horse들과 아이들과 인생을 사랑하는 여성이다. 다시 말해 그녀는 '평범한' 여성이다. 그러나 그녀는 지혜로운 방법으로 사랑을 통해 예수님을 전하는 일에 아주 적극적이며 그로 인해 많은 사람들이 예수님을 주로 영접하고 있다.

• 신속한 평신도 동원

한 운동이 성장하는 데 가장 심각한 방해물은 기존의 교회 운영 방식과 유급 교회 지도자들이다. 유급 지도자들이 세심한 주의를 기울이지 않으면 권한을 이양하지 않는 경직된 리더십의 모델이 된다. 운동이 신속하게 파급력을 갖는 경우는 비전문가들의 노력과 '사역' 기금에 의지하지 않는 사람들의 자발적 노력이 있을 경우다. 급속하게 성장하는 운동에서 풀뿌리형 비전의 지도자는 공통된 비전을 심어주고 핵심적 가치들을 모범으로 보여주며 선발한 사람들을 코치하고 모니터링해 줌으로써 도와주며 평가하고 피드백을 제공해야 한다. 그리고 이후에는 그 일을 다른 사람들이 계승해갈 수 있도록 물러나야 한다. 소심하거나 군림하려고 하는 지도자들은 미래의 비저너리visionary들을 쫓아내고 운동의 기운을 죽이고 말 것이다.

• 방법론의 유연한 적용

제자가 제자를 낳는 운동이 일어나기를 고대하는 예수님의 제자들은 이 사명을 이루기 위해서 핵심적인 가치 외에 자신들에 대한 모든 것을 바꿀 준비가 되어 있다. 운동이 더 효과적이기 위해서는 모든 것을 상황에 맞게 바꾸고 적응시켜야 한다. 교회 생활과 프로그램 운영, 조직 체계 등을 효율적으로 바꾸어야 한다. 그러나 교회를 문화에 맞게 토착화시키지만 복음 자체를 상황에 따라 변화시키려고 시도하지는 않는다. 포도주 부대와 포도주의 차이를 이해하고 있다눅 5:36-39. 다시 말해 복음과 그 복음의 문화적 포장이 다르다는 것을 이해하고 있다. 그들은 복음의 포장지나 형식과 결혼한 것이 아니라 복음 그 자체와 사랑에 빠져 있다. 스티브 애디슨의 글을 인용하자면 "기독교 운동은 효과적이고 유연하며 재생산이 가능한 방법으로 사명을 추구해야 한다." 한 운동의 목표는 쉽게 전파할 수 있는 방법을 찾아냄으로써 그 운동이 1세대 리더들을 능가할 수 있게 하는 것이다.

• 다중세대 제자도

예수 운동은 제자들이 다중세대들로 계승되고 지속되면서 성장한다. 영적 운동이 중단되지 않고 지속적으로 탄력을 얻기 위해서는 제자 삼기를 통해 세대에서 세대로 핵심 가치가 전수되어야 한다. 사도 바울의 방식을 따른다면, 각 세대는 최소한 4세대까지 제자들을 키울 때 자력으로 성장하며 이렇게 함으로써 자체적으로 성장할 수 있는 구조가 확립될 것이다. 바울은 디모데에게 신실한 예수님의 제자들을 훈련해서 그들이 또 다시 다른 제자들을 훈련하게 하라고 가르쳤다. 이 절에는 바울, 디모데, 디모데의 제자들, 디모데의 제자들에게 훈련받은 제자들이라는 4세대에 걸친 제자들이 나타난다팀후 2:2. 바울을 훈련한 바나바를 고려한다면 총 5세대에 걸쳐 제자 훈련이 계승된 것이다. 바나바, 바울, 디모데, 그리고 그들의 영적 아들들과 딸들은 다중세대 그리스도 운동의 일원이었다. 그것은 멈추지 않는 동력을 갖고 있었다.

다중세대 예수 운동

수많은 다중세대 예수 운동multigenerational movements이 지금 세계적으로 일어나고 있다. 그중 대다수는 아시아, 아프리카, 남아메리카에 집중되어 있다. 다중세대란 어린이들, 청년들, 부모들이 모두 한 교회에 다닌다는 의미로 쓴 것이 아니라 한 세대의 성도들이 다음 세대를 키운다는, 다시 말해 영적 아들들과 딸들을 키운다는 뜻으로 사용한 것이다. 1990년대 후반 중국에서 시작된 한 운동은 지금 600만 명이 넘는 사람들이 동참하고 있다.

최근 집계에 의하면 26세대에 이르는 새신자들이 있었고 첫 세대가 강조한 성경적 진리를 90에서 95퍼센트까지 그대로 고수하고 있었다고 한다. 이 운동들은 공장과 농장에서 장시간 노동하면서도 그리스도를 알리기 위해 시간과 땀을 쏟고 희생한 사람들이 주축을 이룬다. 어떻게 이렇게 놀라운 성장이 가능했던 것인가? 충성스러운 사람들이 그들이 받은 것을 전수했고, 그들의 제자들도 받은 그것을 다음 세대로 전수했다. 때로 그 과정에 큰 희생과 대가가 요구되었다. (다음 두 장에서는 현재 본인이 소속된 운동을 통해 전 세계에서 배웠던 교훈들을 우리가 현재 어떻게 적용하고 있으며 독자들도 그런 운동의 불쏘시개가 될 수 있도록 하는 방법에 대해 나누어볼 것이다.)

몇 년 전에 예수님을 따르는 한 젊은 청년으로부터 자신의 꿈은 8세대까지 전수되는 그리스도인들의 운동을 시작하는 것이라는 말을 들은 적이 있다. 자신이 그의 목사님으로부터 출발해 믿음을 갖게 된 여덟 번째 세대라고 말했다. 그러고 나서 그는 한 사람씩 차례로 예수님에 대한 믿음을 갖도록 인도했던 사람들의 이름을 소개했고 마지막으로 자신을 예수님께로 인도해준 사람의 이름을 이야기해 주었다.

나는 이 땅에서 하나님이 지금 이루고 계신 일에 내 인생을 드리겠다고 약속했다. 교회 문화 운동을 통해서나 한 도시를 떠들썩하게 하는 교리 전쟁에 내 인생을 바치는 것이 아니라, 잃어버린 자들을 찾으시며 사람들의 삶의 방식을 바꾸고자 하시는 하나님의 일에 내 인생을 바치기로 했다. 하나님이 힘을 주시는 한, 나는 그분을 따라갈 것이고, 사람들이 그를 따르도록 훈련시킬 것이며, 그들이 또 다시 제자들을 훈련해 예수님을 가르칠 수 있도록 도울 것이다. 여러분도 이 일에 동참하기를 바란다. 지금 전 지구적 각성이 일어나고 있다. 한 사람도 이 대열에서 탈락하지 않기를 바란다.

복습과 적용

1_ 예수님은 제자가 제자를 만드는 운동이 온 땅에 가득히 일어나기를 원하신다. 우리가 그 운동의 일원이 되고자 한다면 그를 따를 때 어떤 대가를 치러야 하는지 잘 따져보아야 한다. 누가복음 6장 46-49절을 읽고 이 구절로 '진리 발견하기' 성경 공부를 하라.

2_ 이 장에서 우리는 예수님으로부터 시작된 전 세계적 운동에 동지로 참여하는 것이 무엇인지 소개했다. 동지란 어떤 의미이며 우리가 동지로 동참한다고 할 때 그것이 갖는 의미는 무엇인가?

3_ 예수님을 영접하고 제자가 되도록 훈련할 수 있는 사람들 중에 제자화가 가능한 사람들은 누구인가? 그들의 이름을 적어보고 그들을 위해 기도하라.

4_ 예수 운동의 여섯 가지 지표를 다시 복습해보고 자신을 위해, 그리고 당신이 제자 훈련을 하고 있는 사람들을 위해 그 지표들을 가지고 기도하라. 당신에게 가장 도전적인 지표는 어떤 것인가? 그리고 그 이유는 무엇인가?

chapter 13

심도
깊은
투명성

정직한 투명성과 책임 있는 태도가 없다면 그리스도의 제자들과 동지적 연대 관계를 유지하기 어렵다. 서로에게 자신이 살아가는 모습을 정직하게 드러내지 않고 숨긴다면 거짓된 삶을 살게 되고 동지적 관계에는 균열이 생긴다. 함께 그리스도를 따르는 사람들을 제대로 알지 못하는 상태에서 우리는 진정으로 서로를 사랑할 수 없을 뿐 아니라 함께 영적 전투에 나아가는 것은 불가능하다.

요한은 신약에서 "그가 빛 가운데 계신 것같이 우리도 빛 가운데 행하면 우리가 서로 사귐이 있고 그 아들 예수님의 피가 우리를 모든 죄에서 깨끗하게 하실 것이요"요일 1:7라고 말했다. 일부 그리스도인들은 "빛 가운데 행하다"라는 구절을 아주 일반적인 의미로 사용한다. 이 글귀는 티셔츠나 냅킨 홀더, 포스트에도 새겨져 있다. 그러나 기독교 대중 문화에서 이 구절이 이렇게 광범위하게 사용되고 있다 해도 "빛 가운데 행하다"라는 이 구절의 진정한 의미를 제대로 알고 있는 사람이 과연 우리 중에 얼마나 될지 의문스럽다.

"빛 가운데 행하다"라는 구절은 매우 영적인 의미이지만 또한 매우 실제적으로 적용되어야 한다. 철저하게 정직한 삶을 살며 우리 마음의 생각과 우리 생활의 은밀한 행위가 하나님과 또한 우리가 책임져야 하는 사람들에게 숨기는 것 없이 투명하고 정직하게 드러나야 한다는 뜻이다.

하나님을 사랑하고 이웃을 사랑하며 서로를 사랑하기 위해서는 순수한 사랑의 힘에 의지해야 한다. 우리의 생활 모습을 하나님께 숨기거나 정직하게 보여드리지 않으려고 한다면 어떻게 하나님을 사랑할 수 있겠는가? 투명성이란 우리의 모습 그대로를 기꺼이 드러내고 하나님과 사람들에게 우리 생활을 부끄러움 없이 공개할 수 있는 태도를 말한다. 사실을 왜곡하거나 미화시키지 않고 우리 생활 속에서 일어나는 일을 솔직하게 드러내고 개방한다는 뜻이다. 가면을 벗어버리고 사람들이 내 민낯을 볼 수 있도록 드러낸다는 뜻이다.

하나님께 진실하기

하나님께서 암스테르담의 홍등가에서 노숙인 사역을 하도록 우리를 부르셨을 때, 거리에는 음란물이 범람했고 매춘부들은 사람들이 잘 볼 수 있는 곳에 앉아 노골적으로 호객 행위를 하고 있었다. 매일 그 거리를 오르내리면서 내 생각을 깨끗하고 맑게 지킬 수 있는 유일한 방법은 내가 하나님의 임재 앞에 있다는 사실을 끊임없이 주입시키는 것이었다. 나는 매춘이 벌어지는 방의 창들을 호기심 어린 눈으로 들여다보는 관광객도 아니었고, 보안이 철저한 그 매음굴 속에서 대체 무슨 일이 일어나는지 엿보고 싶은 사람도 아니었다.

부정한 생각이 들 때, '빛 가운데' 걷기 위해 내가 할 수 있는 일은 세 가지임을 체득했다. 첫째, 내 자신에게 정직해지는 것이었다. 음란하고 부정한 생각이 들면 그 생각이 부정하다는 것을 스스로에게 인정하고 건전한 것으로 생각을 돌리는 선택을 해야 했다. 둘째, 그 생각을 주님께 가져가는 것이었다. 기도로 그 생각을 하나님께 가져가서 아뢰는 행동은 우리가 '빛 가운데 행하는' 한 가지 방법이다.

빛 가운데 걷기 위해 내가 할 수 있는 세 번째 방법은 몇 사람의 믿을 만한 성도들에게 내 죄와 유혹받는 마음을 털어놓는 것이었다. '빛 가운데 걷는다'는 것은 숨길 것이 없는 투명한 사람이 되고자 진지하게 노력한다는 구체적인 표현이다. 나는 정기적으로 그 일을 했다. 몇 명의 사람들로 이루어진 소그룹들을 만들어 투명성과 책임성에 대해 서로를 도왔다. 우리는 사실상 전쟁터에 있는 셈이었고 그 일은 혼자의 힘으로는 할 수 없음을 깨달았다.

빛 안에는 능력이 있다. 불빛이 환한 방에는 어두운 구석이 없다. 물체가 빛을 가려 그림자를 드리울 때만 어둠은 존재한다. 우리 죄를 고백하지 않으면 우리의 영적 생활에 그림자가 드리워진다. 우리 죄를 우리 자신과 하나님, 그리고 소수의 믿을 만한 사람들에게 고백함으로써 그 그림자들을 깨끗이 치우지 않으면 우리 안에 어두움이 생길 것이다. 성적인 문제들과 관련해 어둠을 언급했지만 분노의 감정, 질투심, 비난하고자 하는 마음, 분노도 어둠에 포함될 수 있다.

서로를 책임져주며 돕는 일에 나와 함께하기로 합의한 사람들에게 내 죄를 고백하면 그들은 "어떻게 그럴 수가 있나? 정말 충격일세. 들었던 것 중에 제일 최악이네"라는 식으로 반응하지 않는다. 전도서는 해 아래 새 것이 없으므로 새삼스러운 일은 전혀 없다고 말한다. 구약과 신약 성경을 읽어보라. 그러면 온갖 죄와 실패의 기록들을 만나게 될 것이다. 그러나 또한 죄를 용서해 주시고, 우리 손을 잡고 일으켜 다시 한 번 견고한 땅에 발을 딛고 설 수 있도록 해주시는 하나님도 만날 것이다.

죄를 고백하라

가능한 한 당신과 같은 문제가 없는 그리스도인을 찾아 그 사람에게 당신의 모습을 공개하라. 정기적으로 만나는 사람들 중에서 그 사람을 택하는 게 좋다. 그래야 서로를 진정으로 알 수 있다. 같은 모임 중에서 그리스도인들과도 그런 관계를 가지지만 또한 그 모임 중에 비그리스도인이 있다면 그 사람과도 그런 관계를 가져보라. 왜 비그리스도인과 그런 관계를 가져야 하는가? 정직성과 책임지는 태도에 대해 모범을 보여주는 방법이 될 수 있기 때문이다.

때로 '내가 어떤 짓을 했는지 차마 털어놓을 수가 없어. 입에 올리기에는 너무 나쁜 일이잖아'라고 생각하거나 '내 진짜 모습을 알면 아무도 나와 상종하려 하지 않을 걸'이라고 생각할 수도 있다. 그러나 이런 변명들은 빛 가운데 행함으로 죄를 용서받고 승리를 얻는 기회를 차단할 것이다.

"너의 죄는 예수님의 보혈로 덮음을 받았다. 그러니 아무에게도 알릴 필요가 없다"고 주장하는 거짓 가르침이 있다. 이런 주장은 서로에게 우리 죄를 고백해야 할 필요성약 5:16을 인정하지 않기 때문에 절반만 진실이다. 물론 다른 그리스도인에게 우리 죄를 고백한다고 해서 우리 죄가 용서받는 것은 아니다. 오직 예수님의 십자가상의 죽음만이 우리 죄를 용서할 수 있다.

우리 죄를 다른 그리스도인들에게 고백하면 죄와 사탄이 횡포를 부리기가 한층 더 어려워지기 때문에 더 큰 자유를 누릴 수 있다. 또한 사람들이 우리의 모습 그대로를 알고도 여전히 용납해줄 때 하나님의 사랑을 더욱 확신할 수 있다.

성경이 주요 등장인물들의 승리한 사실만 기록해 두었다면 우리가 얼마나 많은 것들을 놓쳤을지 생각해보라. 밧세바에게 다윗이 지은 죄를 우리가 알기 때문에 용서받을 일이 있을 때 처절하면서도 아름다운 시편 51편의 고백이 우리에게 더욱 절절히 다가올 수 있다. 마찬가지로 베드로가 우리에게 많은 사랑을 받는 이유도 그의 개인적인 실패와 싸움에 우리 자신의 모습이 투영되기 때문이다. 우리를 그와 동일시하게 되는 것이다. 예수님 자신도 자신의 감정과 씨름하셨고 결국 겟세마네 동산에서 그런 자신에 대해 승리를 거두셨다. 예수님이 십자가의 고통을 외면하고 싶은 유혹을 받았다는 것을 우리가 아는 이유는 그가 가까운 사람들에게 그 사실을 털어놓으셨고 그들이 다시 복음서를 통해 그 이야기를 기록하여 전해주었기 때문이다마 26:36-46. 그래서 우리도 그의 모습을 통해 힘과 용기를 얻게 된다.

약한 것은 죄가 아니다. 그러나 하나님께서 다른 형제나 자매들의 헌신을 통해 우리를 붙들어주시고 사랑을 공급해주심에도 불구하고 혼자 고립된 채 연약함에 빠져 헤어나오지 못한다면 어리석은 것이다. 성숙한 그리스도인이란 자기 약점을 인정함으로써 성장의 기회로 삼는 사람이다. 바울은 하나님에게 받은 약속을 기록하면서 이 점을 잘 보여주고 있다. "'네게는 내 은혜만으로 충분하다. 너의 약함 속에서 내 능력이 가장 잘 발휘된다.' 그러므로 예수님께서 내 안에서 나를 통해 자기 일을 이루실 수 있도록 내 연약함에 대해 사람들에게 자유롭게 이야기 할 수 있다"고후 12:9, 저자가 풀어씀.

예수님을 따른 지 얼마 되지 않은 사람들이나 영적 지도자 위치에 있는 사람들은 마치 유혹에 전혀 흔들리지 않는 듯이 행동하는 경향이 있다. 이런 태도는 그렇게 생각하는 당사자뿐 아니라 그를 신뢰하고 믿는 사람들에게도 위험하다. 우리는 투명하고 정직한 마음과 서로 돌아보고 책임지는 자세의 필요성을 공개적으로 천명하고 제자도 훈련 모임을 통해 그런 태도를 훈련할 필요가 있다. 신앙생활을 한지 아무리 오래되었고 어떤 직책에 있다 해도 우리는 누구나 생활 속에서 유혹에 직면하고 갈등에 시달린다. 누구나 죄를 지을 가능성이 있다. 이 점을 심각하게 생각하고 예수님과 함께하는 순례 여정에 동반한 형제 자매들과 서로 죄를 고백하며 짐을 나눈다면 죄에 대해 승리를 거둘 수 있다.

자신은 이런 일에 예외적인 존재인 양 위장하는 그리스도인들이 많다. 겉으로는 행복하고 거룩한 척 행동하지만 내면에서는 우리 모두와 마찬가지로 죄와 싸우고 있다. 그런 사람들은 투명할 때 자유를 누릴 수 있음을 배우지 못한 사람들이다. 이제는 우리 모두 가면을 벗고 경건한 겸손으로, 빛 가운데 걸을 때 얻는 기쁨을 체험할 시간이다.

나의 은밀한 죄

바울은 로마서 13장 13-14절에서 이렇게 말한다.

> "낮에와 같이 단정히 행하고 방탕하거나 술 취하지 말며 음란하거나 호색하지 말며 다투거나 시기하지 말고 오직 주 예수 그리스도로 옷 입고 정욕을 위하여 육신의 일을 도모하지 말라."

악한 욕망을 채울 방법을 궁리하지 마라. 다시 말해 우리 자신이 얼마나 강한지 입증하기 위해서건 자신에게 어떤 부분에 약점이 있음을 인정하기 싫어서건 유혹을 받을 수 있는 자리에 가거나 그런 기회를 만들지 말라는 것이다. 예수님의 제자들은 유혹과 불장난을 벌이는 것이 아니라 유혹을 피해야 한다.

좋다. 이제는 내가 빛 가운데 행할 차례이다. 나는 아이스크림을 정말 좋아한다. 아이스크림 선데, 아이스크림 케이크, 아이스크림 콘 등 아이스크림으로 만든 것은 무엇이든 좋아한다. 그런 내가 아내에게 자제력이 얼마나 강한지 보여주려고 호두와 아몬드를 잔뜩 넣은 더블 초코렛 아이스크림을 만들어 달라고 부탁한다고 해보자. 그리고 그 아이스크림을 집안 곳곳에 두도록 부탁한다고 해보자. 하나는 잠자리에 들 때 볼 수 있도록 침대 옆에 두고 하나는 아침에 면도하면서 나를 유혹하도록 침실에 둔다. 오직 아내에게 내가 유혹에 얼마나 강한지 보여주고 싶어서 이런 짓을 한다고 해보자.

이런 시도는 정말 어리석기 짝이 없다. 아이스크림을 먹고 싶지 않은데 굳이 계속해서 아이스크림을 내 눈앞에 두게 함으로 나를 고문할 이유가 어디 있는가? 이렇게 해서 내가 증명하는 게 실제로 있다면 그것은 내가 얼마나 어리석은지를 보여주는 것뿐이다. 알코올 중독자 모임은 술의 속박에서 빠져나오려고 안간힘을 쓰는 사람들에게 밤마다 주점에 가서 그 문제를 극복했는지 확인해보라고 권하지 않는다. 우리의 연약한 부분들은 유혹에 다시 노출되지 않더라도 극복하기 충분히 어렵다.

이성과 데이트를 할 때 스킨십을 하고 싶은 욕구를 참기 어렵다면 왜 계속해서 두 사람이 혼자 있는 기회를 만드는가? 우리 자신에게 절제력이 있는지 확인하기 전에 이미 죄가 바로 우리 눈앞에 오도록 방치하는 경우가 얼마나 많은지 모른다.

"그런즉 선 줄로 생각하는 자는 넘어질까 조심하라"고전 10:12고 성경은 말한다. 정말 이 말씀이 옳다. 우리는 모두 유혹을 받을 수 있고 넘어질 수 있다. 이 사실을 인정하지 않는다는 것은 우리 자신을 제대로 지키지 못하고 있다는 뜻이다. 자신에게 약점이 있다면 유혹을 받을 수 있는 기회나 자리를 원천적으로 차단해야 한다. 아이스크림을 먹고 싶지 않음에도 일부러 주문을 해서 그것을 노려볼 필요는 없다. 남들을 비방하는 데 시간을 허비하는 게 싫다면 남을 쉽게 험담하고 비난하는 사람들과 친하게 지내서는 안 된다.

반복되는 죄의 습관

어떤 사람들은 죄를 포기하고 예수님이 주신 승리의 길로 걷다가 이전에 극복했다고 생각한 죄에 대해 여전히 취약한 자신을 보면 매우 불안해하고 염려하게 된다. 나는 이것이 덤불숲을 지나가다 만난 마른 강바닥과 같다고 생각한다. 자국이 깊이 패인 강바닥은 한 번 마르면 종종 몇 년 동안이나 그 상태가 지속된다. 비가 오면 강바닥으로 흘러든 물은 과거에 한 번 패인 그 경로를 따라 금방 물줄기를 이루며 흘러간다.

우리 마음은 바로 그 강바닥과 같다. 어떤 방향으로 생각하고 반응하는 습관이 생길 경우 유혹을 받게 되면 쉽게 예전의 그 습성이 되살아난다. 다음과 같은 내용의 오래된 잠언이 있다.

> 생각이 선택을 낳고
> 선택이 습관을 낳고
> 습관이 성품을 낳고
> 성품이 운명을 낳는다.

우리 인생을 그리스도께 온전히 바치면 죄를 이길 수 있는 능력을 얻게 된다. 그러나 습관과 생각의 틀이라는 오래된 마른 강바닥은 여전히 남아 있다. 한때 그 습관의 홈으로 우리를 가두던 힘은 그 세력을 잃었지만 홈 자체는 여전히 사라지지 않고 남아있다. 그 오래된 죄의 습관 때문에 우리가 넘어질 가능성이 높고 실제로 쉽게 넘어지기도 한다. 그러나 기쁜 소식이 있다. 그리스도께서 그 습관들이 갖고 있던 힘에서 우리를 자유롭게 해주셨다는 것이다. 그리스도 안에서 우리가 성장할수록 그 옛 습관들도 힘을 잃게 될 것이다. 그러나 그 일은 시간이 걸리기 마련이므로 옛 습관으로 돌아가지 않도록 경계하고 다시 넘어지지 않도록 조심해야 한다.

모든 이들에게 동일한 원칙

서로에게 투명하고 책임을 져준다는 원칙은 어떤 위치에 있건 상관없이 모두 동일하게 적용되어야 한다. 기업가이든 정부 관리이든, 교회 지도자나 사무실 여직원이든 동일한 제자도의 원리들이 적용되어야 한다. 투명성은 예수님을 따르고자 하는 모든 이들에게 적용되는 기본적 원리 중 하나이다. 우리는 죄를 숨기고 서로에게 죄를 고백하는 노력을 무시하고 서로 정직하게 자신을 드러내야 할 필요에서 자신은 제외시키고 싶은 유혹을 받는다. 그러나 그렇게 하는 것은 몰락을 자초하는 것이나 마찬가지다. 조만간 우리가 숨긴 죄들이 드러날 것이다. 진리에 대한 열정으로 투명하게 자신을 드러내든, 드러내지 않든, 하나님은 우리에 대한 사랑으로 그 문제를 다루실 것이다.

　이 일을 우리 홀로 감당할 필요는 없다. 예수님과 함께하는 이 여정에 우리와 함께해줄 형제 자매들이 있다. 세계 각국에서 믿음의 공동체들이 더불어 투명하게 살아가는 삶의 위력을 깨달아가고 있다. 회복 그룹과 지지 그룹들이 함께 서로를 돕고 책임지는 원칙의 위력을 활용하고 있다. 나는 이런 그룹들을 'D-그룹' 혹은 '진리 발견하기 그룹'이라고 부른다. 이것은 데이빗 왓슨이 가르쳐준 간단한 성경 연구 방법을 본따 명명한 것이다. 명칭은 중요하지 않지만 서로 투명하게 죄를 고백하고 책임지는 삶의 위력은 중요하다. 구체적인 방법에 대해서는 마지막 장에서 더 다룰 것이다.

복습과 적용

1_ 요한복음 15장 11-15절로 '진리 발견하기' 성경 공부를 하라.

2_ 하나님이 근심하시는 죄가 우리에게 있는지 깨닫게 해주시도록 기도하는 시간을 가져야 할 이유는 무엇인가?

3_ 죄에 대해 '도망갈' 수 있는 실제적인 방법들이 있다면 무엇인가? 그것을 투명성의 원칙에 어떻게 적용할 수 있는가?

4_ "이로써 모든 사람이 너희가 내 제자인 줄 알리라" 요 13:35는 예수님의 말씀과 투명성과는 어떤 관계가 있는가?

chapter 14

단순한 형태의 교회를 시작하라

교회는 각종 위원회와 프로그램과 전통을 유지하기 위해 존재하지 않는다. 이런 것들 중 어느 것도 그 자체적으로 문제가 되는 것은 없지만 대위임 명령Great Commission, 마 28:19과 대명령Great Commandment, 막 12:30-31에 대한 순종이라는 교회의 일차적 목적에 방해가 될 때는 문제가 된다. 조심하지 않으면 교회의 주된 소명을 이루는 대신 교회 자체를 유지하는 데 시간과 노력을 허비할 수 있다.

교회가 프로그램들을 쉬지 않고 돌리는 데 관심이 집중된다면 예수님이 꿈꾸신 교회는 더 이상 존재하지 않는다. 지금 소속한 교회를 떠나게 하려거나 교회에 비판적이 되라고 이 글을 쓰는 것이 아니다. 하지만 내가 이런 글을 쓰는 이유는 교회의 세 가지 사랑을 다시 한 번 환기시키기 위한 것이다. 첫째, 예배는 열정과 진리로 예수님을 사랑하고 둘째, 선교는 용기와 정중한 태도로 예수님을 모르는 사람들을 사랑하며, 마지막, 교제는 투명성과 의도성을 갖고 서로를 사랑하기이다.

신학자들은 평범한 신자들이 이해하기에는 교회가 아주 난해하고 복합적인 것이라는 인상을 주고 싶어 하겠지만, 바리새인들의 모습에서 예수님이 비판하신 것은 바로 그 복잡하고 무관심한 태도였다. 교회를 복잡하게 만들지 말라. 신학 학위가 있어야 예수님께 순종할 수 있다고 생각하지 말라. 예수님은 두세 사람이 자기 이름으로 모인 곳에 함께하시겠다고 약속해 주셨다. 그들과 함께 그곳에 계신다. 우리를 통해 자기 교회를 짓겠다고 말씀해 주셨다. 예수님이 오신 것은 자기 교회를 자기의 백성들에게 돌려주시기 위해서였다.

이 세 원리를 생활방식으로 실천하는 제자들의 공동체는 단순한 형태의 교회라 할 수 있다. 예배, 선교, 교제라는 세 원리를 실천하지 않는 지역 교회는 존재할 수 없다. 이 세 가지 원리 중 하나만을 실천하는 소모임은 중요한 역할을 감당할 수 있고 열매를 거둘 수 있다. 하지만 그들이 교회는 아니다. 예수님은 우리로 그를 예배하고 세상에 복음을 전하며 서로 사랑하라고 명령하셨다. 이것이 선교적 공동체의 본질이다.

올바른 이해

캔자스 시티에서 목회자로 섬길 때 내게 제자 훈련을 받았던 아담이라는 젊은이는 말씀을 배우는 데 적극적이었고 활기차면서도 영적인 갈증을 가진 청년이었다. 하지만 내가 전수해주고 싶었던 모든 것에 그가 적극적인 것은 아니었다. '복음전도'와 '제자도'와 같은 단어들을 사용할 때면 거부감이 느껴지고 서로 마음이 통하지 않는다는 생각이 들었다. 그래서 종종 내게 문제가 있는 것은 아닌지 고민했다. 아무리 해도 아담이 복음을 전하고 제자 삼는 일에 적극적인 관심을 보이도록 할 수 없다니 도대체 무엇이 문제인지 괴로웠다.

아담은 최근에야 비밀을 털어놓았다. 소통하는 내 능력에 문제가 있었던 것이 아니라 자신에게 사람들에 대한 두려움이 있었다는 것이다. 다른 사람들의 의견을 존중해야 한다는 것을 다소 잘못 이해한 측면도 있다고 말했다. 아담은 신앙을 처음 가졌을 때, 거의 하루도 빠지지 않고 사람들에게 예수님의 복음을 전하고 많은 사람들을 그리스도께로 인도했다. 하지만 자신과 동일한 용기와 헌신을 갖지 못한 그리스도인들과 어울리면서 그의 열정은 사그라들었다. 그리스도를 전하고 싶었지만 두려움이 결국 그의 발목을 잡았다.

이제 아담은 아주 당당하게 사람들에게 복음을 전한다. 사람들과 활발하게 교제하지만 예수님의 열정적인 제자로서 정체성을 잊지 않는다. 주위 문화와 단절되지 않고 살아가면서 동시에 그 문화와 구별된 삶을 살아간다. 그가 이렇게 용감하게 변화된 사연은 무엇일까?

그의 인생에 일어난 변화가 너무나 극적이고 그 결실이 놀라워서 아담 자신의 말로 그 사연을 소개하고자 한다.

아담의 이야기

"보통 때와 다름없는 목요일 저녁 예배일 것이라고 생각하고 갔어요. 하지만 앵거스 버컨의 간증을 들으면서 내 생각은 완전히 달라졌어요. 그는 평범한 농부지만 놀라운 믿음의 소유자로 은발 머리에 원기왕성하며 타협을 모르는 신앙인이에요. 그가 입을 연 순간 그가 예수님과 뜨거운 열애 중이라는 것을 단번에 알겠더라구요. 복음에 대한 열정이 얼마나 뜨거운지 그런 열렬한 그리스도인을 본 적이 없을 정도였어요. 그는 눈물을 흘리며 청중에게 '회개하고 예수님을 믿으십시오'라고 호소를 했어요. 그의 목소리에는 확신과 힘이 있었고 연민과 따뜻함이 느껴졌어요. 우리가 역사적인 순간에 있으며 각 영혼의 소중한 보물이 무엇인지 알고 있었어요. 그리고 그는 그것이 영원한 중요성을 지닌 것처럼 말했어요.

그의 메시지는 강력했어요. '마음의 원한을 회개하십시오. 청년들이여, 음란물을 집에서 추방하십시오. 남편들이여, 아내를 떠났다면 이제 집으로, 아내에게로 돌아가십시오.' 앞서간 믿음의 성도들을 상기시키며 그는 하늘의 하나님 앞에서 주의 의를 의지하고 서서, 사람들의 영원한 운명을 두고 씨름했고 타협없는 복음을 선언했어요.

가슴이 무겁게 짓눌리는 게 느껴졌어요. 의자에서 일어나 무릎을 꿇을 때 숨을 쉬기조차 어려웠고 얼굴은 뜨거운 눈물로 흠뻑 젖었어요. 내 안에 수많은 질문들이 쉬지 않고 쏟아져 나왔어요. '내 가슴 속에 잃어버린 게 무엇입니까? 나의 정체성은 무엇입니까? 사람에 대한 두려움 때문에 사람들에게 당신을 전하는 기쁨을 잃어버린 것입니까? 왜 중립을 강요하는 거짓된 복음에 얽매여 있습니까? 어쩌다가 사람들에 대한 두려움 때문에 진리를 타협하고 저에 대한 주님의 사랑을 왜곡하게 되었습니까?' 하나님 나라에 대한 열정을 잃어버린지 오래되었고 예수님을 사랑하고 따를 때 주어지는 용기를 잃어버린지도 오래되었어요. 그러다 보니 지난 5년간 누구에게도 예수님을 전하지 않았던 나 자신을 비롯해 여러 교인이 생각났어요. 고통스러웠어요. 그러면서 오직 하나님만 붙들었어요.

너무나 오랫동안 타협과 두려움, 방조의 거짓 영이 내 귀에 속삭이고 내 마음을 차지하도록 방치했어요. 하지만 하나님께서 '용감한 마음'의 소유자가 되도록 내 인생을 부르고 계심을 깨닫고 앞으로 다시는 잘못된 길로 가지 않겠다고 간절히 소원했어요. 주님께 순종하고 '그리스도의 대사'가 되어 세상으로 나가 아들의 흘리신 보혈을 힘입어 아버지와 다시 화해하도록 권면하기로 결단했어요.

말씀을 끝마치면서 앵거스는 그리스도께 자기 인생을 헌신하고 싶은 사람들을 연단 앞으로 초청했어요. 나이를 가리지 않고 사람들이 줄지어 앞으로 나가는 것을 보았어요. 나는 그대로 고개를 숙인 채 예수님께 겸손히 구했어요. 너무나 간절하게 "주님, 주의 추수의 일부가 되는 특권을 허락해 주시겠습니까? 복음이 다시 한 번 가슴 속에 불타도록 해주시겠습니까? 당신의 품으로 데려오기를 원하시는 사람들을 제게 보여주시겠습니까?"라고 간구했어요. 앞으로 나간 사람들이 그리스도 안의 새 생명에 대해 소개받고 있는 강당에서 나는 구석에 쪼그리고 앉아 부르짖었어요. 그 나라에서 사람들이 새 생명을 얻고 기뻐하며 놀라워하는 것을 보고 싶었어요. 그런 마음이 들자 예수님의 추수에 참여하고 싶다는 뜨거운 마음이 생기더군요.

앵거스는 예수님을 만난 무명의 농부였어요. 나처럼 감리교 교회에서 구원을 받았어요. 가뭄에 시달리던 그는 믿음으로 수천 에이커의 땅에 감자를 심는 모험을 했어요. 전 농장을 잃을 수도 있는 위험한 모험이었어요. 하지만 그의 믿음은 신실했고 극심한 가뭄 속에서 감자를 수확하는 기적을 목격했어요(감자의 70퍼센트는 수분). 복음을 전하면서 그는 사람들에게 그들처럼 극심한 가뭄 속에서 '감자를 심도록' 도전했어요.

아내 줄리와 나는 놀랍고 경이로운 마음으로 그 이야기를 들었고 우리의 하나님에 대한 믿음 부족에 대해 깊이 죄를 깨달았어요. 하나님께서 다시 한 번 나를 용기 있는 믿음의 사람으로 부르시자 하나님의 임재가 내 마음에 충만히 함께하심을 생생하게 느꼈어요. 미국이 현재 가뭄에 시달리고 있다는 것을 하나님은 분명히 보게 하셨어요. 앵거스가 당한 그런 기후적인 가뭄이 아닌 영적 가뭄을 보게 하셨고, 나는 불가능해 보이는 그 환경 속으로 복음의 씨를 뿌리도록 부름받고 있음을 알았어요."

제자도에 대한 예수님의 역설

하나님은 남아프리카공화국에서 감자를 기르는 한 농부를 사용하셔서 아담 콕스라는 미국의 한 젊은이에게 다가가셨다. 역설적이다. 하나님은 이상한 방법, 곧 역설적인 방법으로 자기의 일을 이루어 가신다. 예수님은 세상을 전복시키는 제자 삼기 운동을 이끄셨다. 제자들에게 발을 씻어달라고 요구하지 않고 오히려 제자들의 발을 씻어주셨다. 한 아이의 한 끼 점심 식사를 사용해 수많은 무리를 먹이셨다. 평판이 좋지 않은 한 여성에게 그의 부활을 알리는 임무를 맡기셨다.

예수님은 종종 우리 사고방식이나 상식과는 정반대되는 방식으로 일하신다. 예수님이 제자 삼는 방식을 우리가 개선하겠다고 착각하지 말라. 예수님을 진정으로 따라가고자 한다면 스승 되신 그분의 방법을 연구하라. 예수님이 하신 것처럼 몇 사람을 모아 그들에게 인생을 바치는 일부터 시작하라. 낙오하거나 이탈할 사람들이 생길 것을 예상하라. 그러나 진심으로 따르고자 하는 사람들을 찾아내는 일을 포기하지 말라. 그들에게 다가가라.

예수님은 소수의 탁월한 재능을 가진 지도자들이 주도하는 대형 집회식의 운동을 추구하지 않으셨다. 비전문가적인 수많은 자발적 지원자들을 모집하기로 작정하셨다. 유대교의 계급적인 제도를 재탕하는 것이 아니라 '풀뿌리 운동'에 몰두하기로 하셨다. 일주일에 하루 안식일이나 가장 높은 지도자와 한 시간의 예배를 드리는 것처럼, 어떤 것에 스스로를 제한하지 않고 일주일 내내 그를 사랑하고 예배하며 순종하는 자유를 주셨다. 단순성이 무엇인지 몸소 보여주셨고, 제자들에게 무익한 종교적 전통에 도전하고 반박하며 하나님과 그가 가르친 성경의 진리에 충실하는 한 마음껏 배우고 창조할 수 있는 자유를 주셨다.

사고가 유연해지도록 돕고 예수님의 눈으로 사물을 볼 수 있도록 돕고자 하는 마음에서 역설적인 예수님의 제자도 원리들을 일부 소개하겠다. 이 진리들을 적극적으로 수용하고 실행할 수 있다면 사람들의 삶에 영향을 미칠 새로운 길이 열리는 것을 경험하게 될 것이다.

제자도의 역설들

- 예수님은 기성 종교인들이 아니라 편견 없이 가르침을 잘 받아들이는 비종교인들을 훈련하는 데 집중하셨다. 당신의 에너지를 아직 예수님을 따르지 않는 사람들에게 집중하라. 이미 구원받은 이들을 돕는 최선의 방법은 믿지 않는 사람들을 제자로 삼는 모범을 보여주는 것이다.
- 예수님은 외부인들보다 내부인들을 활용하셨다. 그들이 더 효과적이기 때문이다. 전문적인 훈련을 받은 노련한 외부인들보다 친구들이나 가족과 같은 내부 사람이 주변 가족이나 친구들에게 다가가기에 더 효과적이다. D-그룹에는 전문 사역자가 포함되지 않게 하라. 이미 교회를 같이 다니는 내부인들이 아니라 항상 삶을 공유하는 가까운 내부인들을 찾으라.
- 예수님은 사람들을 제자로 삼아 회심하게 하셨다. 회심한 후 제자 삼지 않으셨다. 예수님에게 제자도는 아직 신자가 아닌 사람들과 의미

있는 관계를 맺으실 때부터 시작된다. 예수님이 행하신 것과 같은 방식으로 제자도를 실천하라.

- 예수님은 지식보다 순종을 더 중요시하셨다. 예수님은 우리가 순종해야 진리를 안다고 생각하신다. 제자들에게 많은 지식을 가르치기보다 한 가지 단순한 진리라 해도 순종하기를 원하셨다.
- 예수님은 소수의 사람들을 훈련해서 많은 사람들에게 다가가도록 하셨다. 지상 사역의 가장 큰 결실은 소수의 제자들을 찾아내 그들의 인생에 집중적으로 투자할 때 얻을 수 있음을 알고 계셨다.
- 예수님은 빨리 가기 위해 느리게 가는 방법을 택하셨다. 예수님은 소수의 사람들을 선택해 그들에게 3년의 시간을 투자하시고 다른 사람들에게 다가가는 일을 그들에게 위임하셨다.
- 예수님은 다른 사람들에게 다가가는 일을 믿음의 초보자들에게 맡기셨다. 그들이 성숙해서 제대로 훈련받고 능력이 입증될 때까지 기다리지 않으셨다.
- 예수님은 가장 어려운 곳에서 가장 놀라운 결실을 거둘 수 있다고 생각하셨다. 궁지에 몰려 더 이상 선택권이 없는 사람들에게 각별한 관심을 보이셨다. 그들이 복음을 들으면 응답할 것이라고 믿으셨다.

영적 후손들

얼마 전에 캐나다의 한 젊은 여성에게 이메일을 한 통 받았다. 그녀는 자신을 나의 '영적 손녀'라고 소개했다. 그녀의 이름은 마리사였다.

마리사는 자신의 아버지가 나로 인해 주님을 영접했고 아버지로 인해 자신도 예수님을 믿고 또한 많은 사람들을 그리스도께로 인도했다고 말했다. 그녀의 아버지는 지금 온타리오에서 목회를 하고 있었다. 그녀는 부모님의 결혼기념일에 아버지에게 특별한 선물을 드리고 싶으니, 나에게 방문을 해주었으면 좋겠다고 부탁했다. 또한 교회에도 나를 소개하고 싶다고 했다.

그래서 나는 그 특별 행사를 축하하러 캐나다로 갔다. 그리고 시간에 맞추어 추운 겨울밤 기념일의 디너파티에 모습을 드러냈다. 그녀의 어머니와 오빠들과 올케들, 부목사님은 예상치 않은 나의 방문에 놀라움을 금치 못했다. 그녀의 아버지 밥을 본 지가 오래되었지만 그는 금방 나를 알아보았다. 나는 감격에 겨워 눈물을 쏟을 뻔 했다. 정말 감동적인 주말이었다. '밥 목사님'을 통해 예수님을 만났다고 자랑스럽게 말한 사람들이 수십 명이 넘었다. 그 말을 표현하는 방법도 모두 제각각이었지만 메시지의 내용은 동일했다. "당신이 아니었다면 제가 여기 있지 않았을 겁니다. 당신은 내게 영적 할아버지입니다."

밥과 친숙한 관계가 되고 그에게 그리스도를 전하기 위해 내가 쏟았던 노력들, 그리고 제자 훈련을 하며 그의 인생에 개인적으로 6개월을 투자했던 시간들이 정말 그만큼 가치 있었던 일일까? 물론이다. 나뿐 아니라 밥, 그리고 그의 믿음으로 인해 예수님을 만난 수많은 사람들에게 그 모든 것은 진정으로 가치가 있었다.

1970년대, 광신적인 탈레반과 같은 이슬람 근본주의자들로 넘치던 곳에서 캐나다 출신의 장발의 히피였던 밥에게 예수님을 전했던 일은 역설적인 사건이었다. 하나님께서 나를 미국에서 아프가니스탄 카불로 보내셔서 한 캐나다인과 만나도록 하신 이유는 무엇이었을까? 예수님의 역설이 바로 이런 것이다. 예수님을 따르는 것은 직관에 어긋나는 순종의 발걸음으로 가득한 여정이다. 하지만 겸손히 우리를 낮추고 예수님께서 인도하시는 대로 내어맡기며 그의 가르침을 받는다면 그와 함께함으로 인한 풍성한 보상을 얻게 된다.

아프가니스탄으로 긴 육상 여행을 하고 밥을 만나 예수님을 전한지 27년이 지난 후, 나의 순종을 통해 밥과 그의 두 자녀, 그리고 수백 명이 넘는 밥의 영적 자녀들이 놀라운 축복을 누리게 되었음을 확인할 수 있었다. 그를 만나고 돌아온 나는 바울이 그의 영적 아들과 딸들에게 썼던 다음의 편지를 정말 기쁜 마음으로 읽을 수 있었다.

> 아버지가 자기 자녀들을 극진히 돌보고 사랑하듯이 나는 당신들 한 사람 한 사람을 대했습니다. 잘못된 일이 있으면 바로잡아주고 격려해 주었고 하늘에 계신 우리 아버지가 기뻐하실 수 있도록 살아가자고 호소했습니다. 내게 가장 큰 소망이 무엇인지 알고 있습니까? 예수님의 얼굴을 직접 뵙는 날 내가 상으로 받기를 간절히 바라는 게 무엇인지 알고 있습니까? 바로 여러분입니다. 그렇습니다. 당신들이 나의 보상입니다. 그와 함께 당신들이 영원히 함께하리라는 것을 아는 것으로 내 보상은 충분합니다살전 2:9-19. 저자가 풀어씀.

밥에게 복음을 전하고 제자 훈련을 하는 일에 나만 수고했던 것은 아니었다. 여러 사람의 공동 노력이 있었다. 여러 사람이 그 일에 동참했고 그의 인생에 시간을 투자했다. 내가 그 과정을 주도하고 가장 많은 시간을 투자하기는 했지만, 나와 같이 '제자 삼기'에 헌신하기로 결심했던 소모임 멤버들의 합심 기도와 지원이 있었다. 우리는 우리 인생이 영원히 지속될 가치 있는 일에 사용되기를 원했다. 그러나 또한 혼자 그 일을 감당하기에는 외부적으로 너무나 많은 유혹들이 도사리고 있었고 내부적으로도 그에 못지않게 수많은 압력들이 있음을 알고 있었다.

우리는 비전을 공유하고 훈련방식에 동의하며 서로 지지해줄 사람들이 필요하다. 서로 책임져주고 격려하는 사람들이 필요하고 기도의 지원이 필요하다. 사도행전에서 초기 기독교 공동체들은 작은 모임들의 네트워크로 성장했다. 교회에 이미 들어와 있는 이들을 위한 프로그램을 운영하는 조직들보다는 가정과 가게와 시장에서 각기 모임을 가지며 서로 느슨하게 연결된 관계를 유지했다. 이 작은 공동체들을 무엇이라 부를지는 하나님께 중요하지 않다. 중요한 것은 우리가 소수의 무리로 모여 예수님께 진지하게 순종하고자 애쓴다는 사실이다.

한 그룹이 상호 제자 삼기를 실천한다면 크기가 중요하다. 제자 훈련에 성공적인 대형 교회들은 외부인들에 초점을 맞춘 소그룹에 구성원들을 동원함으로 제자를 만들어낸다. 단순한 형태의 교회들도 동일한 일을 한다. 단순하면서 적정 규모의 크기는 주요 사명, 즉 함께 예수님을 알아가고 사랑하며 순종하는 일에 초점을 맞추는 데 도움이 된다. 서로를 제자로 만들고 돌보는 방식은 한 그룹의 구성원 수가 많아지면 성공할 수 없다. 제자화 소그룹들이 서로 망으로 연결되거나 소그룹을 통한 제자화 훈련에 역점을 둔 더 큰 규모의 회중들과 연결되는 게 중요한 이유도 그 때문이다. 더 큰 공동체나 네트워크가 제공할 수 있는 지혜와 자원과 역량은 중요하다.

D-그룹을 구성하고 성장시키는 방법

우리는 단순한 교회 형태의 초기 단계들을 'D-그룹'이라고 부른다. D-그룹이란 두 가지 목표를 가진 소그룹을 말한다. 아직 신앙을 갖지 않은 사람들이 예수님을 믿도록 독려하고, 기존의 신자들에게는 자신들의 신앙을 사람들에게 전하고 제자 삼는 일을 하도록 권한을 위임하는 것이다. D-그룹은 기존의 회중을 대상으로 조직할 수 있고 그룹 자체를 단순한 형태의 교회로 성장시킬 수도 있다. 기성 교회의 경우 더 많은 교회들을 개척할 수 있는 좋은 방법이다. 비용이 들지 않고 건물이나 음향 시스템이 구비되어 있지 않아도 가능하다. 인도와 중국, 세계의 여러 곳에서 교회가 폭발적으로 성장할 수 있었던 규모와 형식이다.

자체적으로 생긴 회심자들에게 세례를 주고 함께 주의 만찬을 나누면, D-그룹은 교회로 한 단계 발전할 것이라고 우리는 가르친다. 우리는 새신자들에게 세례를 받으라고 격려한다. 그렇게 하면 더욱 빨리 성장하고 그 운동에 대해 더욱 주인의식을 갖는다. '복음을 전하는 자는 세례를 주는 자'라고 가르친다. 가능하면, 이 두 일이 그 그룹이 시작되고 몇 개월 안에 이루어지도록 격려한다. 새로운 리더들이 이 일을 우선시하지 않는다면, 그들에게 권한을 넘길 필요가 없다는 것을 알게 되었다. 다시 말해 리더가 리더를 훈련한다는 것을 직접 보여줌으로써 새 리더들을 훈련하기 시작하라는 것이다. 이런 면에서 그룹의 조정자는 그룹 내부에서 내부 리더들을 키우는 외부 리더와 마찬가지다. 내부의 리더들을 훈련하기 위해 몇 개월 간 외부 리더들이 필요하다. 우리는 이런 방법을 'MAWL'(Model, Assist, Watch, Leave : 본을 보이고 지원하며 감독한 후 더 많은 D-그룹을 시작하기 위해 떠난다)이라 부른다.

성공적인 D-그룹의 특징

- 성별에 따라 구분한 그룹이 종종 더 효과적이다. 남성과 여성별로 모임을 따로 구성하면 이성을 의식하지 않아도 되므로 자신을 더 솔직하고 투명하게 드러낼 수 있다.
- 순종이 핵심이다. 더 많이 배우려고 노력하는 것이 아니라 더 많이 순종하고자 애쓴다.
- 한두 시간의 짧은 모임을 갖는다. 일주일에 한 번이 적당하다.
- 간략한 'ABC 방식'(아래를 참고)을 활용하라. 실천과 재생산을 용이하게 해준다.
- 촉진자적 리더십이 되어야 한다. 리더가 있을 경우, 그 리더는 다른

사람들이 그룹을 이끌도록 코치하면서 전면에 나서지 말아야 한다. ABC 방식은 그룹이 목표를 향해 올바로 나아가도록 도와주면서 그룹의 각 구성원들이 자신의 그룹을 시작하는 게 용이하도록 도와준다. 자신의 D-그룹을 시작할 준비가 될 수 있도록 서로 돌아가며 리더가 되어보라.

• 각 구성원이 모두 하나씩 그룹을 시작한다. 그룹의 구성원들은 D-그룹에서 배운 내용을 각 모임이 끝날 때마다 세 명 내지 다섯 명의 사람들에게 전하기로 처음부터 약속한다. 그 대상은 아직 믿음을 갖지 않은 사람들이 우선적이며 그 사람들이 흥미를 보일 경우 자신의 D-그룹을 시작하면 된다.

D-그룹의 ABC 방식

ABC 방식의 비결은 '3분의 1, 3분의 1, 3분의 1'이다. 서로를 위해 함께 기도하는 데 시간의 3분의 1을 사용한다. 또 다른 3분의 1은 '진리 발견하기' 성경 공부로 말씀을 공부하는 데 사용한다. 마지막으로, 남은 3분의 1은 성경 공부를 통해 배운 내용을 실습하는 데 사용한다. 예수님을 알지 못하는 사람들을 위해 기도하고, 배운 내용을 다른 이들에게 나누는 방법을 연습해볼 수 있다. 3분의 1 활용법을 균형 있게 사용하면 D-그룹은 성장할 것이다. 이 형식의 한 부분이라도 지속적으로 배제시키면 그 그룹에서 더 많은 그룹을 배가시키는 일은 결국 중단될 것이다.

• A-서로에 대해 책임져주기(Accountability)

ABC 양식의 첫 '3분의 1'에 해당하는 'A'의 목적은 배운 내용을, 구체적으로 관계에 관해 배운 내용을 앞주에 '진리 발견하기' 성경 공부를 통해 배운 구절에 적용함으로써 지난 한 주간 실천한 내용을 서로 나누는 데 있다. 여기에는 개인적 경험을 나누고 서로를 위해 기도하며 우리 삶 속에서 하나님이 행하시고 있는 일에 대해 감사하는 일이 포함된다. D-그룹은 생활 속의 고민, 어려움, 승리에 대해 서로 나누며 서로를 격려하고 세워줄 수 있는 아주 좋은 시간이다 신 6:4-9 참고.

서로를 책임지는 시간이 더 효과적인 시간이 될 수 있도록 서로에게 물어볼 수 있는 몇 가지 핵심 질문들을 아래에 소개한다.

- 지난주 우리가 나눈 것을 이번 주에 어떻게 적용했는가?
- 지난주에 배운 내용을 누구에게 나누었는가?
- 지난주에 하나님이 깨닫게 하신 내용을 적용하기 위해 우리에게 부탁할 기도 내용은 무엇인가?

각 구성원의 목표는 하나님이 주신 능력과 은혜로 예수님의 가르침을 순종하는 데 있다. 그렇게 하기 위해서는 투명하고 정직하게 서로를 대하며 서로 기도하고 책임을 져주어야 한다. 이 시간은 서로를 정죄하는 시간이 아니라 격려하고 지지하는 시간이다. 말씀대로 순종하고 승리한 내용을 나누거나 순종하는 데 어려움이 있는 부분과 실패를 고백하라. 그리고 하나님이 각 개인의 삶 속에서 이루고 계신 일에 대해 감사하라.

• B-진리 발견하기(Bible Study Through Discovery)

D-그룹의 두 번째 '3분의 1'은 하나님의 말씀 속으로 들어가는 것이다. 하나님의 말씀 속에 들어가는 작업에 흥미를 갖고 적극 참여하기 위해서는 개별적인 성령의 인도하심을 따라 진리를 발견해야 한다. '진리 발견하기' 성경 공부는 각 구성원이 동참할 수 있는 방법이다. 길을 찾고 있는 구도자든, 새롭게 믿음을 가진 사람이든, 예수님을 따른 지 오래된 사람이든 누구나 가능하다. 이 방법의 목적은 해당 성경 구절에 대해 모든 것을 아는 데 있지 않다. 그러므로 많은 정보를 나누거나 가르침으로써 성경에 대한 전문적 지식을 쌓는 데 초점을 두지 말라. 그것은 성령의 인도하심을 따라 진리를 발견하고자 하는 목적에 방해가 된다. 이런 방식의 성경 공부는 성령이 가르쳐주심을 따라 스스로 하나님의 말씀을 발견하도록 도와준다.

아래 단계를 따라 성경을 공부할 때 성령께서 인도해 주시도록 요청하라. 어떤 성경 구절로 공부할지 모르는 사람들을 위해 부록 1에 성경 구절들을 소개해 놓았다. 아니면 이 책의 뒷부분에 소개한 웹사이트에 수록한 성경 구절을 참고해도 좋다. 부록 1의 주제별 목록과 성경 구절들을 복사해서 성경책에 끼워두면 좋을 것이다. 새번역성경과 같이 쉽게 이해할 수 있는 성경을 지참하는 것이 좋다.

D-그룹의 리더가 정해지지 않았다면 한 멤버에게 인도자 역할을 해달라고 부탁하라. 인도자의 역할은 각 구성원이 빠짐없이 참여할 기회를 갖도록 하고 구성원들이 ABC 방식으로 모임의 취지에서 벗어나지 않도록 조정하는 것이다. 구성원들에게 질문을 해보는 방법도 좋다.

해당 성경 구절을 읽거나 듣는다. 가르치지 않는다! 이 책의 뒷부분에 주제별로 성경 구절을 소개한 부록 1을 참고하라. 아직 믿음을 갖지 않은 이들을 위해서는 부록 1의 '하나님의 이야기'로 시작하면 좋다. 초신자들을 위해서는 요한복음에 나타난 예수님의 일곱 가지 기적으로 시작하라. 성경 내용에 집중하라. 그 구절이 말하는 내용과 뜻, 그리고 하나님께서 우리에게 순종하라고 말씀하시는 내용에 집중하라. 의견에 초점을 맞추지 말라!

성경을 읽고 나면 한 사람을 지목해서 읽은 내용을 자신의 말로 다시 소개해 보도록 부탁하는 식으로, 그 구절을 다시 반복해서 공부한다. 그룹의 한 사람이 큰 소리로 본문을 읽어도 좋다. 그러고 나서 인도자는 한 사람에게 이해한 내용을 발표해 보도록 부탁해보라. 핵심은 본문을 여러 차례 반복적으로 상기하는 데 있다. 가능하면 오감을 다 동원해 읽고 듣고 써보는 작업을 해보라. 중요한 내용을 잘못 발표하는 사람이 있다면(중요한 내용이어야 한다) 인도자는 "성경의 어느 부분에서 그렇게 말씀하고 있나요?"라는 질문으로 다시 확인을 통한 정정 작업을 할 수 있다. 당신의 목표는 그 과정이 진행되면서 전체 구성원 모두 이런 질문들을 하게 하는 것이다. 하나님의 말씀이 스스로 가르치고 교정하도록 하는 것이다. 사람들이 그 일을 하도록 돕는 한 가지 방법은 구성원들이 성경 본문 속에 자신을 대입시켜 등장인물 중 한 사람처럼 스스로를 상상해보는 것이다. 가령 예수님이 물 위를 걸으라고 하셨을 때 배 안에 타고 있던 베드로가 한번 되어보는 것이다.

각자 자신의 삶에 적용할 한 가지 이상의 교훈을 배우겠다는 목표로 성경 본문을 묵상한다. 순종에 초점을 두라! 본문의 배경이나 문맥에 대해 완벽하게 이해하지 못할까 염려하지 말라. 이 단계의 목표는 듣고 순종하는 것이다. 성경에 대한 더 폭넓은 지식은 다른 방법으로 습득하면 된다. 조용하게 본문을 묵상하는 시간을 가진 다음 각자 몇 분씩 나누도록 하라. (장황하게 이야기하는 사람이 있다면 각자 말할 수 있는 최대한의 시간을 정해야 한다.) 모두 한 사람씩 나누고 난 다음에 다시 말할 기회를 주도록 하라. 본문에서 배운 내용을 나누라고 강조하라. 남들을 가르치려 하거나 설교하려고 하지 말라. 단순히 자신이 적용할 것을 나누라.

하나님이 자신에게 말씀하신 내용을 한 가지씩 발표하라. 본문에서 자신에게 적용된다고 생각하는 교훈을 D-그룹 구성원들에게 나누고 성경 공부가 끝나면 일주일 동안 적어도 세 사람에게 그 교훈을 나누라.

- C-순종하기(Commitment to pray, obey, and share with others. 기도하고 순종하며 다른 사람들에게 복음을 전하겠다는 약속)

'C'의 목표는 성경에서 배운 내용대로 순종하겠다고 결단하는 것이다. 순종해야 할 말씀을 마음에 새기고 그 말씀을 함께 나눌 수 있는 사람을 찾는 데 집중하라. 이 '3분의 1'의 핵심 요소는 성경공부를 통해 깨달은 내용을 서로 돌아보는 부분이다. 한 사람에게 자신의 생활에 적용한 성경 교훈을 친구나 이웃과 어떻게 나눌지 시범을 보여달라고 부탁하라. 아주 기본적인 내용처럼 들리지만 순종하기로 결단한 내용을 서로 나누는 것은 영적 성장에 아주 중요하다. 또한 자신감을 높여주고 아직 예수님을 믿지 않는 사람들에게 성경말씀을 전하도록 미리 연습하는 시간이 될 수도 있다. 너무 간단한 것 같은가? 한번 시도해보라. 각자 알고 있는 사람들 중 예수님을 전하고 싶은 세 명에서 다섯 명의 사람을 골라 기도하는 일을 잊지 말라. 기도를 마치면 "이번 주에는 하나님의 도우심으로 … 하겠습니다"라는 간단한 말로 마무리할 수 있다. 주님께서 성경공부를 통해 말씀해주신 것을 순종하겠다는 결단의 내용을 문장에 채우라.

D-그룹 시작하기

예수님의 가르침에 순종하고 그를 모르는 사람들에게 예수님을 전한다는 목적으로 뜻이 맞는 사람 몇 명과 일명 D-그룹 모임을 시작하라. 시작할 때부터 서로 목표가 동일함을 확인하라. 함께 이 장을 다 읽고 토론해보라. 그 작업이 끝나면 모임 시간을 정하라. 예수님의 제자가 되기를 원하고 모임을 통해 배운 내용을 다른 사람들에게 전하고자 결단한 사람 두 명 내지 네 명과 모임 시간을 가지라. 나아가 구성원들이 각기 '평안의 대상'을 찾아서 자신의 제자를 삼는 모임을 시작하도록 합의할 수도 있다.

D-그룹을 통해 매우 고무적인 세 가지 결과를 얻을 수 있다.

1. 서로가 영적으로 성장하는 모습을 본다.
2. 새로운 차원의 깊이 있는 우정과 교제를 나눈다.
3. 사람들이 예수님께로 돌아오는 것을 경험한다.

이 일을 믿음으로 시작하면 놀라운 일들을 경험할 수 있다. 여정 자체를 즐기라. 용기가 필요한 사람은 이 책 뒷면에 소개한 이메일 주소로 내게 편지를 써보내도 되고 더 많은 자료를 볼 수 있는 우리 웹사이트를 찾아 D-그룹과 단순한 형태의 교회를 시작하고 배가시키는 데 도움을 얻을 수 있다. 단순한 형태의 교회를 시작할 방도를 찾고 있다면 앞에서 간략히 소개한 과정들을 그대로 활용하라. 영적 부모에게 축복과 멘토링을 요청하고 기존 지역 교회의 지원을 구하라. 예배, 선교, 교제가 통합적으로 모임 속에 강조되어야 성경적인 신약 공동체로서 기초가 마련될 수 있음을 기억하라. 그 여정에 주님의 평안과 은혜가 함께하시기를 바란다!

⏱ 복습과 적용

1_ 하나님의 말씀을 연구하는 일은 결코 피상적인 일이 아니다. D-그룹과 만남을 가질 때, ABC 방식의 성경적인 근거를 이해하기 위해 다음 성경 구절들을 읽고 연구해보라. 이 구절들은 D-그룹에서 할 일에 대한 기본적인 방향을 가늠하게 해준다.

> A-서로에 대해 책임져주기 신 6:4-9
> B-진리 발견하기 요 4:15-17
> C-순종하기 눅 8:19-21

2_ D-그룹이 성장하면 어떻게 해서 교회가 탄생하게 되는지 경험하는 기회가 생길 수 있다. 사도행전 2장 40-47절에서 묘사된 초대교회와 D-그룹의 유사성은 무엇이라고 생각하는가?

3_ 밥을 훈련했던 내 경험에서, 자신의 삶에 적용할 만한 교훈이 있다면 어떤 것인가?

4_ 제자도의 역설은 무엇인가? 아담의 이야기에서 당신의 영적 여정과 관련이 있다고 생각되는 역설은 무엇이었는가?

부록

Follow

부록 1

진리를 발견하는 성경 공부

어떤 것을 발견하기 위해서는 원하던 목표를 찾기까지 노력해야 한다. '진리 발견하기' 성경 공부는 다음의 4단계의 노력이 필요하다. 읽고read 자신의 말로 다시 설명하고restate 묵상한reflect 후 발표하기report이다. 성경 공부를 할 때, NLT나 메시지 성경과 같은 현대적 성경을 사용하는 것도 좋다. 종이에 세로로 칸을 세 개 만들어라. 첫 번째 칸에는 성경 본문 구절을 써라. 두 번째 칸에는 자신의 말로 다시 본문을 써라. 세 번째 칸에는 본문에서 하나님이 내게 말씀하시는 내용을 써라. 세 칸으로 나누는 게 번거롭다면 본문의 내용을 이해하는 데 가장 효과적인 것이 무엇인지 성경 그룹 모임 멤버들과 의논해서 결정하라. 발표할 단계가 되면 모두가 한 번씩 다 발표하게 하고, 시간적 여유가 있다면 다시 발표할 의사가 있는 사람에게 기회를 주라. 어떤 성경 구절로 '진리 발견하기 성경 공부'를 해도 무방하지만 도움이 필요하다면 다음에 소개할 하나님의 이야기나 예수님의 일곱 가지 기적을 참고하라.

🔍 하나님의 이야기

1. 창조

하나님이 모든 만물을 창조하셨다.

하나님이 하늘과 땅을 창조하셨다.	창세기 1:1-25
하나님이 남자와 여자를 창조하셨다.	창세기 1:26-28

강조할 진리

- 하나님은 창조주이시지 창조에 동참한 여러 영들 중 하나가 아니다. 그는 인격적이며 무한하신 분이다.
- 하나님이 인간을 창조하신 목적은 세 가지이다. 하나님과의 우정, 서로간의 교제, 하나님의 피조물을 섬기며 관리함.

2. 반역

인간은 하나님께 반역을 저질렀고 혹독한 대가를 치러야 했다.

천상의 반역	계 12:7-9
지상의 반역과 배신	창 3:1-7
하나님과 아담과 하와를 갈라놓은 죄책감과 수치심	창 3:3-13
모든 인간에게 미치는 죄와 사망의 영향	롬 3:23 ; 6:23

강조할 진리

- 죄는 반역과 불순종이며 죄의 벌은 사망이다.
- 하나님은 죄의 심판으로 사망을 선언하셨다.
- 죄는 하나님을 슬프게 하고 하나님과 인간 사이에 분리를 초래한다.
- 사탄은 거짓말쟁이이자 속이는 자이며 때로 꿈이나 다른 여러 방식으로 사람들을 현혹한다.

3. 희생

인간의 반역과 심판으로 대속적 희생이 필요하다.

하나님은 구약에서 희생 제사를 예수님의 표상으로 사용하셨다.	창 22:1-14
예수님의 죽으심에 대한 예언	사 53장
예수님은 우리 대신 십자가에서 죽으셨다	눅 24:44-47
예수님은 모든 사람을 위해 희생제물로 단번에 드려졌다.	히 10:12

강조할 진리

- 하나님은 죄의 형벌을 피할 길을 준비하셨다.
- 예수님은 우리 죄를 대신할 하나님의 희생제물이시다.
- 다른 희생 제사를 드릴 필요가 없다. 예수님은 모든 사람을 위한 영원한 희생제물이시다.

4. 돌아감

하나님은 회개를 통해 우리가 돌아갈 길을 준비해주신다.

하나님은 자기 백성들에게 죄를 회개하고 자기에게 돌아오라고 요청하셨다.	호 6:1-3
아버지에게 돌아온 탕자	눅 15:11-20
하나님께 돌아가기 위해 두 가지를 해야 한다.	요 1:12-13
하나님께 돌아가면 우리 죄를 용서받게 된다.	요일 1:9

강조할 진리

- 하나님께 돌아간다는 것은 용서에 대한 우리의 필요를 인정하는 것이다.
- 하나님께 돌아가는 것은 우리 죄에 대한 경건한 슬픔의 행위이다.
- 하나님께 돌아간다는 것은 우리를 용서하시고 우리 인생의 주가 되시도록 하나님께 요청하는 것이다.
- 하나님께 돌아가면 하나님의 용서를 경험하고 하나님과의 관계가 회복된다.

5. 위임

하나님께 돌아가면 우리는 하나님과 화해하고 하나님의 위대한 사랑을 전하는 사명을 하나님께 위탁받는다.

하나님께 돌아가면 새 생명을 얻는다.	요 3:3-7,15-17
하나님의 생명과 용서의 선물은 은혜이다.	엡 2:1-8

우리는 하나님의 자녀로 입양되었다.	롬 8:15-17
우리는 죽으면 천국에 갈 것이다.	계 5:9-10
우리는 이 땅에서 하나님의 친구와 동역자가 되었다.	요 15:13-16
사람들에게 예수님을 전하도록 부름받았다.	마 28:18-20 ; 행 1:8

강조할 진리

- 예수님이 우리를 위해 이루신 일로 인해 우리는 구원을 확신한다.
- 우리는 예수님을 사람들에게 전하도록 부름을 받았다.

예수님의 일곱 가지 기적

진리를 발견하는 성경 공부를 위한 말씀

- 첫 번째 기적 : 물을 포도주로 만드심 요 2:1-11
- 두 번째 기적 : 백부장의 아들을 낫게 해주심 요 4:46-54
- 세 번째 기적 : 다리 저는 사람을 고쳐주심 요 5:1-16
- 네 번째 기적 : 오병이어로 오천 명을 먹이심 요 6:1-14
- 다섯 번째 기적 : 폭풍을 잠재우심 요 6:16-27
- 여섯 번째 기적 : 태어나면서 눈이 먼 사람을 고쳐주심 요 9:1-41
- 일곱 번째 기적 : 죽은 자 가운데 나사로를 살리심 요 11:1-45

부록 2

평안의 사람 찾기

복음전도를 목적으로 하는 D-그룹을 시작하거나
단순한 형태의 교회를 개척하기 위해 반드시 필요한 단계

'평안의 사람'을 찾는다는 개념은 예수님이 직접 보여주시면서 강조하신 진리지만 소홀히 취급되고 있다. 사도행전에서 교회가 성장한 열쇠가 바로 이것이었다. '평안의 사람들'은 사람들의 전체 망으로 들어가는 문을 열어줄 관계적 열쇠를 쥔 사람들이다. D-그룹이나 원초적 교회들을 시작하기 위한 핵심 열쇠는 하나님이 준비해두신 '평안의 사람'을 찾아내는 데 있다. '평안의 사람'을 찾아내는 노력을 통해 귀중한 시간을 집중적으로 투자해야 할 사람을 알아내는 데 도움이 된다.

예수님은 제자들이 복음을 전하러 나가면 '평안의 사람'을 찾아서 그 사람에게 집중해야 한다고 가르치셨다.눅 10:5-9.

'평안의 사람'이란 하나님이 준비해두신 사람들이다.
'평안의 사람들'은 다음의 특징을 갖는다.

- 복음 전하는 자들을 환영한다. 복음에 마음을 열고 때로 자기 집으로 그 전도자를 초대한다.
- 영적인 굶주림이 있다. 진리에 대해 영적 갈망이 있고 예수님의 복된 소식을 가족들과 친구들에게 전해주기를 원한다.
- 예수님께 순종할 준비가 되어 있다. 영적인 갈망에서 나아가 순종하는 사람들이다.
- 관계들을 연결해준다. 친구들과 가족, 이웃들의 관계망 속으로 들어갈 문을 열어준다.

'평안의 사람들'에 대한 성경적 예

- 고넬료 행 10:22
- 에디오피아 내시 행 8:27
- 예수님의 제자 베드로 눅 5:1-13
- 니고데모 요 3:1, 7:50, 19:39
- 빌립보의 간수장 행 16:25-39
- 자색 옷감 장사 루디아 행 16:11-15
- 마리아와 마르다 눅 10:38

'평안의 사람들'을 찾아내는 방법

1. 자신의 영향권 안에서 관계를 발전시킬 사람들이 있는지 찾아본다. 아직 예수님을 믿지 않으면서 하나님이 자연스럽게 연결해주신 사람들을 찾아보라.
2. 자기 영역에서 사람들을 이어주며 영향력을 미치는 사람들을 주변에서 찾아보라^{마 10:11}. 그 사람들은 주위 사람들에게 영향력이 있다. 그 사람을 만나 복음에 대해 열려 있다면 신앙적인 대화를 나누라. 영적 갈망이 있는 사람인지 확인해보라.
3. 당신의 개인 생활을 이야기하고 그 사람이 당신을 받아들이는지 보라^{눅 10:3-8}. 당신이 가지고 있는 신앙적인 관심사들을 이야기해보라.
4. 당신이 뿌린 '씨'에 반응하는 사람, 즉 옥토에 해당하는 사람을 찾으라^{눅 8:4-18}. 사람들과 인사를 주고받고 차를 마시며 교제를 해보라. 복음에 대해 더 알고 싶어 하는 사람들이 있는지 살펴보라.
5. 하나님의 말씀을 듣고 순종할 사람들이 있는지 찾아보라^{눅 8:21}. 일대일 만남과 '진리 발견하기' 성경 공부를 통해 배우고 있는 내용들을 구체적으로 적용할 마음이 있는 사람들을 찾아보라.
6. 자신의 관계망에서 사람들의 관계를 주도할 수 있는 핵심 인물을 찾아보라.
7. 자신의 영향권에서 복음을 전해주기를 원하는 영향력 있는 리더가 있는지 찾아보라.

평안의 사람을 대하는 방법

- 그들에게 집중적으로 시간을 투자하라. 동시에 많은 사람들에게 관심을 쏟음으로써 역량과 집중력을 분산시키지 말라 눅 10:7.
- 그들의 친구들과 그들이 맺고 있는 관계 속에 들어가 시간을 보내라 눅 5:1-13.
- 그들의 이야기를 들어주고 당신이 예수님을 믿게 된 이야기를 해주라.
- 있는 그대로 그들을 받아들이라 눅 19:1-8.
- 그들로 당신을 돕게 하라. 그들에게서 기꺼이 배우는 태도를 가지라 눅 10:7-8.
- 예수님의 복음을 나누고 그들의 실제적인 필요를 도와주라 눅 10:9.
- 그들의 가정에서 만남을 갖거나 그들의 친구들이 모이는 곳에 함께 가라 눅 10:5.
- 평안의 사람이라고 모두 예수님을 믿지는 않는다. 하지만 그가 다른 사람들에게도 향하는 문을 열어주는 것은 분명하다 요 3장.

부록 3

D-그룹 시도하기

　　D-그룹이란 단순한 형태의 교회로 성장할 가능성이 있거나 지역 교회 내부의 소그룹으로 존재할 수 있는 제자 훈련 모임이다. D-그룹의 핵심 요소는 '증식'multiplication이다. 구성원들이 스스로 제자가 될 뿐 아니라 다른 사람들을 제자화하는 데 적극적이어야 가능하다. 현실적으로 D-그룹이 모두 성공하지는 않는다. 그러므로 그런 경우가 있더라도 미련을 둘 필요는 없다.

　　그룹을 이끌 지도자로서 기꺼이 사람들을 키울 의사가 있고 더 많은 그룹들을 증식시키기 위해 적극적인 사람들을 가르치는데 역량을 집중하라. 신앙을 나누기를 원하고 영적으로 성장하기를 원하는 사람들이 있는 곳에 집중하라.

D-그룹을 배가하기 위한 세 가지 핵심 요소

1. ABC 방식을 고수하라. 이 과정은 매우 중요하다. 인도자는 그 과정이 잘 유지되도록 조율해야 한다. ABC 방식을 절대적으로 고수할 필요는 없지만 그 모델이 작동하는 원리들을 배운 다음 유연하게 적용하라.

2. 새로운 인도자에게 빨리 그룹을 승계해야 한다. 다음과 같은 'MAWL' 과정을 적용하라.

    • Model(시범을 보이라) : 세 번 정도(그 이상은 말고) ABC 방식을 시범적으로 보여주라. 그런 다음 넘겨주라. 시범을 보일 때 인도자가 될 가능성이 있는 구성원에게 "내가 하는 것을 보았습니까? 혼자서도 할 수 있겠습니까?"라고 물어보라. 이런 질문을 통해 인도자로 훈련 중인 그는 지금 당신이 시범을 통해 뭔가를 가르치고 싶어 한다는 것을 알게 된다.

    • Assist(지원하라) : 그룹이 모이는 4회째부터는 새로운 인도자가 모임을 주도한다. 이 시점에서 당신은 그 과정이 원래 의도대로 유지될 수 있도록 지원한다. 또한 새로 세운 인도자와 만나 진행 상황에 대해 보고하거나 보고받는 시간을 가진다.

    • Watch(감독하라) : 모임을 이끌도록 돕는 것은 후임 인도자가 맡은 역할이기 때문에 이제 당신은 더 이상 그 과정에 개입해서는 안 된다.

더 많은 D-그룹들을 시작할 수 있도록 모임의 일부를 내려놓아야 한다.

• Leave(떠나라) : 그룹이 더 이상 당신에게 의지하지 않고 운영된다. 개별적으로 따로 만나 인도자를 멘토링해주는 일은 계속해야 한다.

3. 일단 그룹이 시작되면 사람들을 더 가입시키려고 하지 말라. 가능하면 최대한 새로운 그룹들을 만들고자 주력하라. 새로운 사람들이 가입하고자 원하면 그들과 새 그룹을 시작하면 된다.

새로운 D-그룹을 시작하고 지도하는 방법

• 하나님이 모임에 적합한 사람들을 주시도록 기도하라. 그런 사람들을 만날 때까지 기다리라!

• 처음부터 함께 ABC 방식을 실천하라.

• 더 많이 기도하라.

• 영향을 미치고 싶은 모임이나 사람들에게 자연스럽게 다가갈 수 있는 방법들을 모색하라. 즐겁게 시간을 보낼 수 있는 일을 하되 예수님을 전하겠다는 의도성을 늘 염두에 두라.

• '평안의 사람'을 찾아보라 눅 10:1-11.

• '평안의 사람'의 관계망이나 가족들과 만남을 가지라. 그러나 제일 먼저 우호적인 반응을 보인 사람이라고 해서 지나친 기대를 갖지는 말라.

- 그들 중 누군가의 집에서 '진리 발견하기' 성경 공부를 시작하라. 두 사람에서 네 사람 정도가 좋다.
- 만난 처음부터 인도자가 될 사람을 선택하고 그에게 MAWL 과정을 가르쳐주라.
- 그 모임에 참석하기를 원하는 사람들이 더 있다면 새로운 D-그룹을 시작해서 배가시키도록 하라.

D-그룹이 지양할 점

- 사역을 위해서나 행사를 위해 헌금을 받지 말라.
- 다른 행사나 사역을 위해 자원봉사자들을 뽑지 말라.
- 개인적으로 관심이 있는 교리에 대해 토론하느라 모임의 목적에서 벗어나지 말라.
- 개인적 업무를 관련시키지 말라.
- 정치적인 격론을 벌이지 말라.
- 개인적으로 서로 친목을 도모하고 만나지 않도록 주의하라.
- 구성원들 중 이성과 단독으로 상담을 하거나 차를 타지 말라.
- 금전 거래를 하지 말라.
- 외부 강사를 초청하지 말라.

To learn more about All Nations
and
Floyd and Sally's work in Africa
please visit their Web site at
www.floydandsally.org
or go to
www.all-nations.co.za

Opportunities to join them include …
Short-Term Teams
Internships
CPx—Leadership and Church-Planting Training

For more information, write to
info@all-nations.co.za

To follow Floyd on Twitter search for Floyd McClung or find him @floydandsally

제자도의 본질

초판발행 • 2011년 11월 25일
3쇄발행 • 2012년 12월 5일
2판 3쇄 • 2019년 2월 15일

지은이 • 플로이드 맥클랑
옮긴이 • 김진선
발행인 • 임용수
대표 • 조애신
책임편집 • 이소연
편집 • 이소정
디자인 • 임은미
마케팅 • 전필영
온라인마케팅 • 고태석
경영지원 • 김정희, 조창성

발행처 • 도서출판 토기장이
주소 • 서울시 마포구 망원로 26 토기장이 B/D
출판등록 • 1990년 10월 11일 제2-18호
대표전화 • (02) 3143-0400
팩스 • (02) 3143-0646
E-mail • tletter@hanmail.net
www.facebook.com/togijangibook

ISBN 978-89-7782-324-2

값 13,000원

"우리는 진흙이요 주는 토기장이시니
우리는 다 주의 손으로 지으신 것이라"
(이사야 64:8)

「이 도서의 국립중앙도서관 출판예정도서목록(CIP)은 서지정보유통지원시스템 홈페이지
(http://seoji.nl.go.kr)와 국가자료공동목록시스템(http://www.nl.go.kr/kolisnet)에서 이용하실 수
있습니다.(CIP제어번호: CIP2015000909)」